FALAS DO NOVO, FIGURAS DA TRADIÇÃO
O NOVO E O TRADICIONAL NA EDUCAÇÃO BRASILEIRA (ANOS 70 E 80)

FUNDAÇÃO EDITORA DA UNESP

Presidente do Conselho Curador
José Carlos Souza Trindade

Diretor-Presidente
José Castilho Marques Neto

Editor Executivo
Jézio Hernani Bomfim Gutierre

Conselho Editorial Acadêmico
Alberto Ikeda
Antonio Carlos Carrera de Souza
Antonio de Pádua Pithon Cyrino
Benedito Antunes
Isabel Maria F. R. Loureiro
Lígia M. Vettorato Trevisan
Lourdes A. M. dos Santos Pinto
Raul Borges Guimarães
Ruben Aldrovandi
Tânia Regina de Luca

FALAS DO NOVO, FIGURAS DA TRADIÇÃO
O NOVO E O TRADICIONAL NA EDUCAÇÃO BRASILEIRA (ANOS 70 E 80)

JAIME FRANCISCO PARREIRA CORDEIRO

© 2001 Editora UNESP
Direitos de publicação reservados à:
Fundação Editora da UNESP (FEU)
Praça da Sé, 108
01001-900 – São Paulo – SP
Tel.: (0xx11) 3242-7171
Fax: (0xx11) 3242-7172
Home page: www.editora.unesp.br
E-mail: feu@editora.unesp.br

Dados Internacionais de Catalogação na Publicação (CIP)
(Câmara Brasileira do Livro, SP, Brasil)

> Cordeiro, Jaime Francisco Parreira
> Falas do novo, figuras da tradição: o novo e o tradicional na educação brasileira (anos 70 e 80) / Jaime Francisco Parreira Cordeiro. – São Paulo: Editora UNESP, 2002.
>
> Bibliografia
> ISBN 85-7139-384-2
>
> 1. Educação – Brasil – História I. Título.
>
> 02-0381   CDD-370.981

Índice para catálogo sistemático:
1. Brasil: Educação: História   370.981

Este livro é publicado pelo projeto *Edição de Textos de Docentes e Pós-Graduados da UNESP* — Pró-Reitoria de Pós-Graduação e Pesquisa da UNESP (PROPP) / Fundação Editora da UNESP (FEU)

Editora afiliada:

Asociación de Editoriales Universitarias
de América Latina y el Caribe

Associação Brasileira de
Editoras Universitárias

*À Vânia e à Belinha, professoras e
companheiras de caminhos.*

Os conceitos podem – e, em certa medida, devem – permanecer abertos, provisórios, o que não quer dizer vagos, aproximativos ou confusos: toda verdadeira reflexão sobre a prática científica atesta que essa *abertura* dos conceitos, que lhes dá um caráter "sugestivo", logo, uma capacidade de produzir efeitos científicos (mostrando coisas não vistas, sugerindo pesquisas a serem feitas, e não apenas comentários), é própria de qualquer pensamento científico que esteja se formando, por oposição à ciência já formada sobre a qual refletem os metodólogos e todos os que inventam depois da batalha regras e métodos mais prejudiciais do que úteis.

(Bourdieu, 1990b, p.56)

SUMÁRIO

Apresentação   11

1   O novo, o moderno e o tradicional   33
     O novo hoje: a pós-modernidade   33
     Educação: tradição e mudança   39
     Educação e modernidade: a instituição do tradicional e o novo como redenção   48

2   Dimensões do discurso pedagógico   59
     As produções discursivas e a organização do campo   59
     A imprensa periódica educacional e o discurso pedagógico   78

3   As disposições discursivas e os confrontos no campo educacional   183
     Saberes pedagógicos e tradição   199

Bibliografia   207
     Fontes   207
     Bibliografia geral   220

Anexos   231

APRESENTAÇÃO

> Tradicional
> Uma educação, uma pedagogia dizem-se tradicionais: quando se referem a métodos, a regras antigas, habituais; quando são conformistas, conservadoras, agarradas a processos que procedem, implícita ou explicitamente, de princípios que postulam a necessidade duma disciplina dependente da única autoridade do professor, dum ensino que consiste essencialmente nas lições e exposições magistrais, na pura transmissão de conhecimentos, sem apelo à actividade própria do aluno.
>
> (Leif, 1976, p.384)

O trabalho aqui exposto trata dos sentidos e dos usos das idéias de *tradicional* e de *novo* no discurso sobre a educação, no Brasil, nos anos 70 e 80. Um dos textos da época (Azanha, 1974) indica, com clareza, uma forte marca do discurso produzido sobre a escola e a educação naquele período. A idéia de *mudança* orienta e governa a maioria das análises e propostas a respeito do tema e quase não se pode falar sobre a educação sem indicar uma perspectiva de alteração das práticas educativas então vigentes. A mudança em si e, portanto, a produção do *novo* parecem garantir, de antemão, a validade das propostas apresentadas:

Embora o anseio reformista seja uma constante na temática pedagógica brasileira, não apenas nas tentativas de análise, como também em iniciativas práticas, de algum tempo para cá, esse anseio tornou-se preocupação quase obsessiva e nenhuma voz discordante se ouve quando se insiste enfática e continuadamente na necessidade urgente de reformar.

Tudo se passa como se o que aí está em matéria de educação, do primário ao superior, estivesse definitivamente superado pelo avanço da ciência pedagógica ou pela emergência de novas concepções do mundo e do homem. A falência do ensino primário, médio e superior, bem como o arcaísmo das instituições escolares, ganharam a força de axiomas. A tal ponto, que a busca de dados empíricos referentes ao assunto tem apenas o sentido de exemplificação e não de comprovação das afirmações e das análises. "Ensino verbalista", "escola que não prepara para a vida", "rigidez curricular", "ensino acadêmico", "inadequação do sistema educacional à nova ordem econômica e social emergente", etc., são expressões cuja utilização extremamente ambígua impede que tenham qualquer utilidade descritiva nos estudos sobre o sistema educacional brasileiro.

Da mesma forma, expressões como "ensino integrado", "flexibilidade curricular", "ensino prático", "integração da escola na comunidade", etc. são tomadas como inequívocas indicações de alvos cujo alcance produziria automaticamente uma melhoria nos padrões de ensino. A verdade é que expressões como essas e outras eqüivalentes no seu valor descritivo pertencem à linguagem usual em que se analisa o processo educativo e pela qual se propõem as reformas educacionais. (Azanha, 1974, p.15-6)

Azanha ressalta o fato de que tanto os analistas do processo educativo quanto os propositores de reformas educacionais se valem de um conjunto de expressões verbais tomadas da linguagem comum, carregadas de ambigüidade e que, portanto, não se prestam, antes de um cuidadoso trabalho de depuração conceitual, a servir como descrições científicas dos fenômenos estudados. No entanto, é justamente esse tipo de linguagem que caracteriza o discurso pedagógico, conjunto de práticas discursivas mediante as quais os participantes dos embates e debates sobre a educação, no período, definem suas posições, seus objetos de disputa, suas estratégias de legitimação e suas proposições concretas de intervenção nas práticas educativas efetivadas nas escolas.

Confrontando-se as descrições do ensino tradicional presentes nas formulações dos produtores de discursos *sobre* a educação nos meios acadêmicos com aquelas publicadas na imprensa diária, ou presentes noutros meios de comunicação, percebe-se que o tipo de linguagem empregada, nos dois casos, é muito semelhante, retirada do senso comum, embora, supostamente, as formulações acadêmicas devessem fornecer descrições e definições mais acuradas – científicas – dos seus objetos de estudo.

Por exemplo, em *outdoor* divulgado em outubro de 1998, em algumas regiões da cidade de São Paulo, uma conhecida escola da elite paulista, situada no bairro nobre do Morumbi, alardeava, como *slogan* de seu anúncio de abertura de matrículas para o ano seguinte:

> Colégio Pio XII:
> Unindo a tradição à modernidade sócio-construtivista. (*Outdoor* localizado na Av. Morumbi, São Paulo, out. 1998)

Termos costumeiramente vistos como contraditórios (tradição e modernidade) aparecem, aqui, associados, como designativos das mais relevantes qualidades de uma instituição educativa comandada por uma ordem religiosa católica. Aparentemente, há uma desordem lógica, um ruído no discurso: como tradição e modernidade podem conviver? Como a escola e o discurso sobre a escola podem suportar essa convivência, se até há pouco tempo, ou se era tradicional, ou se era moderno, em matéria de ensino (e os dois termos eram entendidos como expressões acabadas de duas concepções pedagógicas antagônicas e inconciliáveis, o chamado *ensino tradicional* e a chamada *escola nova* ou *renovada*)? O que mudou nas práticas escolares e no discurso sobre elas, a ponto de levar, mais do que a uma tolerância da aparente contradição, à consideração dessa convivência como vantagem pedagógica, a ser exaltada pela propaganda de uma instituição escolar até então considerada como escola tradicional (e, aqui, o tradicional vinculava-se à idéia de uma autoridade adquirida pela experiência e por um passado de boas realizações)?

Ultimamente, a grande imprensa tem publicado matérias a respeito da educação, nas quais têm aparecido certas imagens das práticas costumeiras do ensino nas escolas brasileiras. Nesse discurso da grande imprensa – um dos mecanismos de constituição do senso comum na sociedade contemporânea –, os termos *tradicional* e *tradição*, quando aplicados às práticas escolares, adquirem ou exprimem significados diversos. As citações apresentadas a seguir, retiradas do jornal *Folha de S.Paulo*, podem servir como exemplos do tratamento dado ao tema num veículo de comunicação de massa. Nelas, as análises da escola aparecem delimitadas ou orientadas por duas perspectivas básicas: uma, mais costumeira, predominante, que toma o tradicional no sentido de algo negativo, a ser combatido e superado. Outra, que apenas recentemente se insinua, que aponta certas virtudes da tradição e que procura, de certa maneira, ressalvar aquilo que a educação e o ensino ditos tradicionais tinham ou pudessem ter de bom.

> O ensino tradicional – como o uso de cartilhas na alfabetização – está desde ontem sob intenso bombardeio intelectual no Memorial da América Latina (zona oeste de SP), onde se realiza o congresso "Homenagem Latino-Americana a Jean Piaget, no Centenário de Seu Nascimento".
> Promovido pela Faculdade de Educação e pela Faculdade de Psicologia da USP (Universidade de São Paulo), o congresso reúne os pesquisadores internacionais que mais influenciam a pedagogia atual do país. (Rosseti, *FSP*, 26 jun. 1996)

Por vezes, o ensino tradicional é visto como perverso, fundado na violência:

> A relação aluno/escola poderia dar um ciclo. Há "Zéro de Conduite" (1933), de Jean Vigo, "If..." (1968), de Lindsay Anderson, "Os Incompreendidos" (1959), de François Truffaut.
> Mas o filme mais à mão é "Sociedade dos Poetas Mortos" (Globo, 1h05), em que Robin Williams tenta dar uma orientação mais moderna ao ensino de um colégio tradicionalíssimo, para satisfação de seus alunos e indisfarçável desgosto de seus superiores.
> A pertinência do tema é indiscutível. A do filme, nem tanto. Este aposta na idéia, a rigor confortável, do professor liberal e capaz de resgatar a distância que separa o adolescente do adulto, que não é grande nem pequena: diz respeito a uma diferença insuperável.
> Se tomarmos "Os Incompreendidos", por exemplo, fica mais claro que o ensino tradicional, baseado no constrangimento e na

intimidação, pode ser até um problema de direitos humanos. (Araújo, *FSP*, 26 abr. 1995)

Embora, em certos momentos, as críticas sejam relativizadas:

As escolas experimentais surgiram contra. Contra o ensino tradicional, contra a repressão, contra o autoritarismo do professor. Não é de se espantar que, no Brasil, o "boom" tenha se dado nos anos 70, os anos do regime militar.
"Naquela época, as escolas tradicionais eram 'do mal'. E ser 'do bem' era ser antiisso", diz Zélia Cavalcanti, da Escola da Vila. Nas novas escolas "do bem" o aluno teria sua individualidade respeitada e teria direito a opiniões.
Mas durante um certo período, a criança era o centro de todas as atenções da escola, e coisas como ensinar ou aprender foram praticamente esquecidas. (*FSP*, 26 mar. 1995)

No entanto, muitas vezes, o grau de rigor das análises é restrito, levando a considerações genéricas, quase tolas, que exaltam a novidade em si mesma, sem se deter nos problemas que ela possa anunciar:

Secretários de Educação dos Estados da região Norte estão elaborando um projeto de livros didáticos regionais.
Segundo o projeto, os livros de 1º e 2º graus abordarão melhor a linguagem e os costumes da Amazônia – em textos, gravuras, ilustrações – e tratarão com mais profundidade temas sociais, históricos e geográficos da região.
Os livros devem chegar às escolas em 1998. A partir daí, o tradicional "Ivo viu a uva" pode dar lugar a, por exemplo, "Cauê comeu o cupuaçu na canoa". (Agência Folha, *FSP*, 8 abr. 1996)

A moça da primeira série do segundo grau do colégio Catarinense, o mais tradicional de Florianópolis (SC), está aprendendo biologia na base do rock.
Há também reggae, rap, pop, mas o rock é o preferido dos 550 alunos que participam das sessões didático-musicais.
O pessoal já adaptou letras do Paralamas do Sucesso e do Pink Floyd (veja letras), dos Raimundos e da Rita Lee.
A idéia de aulas anticonvencionais, segundo o professor Mário César Sedrez, 31, surgiu entre os professores de biologia que discutiam formas de motivar a participação nas aulas. Quem sabe tocar, leva o instrumento. Quando guitarras e baterias se encontram, ninguém pára de dançar. (Quevedo, *FSP*, 11 set. 1995)

Oscilando entre essas perspectivas, podem-se apreender alguns dos significados atribuídos aos termos. Assim, *tradicional* pode ser entendido como um método de ensino, comparável a outros, classificável numa lista de métodos pedagógicos e passível de descrição:

> Como escolher entre as diferentes metodologias?
> Os principais métodos pedagógicos adotados por escolas brasileiras são: construtivismo, construtivismo pós-piagetiano, pragmatismo, Maria Montessori, antroposofia e ensino tradicional... (Revista da Folha, *FSP*, 26 out. 1997)
>
> O que se chama ensino tradicional vem de inúmeras vertentes. Nas escolas laicas, o que predomina é uma tradição conteudista centrada no professor, que é um transmissor de cultura. O sistema de avaliação procura aferir a quantidade de informação absorvida pelo aluno.
> Esse modelo de ensino foi difundido pelas escolas públicas francesas a partir do Iluminismo (séc. 18). Pretendiam universalizar o acesso ao conhecimento para formar cidadãos. (*FSP*, 7 ago. 1997)

Noutro sentido, *tradicional* opõe-se a construtivismo, apresentado como símbolo da modernidade pedagógica. Insiste-se, nesse caso, no rigor e na dureza do chamado ensino tradicional, calcado numa severa disciplina:

> "Mudei minhas filhas de colégio porque, no método conservador, elas não estavam desenvolvendo muito. Agora, estudam em um colégio construtivista, que reúne o perfil que eu quero para o seu futuro: mexem no computador, usam internet, estão se adaptando à globalização." (Tânia Regina, 39, mãe de Renata, 9 e Laura, 7). (Sordili & Blanco, *FSP*, 12 out. 1997)

Por outro lado, algumas dessas matérias jornalísticas procuram atribuir certa positividade, ainda que ambígua, ao *tradicional*, utilizando-o como adjetivo que caracteriza uma "boa escola". Com significado semelhante, por vezes o qualificativo *tradicional* apenas designa uma relação com o tempo, no sentido de algo que veio antes, o consagrado, o convencional, o normal, já incorporado às práticas educativas, considerado como testado e aprovado – embora se insinue uma sutil negatividade por trás dessa aparência neutra do termo, quando o que veio antes não é visto como o consagrado, mas como o antigo, com toda a carga negativa dessa idéia:

> "Liberais nunca mais" parece ser a palavra de ordem das instituições que surgiram como alternativas ao ensino tradicional.
> Filhas do movimento "escolanovismo", as experimentais brasileiras já fizeram seu "mea culpa" e dizem a quem quiser ouvir que conteúdo e disciplina são fundamentais.
> Normalmente associadas aos movimentos contra o regime militar, essas escolas eram pequenas ilhas de liberdade que procuravam proteger as crianças do autoritarismo vigente.
> Contestadoras, libertárias, as "alternativas" apostavam todas as suas fichas na "criatividade", em oposição à cartilha das escolas tradicionais. (Grillo & Scalzo, *FSP*, 26 mar. 1995)
>
> "A escola experimental não tinha conteúdo. Ela queria formar indivíduos críticos a partir do nada, então formava uns chatos", diz Zélia Cavalcanti, 46, coordenadora pedagógica da Escola da Vila, fundada em 1979, a partir da ultra-alternativa Criarte.
> Também o que se chama "disciplina" na escola tradicional está presente em todas as escolas hoje sob o nome de "limites". (ibidem)
>
> A tradição conteudista, tida como ultrapassada e acrítica durante as décadas de 60 e 70, volta a ter prestígio hoje, mesmo nas escolas que já foram construtivistas. Crê-se que não há como formar um aluno crítico e questionador sem uma base sólida de informação. (*FSP*, 7 ago. 1997)

De qualquer maneira, embora se insinuem, em textos recentes, algumas possibilidades de reabilitação do que se denominara até então ensino tradicional, subsiste a carga semântica negativa da expressão, de tal maneira que o leitor parece ser conduzido a rejeitar uma forma de ensino que possa ser rotulada como tradicional.

Esse simples cotejo de alguns exemplos de como aparece a idéia de ensino tradicional no discurso do senso comum traz à tona problemas bastante pertinentes em relação aos estudos sobre educação, que, em larga medida, operam, mesmo, com conceitos retirados da experiência cotidiana e têm sempre que enfrentar as dificuldades advindas da inconsistência teórica da descrição e da sua pouca eficácia analítica. Em razão da importância estratégica e política da educação escolar nas sociedades contemporâneas, parte dos esforços científicos de apreensão do fenômeno educativo acaba por revestir-se de intenções práticas, pragmáticas: o cientista que estuda a educação pode, assim, expressar suas veleidades de agente político e aparecer como (mais) um reformista.

Tal situação não se restringe ao Brasil. Tyack e Cuban mostram como a tal "ânsia reformista", apontada por Azanha para o caso brasileiro, permeou toda a história da educação nos Estados Unidos da América, pelo menos nos últimos cem anos, muito embora os autores insistam em mostrar como esses desejos de mudança tiveram que se compor, o tempo todo, com sentimentos de resistência e com um conjunto de tradições mais ou menos estabelecidas, que acabaram determinando, em última instância, as possibilidades de êxito ou de fracasso, os limites e o âmbito das mudanças realmente efetivadas no sistema educacional americano (Tyack & Cuban, 1997).

Como o uso das noções de *novo* e de *tradicional* na educação é um problema que se expressa no plano do *discurso sobre* a educação, torna-se necessário pensar em como operar a análise da linguagem utilizada nesse discurso. Para tanto, é importante examinar como essa questão é abordada por alguns estudiosos.

Magda Soares (1976, p.145 ss.), num texto sobre a linguagem dos estudos educacionais, critica a importação pela Didática do léxico de outras ciências, o que causa, de acordo com a autora, uma série de problemas, já que a Didática, ao fazer isso, ou passa a importar realidades que não lhe dizem respeito diretamente, o que, portanto, a faz desviar-se dos seus reais objetos, ou procura adequar, de qualquer maneira, a realidade educacional vivida àquela descrita pelo conceito importado.

No caso aqui abordado, trata-se, na verdade, tal como foi descrito por Azanha, do uso, pelo estudioso da educação, de termos e conceitos diretamente derivados do vivido, do senso comum, não dotados do rigor conceitual capaz de oferecer possibilidades de descrição científica das realidades educacionais examinadas (Azanha, 1974). Dessa maneira, não se "importa", nem se tenta "adequar" uma realidade ao conceito, mas é o próprio conceito, advindo da linguagem comum, que parece *criar* uma realidade, que passa a ser objeto da atenção do estudioso.

Para conseguir empreender uma análise pertinente desse discurso, que não se limite à simples e repetida constatação da distância entre discurso e prática, trata-se de pensar, com Foucault, os discursos "como práticas que formam sistematicamente os objetos de que falam" (1995, p.56). Nesse caso, para examinar as produções discursivas a respeito da educação é necessário ir além da história do pensamento, que se preocupa em descobrir a intenção oculta no texto ("o que se dizia no que estava dito") e proceder à análise do campo discursivo, procurando entender o enunciado naquela situação concreta, suas condições de existência, suas correlações com outros enunciados e o que ele exclui da reflexão ("que singular existência é essa que vem à tona no que se diz e em nenhuma outra parte") (ibidem, p.31-2).

Com Roger Chartier (1991), pode-se recuperar a análise das transformações por que vem passando o trabalho do historiador, desde os anos 80, e que alteraram, principalmente, os seus próprios princípios de inteligibilidade. Até então, a história fundava-se num projeto de história global, de reconstituição integral do passado, na definição territorial dos objetos de pesquisa e no primado conferido ao recorte social. De acordo com o autor, "este conjunto de certezas abalou-se progressivamente, deixando o campo livre a uma pluralidade de abordagens e de compreensões" (p.176). A partir dessas profundas revisões, o campo da história da cultura desloca-se, inevitavelmente, de uma história social da cultura para uma história cultural do social. Enquanto a primeira supunha que as diferenças culturais dependiam de "oposições sociais dadas *a priori*", o historiador de hoje é forçado a admitir que as divisões culturais não correspondem, necessariamente, às divisões sociais, que não seriam, portanto, as produtoras dos objetos culturais e das condutas perante eles. De acordo com o autor, "partir assim dos objetos, das formas, dos códigos, e não dos grupos, leva a considerar que a história sócio-cultural repousou demasiadamente sobre uma concepção mutilada do social" (p.180), que privilegiava apenas a classificação socioprofissional.

Para Chartier, o historiador tem que ir além das idéias ou dos temas enunciados nos discursos, sendo necessário considerar "suas articulações retóricas ou narrativas, suas estratégias de persuasão ou de demonstração" (p.187). Nessa tarefa, torna-se essencial lidar com a noção de representação como instrumento da análise cultural, já que as representações coletivas expressam, embora não como reflexo, as diversas e compósitas divisões da organização social, e o campo cultural se estrutura mediante as lutas em torno dessas representações (p.182).

Tratando do discurso pedagógico, Eni Orlandi (1983) afirma que nenhum discurso existe isoladamente, mas se articula num processo. Na situação da simultaneidade entre falante e ouvinte, como acontece na relação didática, o primeiro institui a sua estratégia discursiva, que lhe permite, a partir do seu próprio lugar de locutor, prever ou antecipar as possíveis respostas e o âmbito do próprio discurso. Nesse sentido, o sujeito nunca é "fonte exclusiva do seu discurso", já que este só se dá diante de um outro (p.19).

O discurso pedagógico é definido pela autora como "um discurso circular, isto é, um dizer institucionalizado, sobre as coisas, que se garante, garantindo a instituição em que se origina e para a qual tende: a escola" (p.21). Desse modo:

> Em sua definição seria [o discurso pedagógico] um discurso neutro que transmite informação (teórica ou científica), isto é, caracterizar-se-ia pela ausência de problemas de enunciação: não teria sujeito na medida em que qualquer um (dentro das regras do jogo evidentemente) poderia ser seu sujeito (credibilidade da ciência), e onde existiria a distância máxima entre emissor e receptor (não haveria tensão portanto), tendo como marca a nominalização e como frase de base a frase com o verbo ser (definições). Do ponto de vista de seu referente, o discurso pedagógico seria puramente cognitivo, informacional. (Orlandi, 1983, p.21-2)

Na prática, no entanto, não há neutralidade nesse discurso, que se configura como autoritário. De acordo com a autora, seguindo as idéias de Barthes, o discurso pedagógico é um discurso do poder. Nele, existe uma quebra das leis gerais que governam a enunciação de qualquer discurso, que, normalmente, deve comunicar algo que tenha interesse, utilidade e informatividade – isto é, que acrescente algum grau de informação para o ouvinte. No discurso pedagógico ocorre o mascaramento dessas leis, mediante o uso da idéia de motivação que

> aparece no discurso pedagógico como motivação que cria interesse, que cria uma visão de utilidade, fazendo com que o discurso pedagógico apresente as razões do sistema como razões de fato. Ex.: no léxico, o uso das palavras "dever", "ser preciso", etc. (ibidem, p.12)

Além disso, o discurso pedagógico não apresenta razões em torno do seu referente – "é porque é" – e se vale de uma pretensão de cientificidade para se legitimar. Dessa maneira, resolvem-se os problemas da informatividade, do interesse e da utilidade, já que, "se a fala do professor informa", "logo, tem interesse e utilidade": pelo mero contato com o professor, o aluno pode dizer que sabe, isto é, que aprendeu, perdendo-se de vista os elementos reais do processo de ensino e aprendizagem (p.16). Na medida em que o discurso pedagógico, de acordo com Bourdieu, veicula modelos de conduta, "algo que deve ser", ele adquire legitimidade, garantindo a si próprio e à instituição em que se origina, a escola, num mecanismo circular de autolegitimação (Orlandi, 1983, p.17).

Descontando-se o fato de que a descrição do discurso pedagógico elaborada pela autora talvez se aplique apenas a uma certa maneira de ensinar, embora dominante, e admitindo-se, nesse caso, esse caráter autoritário do discurso pedagógico, pode-se pensar que o discurso do especialista, do pedagogo que fala *sobre* a educação, poderia ser enquadrado nessa categoria de *discurso pedagógico*. Isso pode se confirmar, pelo menos, para aquele tipo de formulação discursiva de caráter prescritivo, que pretende orientar a prática pedagógica, sugerindo aos professores a *melhor maneira* de ensinar, a partir de uma, suposta ou verdadeira, *cientificidade* desse discurso e dessa prescrição. Nesse sentido, caberia pensar em três tipos de discurso pedagógico: o que se formula do professor para o aluno; o que se formula do professor para ele mesmo, instituindo uma auto-representação do seu trabalho; e, finalmente, o que vai do especialista para o professor, instituindo uma representação da escola, da relação didática e do próprio professor, que podem, então, passar a ser classificados como tradicionais ou modernos, por exemplo.

Outro tipo de análise da linguagem educacional, que pode contribuir para o estudo que se vai apresentar, é aquele proposto por Israel Scheffler em *A linguagem da educação* (1974). Para esse autor, que se ocupa "de certas formas recorrentes do discurso relacionado com a educação escolar", mediante a aplicação a elas de métodos filosóficos, o discurso pedagógico se vale de três tipos de construções lingüísticas: as definições, os *slogans* e as metáforas.

De acordo com Scheffler, as definições utilizadas no discurso sobre a educação assumem sempre um caráter muito geral, não podendo ser confundidas com as definições científicas. As definições em educação procuram estabelecer os significados dos termos de que se compõe o discurso pedagógico, e são sempre apresentadas como noções de ordem geral, a serem entendidas e aplicadas num contexto prático. Já os *slogans* têm uma aplicação mais específica, servindo para unificar idéias e atitudes em torno de um determinado movimento educacional, para aproximar aliados e demarcar as divisões a respeito de determinado assunto. Por fim, as metáforas, diferentemente das definições e dos *slogans*, "indicam aquilo que se pensa serem paralelos significativos, analogias e similaridades existentes no interior do tema do próprio discurso" (p.59).

Scheffler refere-se a discursos não-científicos nos quais aparecem definições de determinadas noções educacionais, que são apresentadas num contexto prático e que não se confundem com as definições científicas. Ele as denomina, nesse sentido, *definições gerais*, que classifica em estipulativas, descritivas e programáticas.

As definições estipulativas são "aquelas que estabelecem convenções para a interpretação de termos dentro de certos contextos, sem levar em consideração o [seu] uso corrente" (p.23) e são subdivididas em: inventivas – quando o termo não tem uso prévio – e não-inventivas – quando o termo já existe, noutro contexto. De acordo com o autor, adotam-se definições estipulativas:

> Quando é necessário referir-se a alguma coisa num contexto particular, para a qual a linguagem disponível oferece apenas, no melhor dos casos, a possibilidade de uma descrição extensa. (p.23)

As definições estipulativas são adotadas, portanto, por motivos práticos, para garantir uma economia do discurso, sendo possível prescindir delas. Desse modo, são elas matéria de escolha arbitrária.

Já as definições descritivas procuram explicar os termos definidos mediante uma exposição do seu uso prévio. Como pretendem ser explicações exatas do uso prévio do termo, elas não podem ser escolhidas arbitrariamente. As definições descritivas podem cumprir várias finalidades: ajudar no uso do termo definido, familiarizar o ouvinte ou leitor com referência ao termo definido ou, ainda, tornar mais preciso o uso do termo em situações particulares.

Por fim, as definições programáticas atuam como expressão de programas de intervenção prática, em ocasiões particulares em que há disputa a respeito dos significados dos termos. Ao ser formulada, uma definição programática propõe mudar o uso prévio do termo, sem ser mera estipulação de outro significado:

> embora as definições programáticas se assemelhem às estipulativas por não estarem limitadas pelo uso prévio, diferem, contudo, das estipulações por levantarem questões de ordem moral ou prática. (p.30)

Os *slogans*, no entanto, são completamente diferentes das definições:

> são inteiramente assistemáticos, de tom menos solene, mais populares, a serem repetidos com veemência ou de maneira tranqüilizadora, e a não serem gravemente meditados...
> Em educação, os *slogans* proporcionam símbolos que unificam as idéias e atitudes chaves dos movimentos educacionais. Exprimem e promovem, ao mesmo tempo, a comunidade de espírito, atraindo novos aderentes e fornecendo confiança e firmeza aos veteranos. Assemelham-se, assim, aos *slogans* religiosos e políticos e, como esses, são produtos de um espírito partidário. (p.46)

Há certa analogia entre *slogans* e definições, quando um *slogan* passa, com o tempo, a ser considerado argumento ou doutrina, e não mais como símbolo unificador. É como se acontecesse, por conta de insistentes repetições, um esquecimento do caráter partidário do termo empregado, assumindo este um caráter explicativo. Um *slogan*, no entanto, pode ter maior ou menor eficácia prática, de acordo com o contexto e com o grau de aprovação que obtém, independentemente daquilo que ele afirma; nesse sentido, portanto, um *slogan* não pode ser considerado de maneira literal.

As metáforas, por sua vez, "não estão presas a processos de confirmação e de predição experimentais" e, portanto, "não se desenvolvem cumulativamente, como ocorre com as estruturas teóricas de natureza científica", devendo o analista manter diante delas uma postura crítica, já que podem se revelar esclarecedoras num contexto e não terem a mesma eficácia em outro (p.65).

Tendo em vista as propostas do autor quanto à análise do discurso pedagógico, pode-se considerar que a identificação e o exame das definições, dos *slogans* e das metáforas presentes numa formulação discursiva a respeito da educação podem resultar num proveitoso ganho de inteligibilidade sobre esse discurso, permitindo entender melhor sua articulação e suas finalidades.

Outra perspectiva que pode sugerir caminhos instigantes para a análise do discurso pedagógico deriva das propostas de Pierre Bourdieu, em vários textos em que ele aborda as questões da linguagem e do seu uso. Para Bourdieu, as palavras exercem grande poder no mundo social, possuindo um papel instituinte:

> O mundo social é um lugar de lutas a propósito de palavras que devem sua gravidade – e às vezes sua violência – ao fato de que as palavras fazem as coisas, em grande parte, e ao fato de que mudar as palavras e, em termos gerais, as representações ... já é mudar as coisas. (1990a, p.71)

Essa força do poder de nomear é reiteradamente destacada pelo autor e, de fato, isso sugere importantes perspectivas para o exame de um discurso como o pedagógico – no sentido daquele que é elaborado pelo especialista, *sobre* a educação – que, quase sempre, assume o papel de descrever, classificar e, portanto, nomear – no caso em questão, estabelecer o que é o *tradicional* e o que é o *novo*. Para Bourdieu:

> Todas as vezes em que afirmações existenciais (a França existe) são mascaradas sob enunciados predicativos (a França é grande), so-

mos expostos ao deslizamento ontológico que faz com que se passe da existência do nome à existência da coisa nomeada, deslizamento tanto mais provável, e perigoso, na medida em que na própria realidade os agentes sociais estejam lutando por aquilo que chamo de poder simbólico do qual uma das manifestações mais típicas é esse poder de *nominação* constituinte, que, ao nomear, faz existir. (p.72)

Trava-se, no mundo social, genericamente e, portanto, também no campo educacional, uma disputa pela obtenção do poder simbólico, definido como "um poder de consagração ou de revelação, um poder de consagrar ou de revelar coisas que já existem" (Bourdieu, 1990b, p.166-7).

No discurso pedagógico formulado no Brasil desde fins da década de 1970 e ao longo da década seguinte, ressaltam algumas fórmulas lingüísticas que se repetem e que constituem uma de suas marcas distintivas. Em determinados momentos históricos, certas expressões entram em voga num campo de conhecimento, tornando-se quase impossível apreendê-lo nos seus aspectos mais concretos, sem que o intérprete se debruce sobre aquele tipo de linguagem e se dedique ao exame das suas várias dimensões. No caso do campo educacional, esse fenômeno é recorrente. Determinadas maneiras de falar dos problemas da educação e determinadas maneiras de conceber e propor-lhes solução acabam, em vários momentos, por constituir o suporte e o conteúdo mesmo dos saberes que circulam no campo e que o estruturam como lugar de disputas.

Durante as décadas de 1970 e 1980, passaram a circular, seja nas produções acadêmicas especializadas, seja nos discursos elaborados *pelos* ou *para* os professores de 1º e 2º graus, algumas formulações a respeito das modalidades de ensino que então se praticavam, das possíveis críticas a elas e das possíveis soluções alternativas para os problemas apontados. O que se evidencia numa primeira leitura de textos da época é a maneira pela qual os autores definem as posições do conflito: de um lado, os seus adversários, rotulados, classificados, definidos, como expressão do *tradicional* no ensino; de outro, os companheiros, situados como proponentes do *novo*, que combate a tradição. Não se trata, evidentemente, de um esquema original: em qualquer situação de conflito nos campos de conhecimento, os defensores de mudanças tendem a criticar os atuais ocupantes das posições de prestígio, colocando-se como portadores de concepções *novas, modernas*, sempre associando a novidade aos aspectos positivos e a tradição, aos aspectos negativos.

É pertinente recordar que esse período (anos 70 e 80) coincide com o chamado processo de *transição democrática* – ou qualquer de seus nomes alternativos: "distensão", "abertura" etc. Os discursos sobre a educação, nesse momento, articulam-se com as várias dimensões das disputas presentes no campo político e a escola acaba sendo entendida, em muitas das formulações de então, como um instrumento essencial no processo de (re)democratização do país. Nesse sentido, a constituição de uma determinada maneira de tratar os problemas pedagógicos, baseada na oposição entre o *novo* e o *tradicional*, responde a diversas demandas, tanto às internas ao próprio campo educacional, quanto a outras, externas a ele.

Parece importante, assim, recuperar algumas dimensões dos debates e das práticas pedagógicas de então, procurando desvendar as articulações que se davam entre as representações formuladas a respeito do ensino, da escola e da atuação dos professores e a produção, nos meios acadêmicos, de saberes pedagógicos que buscavam explicar e orientar aquela atuação e aquelas representações. Assim sendo, o trabalho aqui desenvolvido insere-se na perspectiva da caracterização desse discurso pedagógico, buscando apanhar as representações ali formuladas a respeito do que seriam os padrões do *tradicional* e, por oposição, do *novo* no ensino. Discurso esse que acaba por constituir uma certa maneira de ver a escola e a atuação do professor e um certo saber a respeito do que deve ser rejeitado e do que deve ser valorizado no ensino das várias disciplinas.

Apresenta-se, aqui, um estudo histórico das produções discursivas do período em questão (décadas de 1970 e 1980), em que aparecem as formulações de crítica ao *tradicional* na educação, produções essas que se afirmam como *saberes pedagógicos* destinados a prescrever os rumos a serem seguidos no ensino das disciplinas escolares. A principal fonte para a recuperação e o estudo desse discurso são os textos veiculados, no período, na imprensa especializada em educação. Três das principais revistas educacionais de São Paulo, mas que alcançam circulação nacional, iniciam a sua publicação nessa época: os *Cadernos de Pesquisa* da Fundação Carlos Chagas, publicados desde 1971; *Educação & Sociedade*, desde 1978; e a *Revista da ANDE*, desde 1981. Tratando-se de publicações diferentes, são essas revistas dirigidas por grupos diversos de educadores, com vinculações institucionais distintas, por vezes disputando entre si a legitimidade para prescrever as melhores alternativas para o desenvolvimento do trabalho pedagógico dos professores. Além do mais, elas cobrem amplo espectro do campo educacional da época e das produções acadêmicas sobre a educação no período, já que funcionavam como órgãos divulgadores das pesquisas e das idéias desenvolvidas no âmbito, respectivamente, da Fundação Carlos Chagas, da Unicamp e da PUC-SP.

Nos últimos anos vem-se firmando, primeiro na Europa e, um pouco depois, no Brasil, uma certa tradição de estudos que tomam a imprensa periódica educacional como sua fonte documental privilegiada. Em trabalho há pouco publicado, procedeu-se a uma ampla exposição das possibilidades de pesquisa e das linhas de trabalho já em desenvolvimento, tanto entre nós, quanto no exterior, com esse tipo de fonte (Catani & Bastos, 1997a). Na "Apresentação" da obra, as organizadoras demonstram a pertinência e a relevância desse tipo de trabalho no sentido de se poderem apreender, com mais clareza, os modos de funcionamento do campo educacional:

> De fato, as revistas especializadas em educação constituem uma instância privilegiada para a apreensão dos modos de funcionamento do campo educacional, pois fazem circular informações sobre o trabalho pedagógico, o aperfeiçoamento das práticas docentes, o ensino específico das disciplinas, a organização dos sistemas, as reivindicações da categoria do magistério e outros temas que emergem do espaço profissional. Além disso, acompanhar o aparecimento e o ciclo de vida da imprensa periódica educacional permite conhecer as lutas por legitimidade que se travam dentro do campo e também analisar a participação dos agentes produtores do periódico na organização do sistema de ensino e na elaboração dos discursos que visam a instaurar as práticas exemplares. (Catani & Bastos, 1997b, p.7)

Antonio Nóvoa (1993, 1997), responsável em Portugal pela efetivação de um importante Repertório Analítico de toda a imprensa de educação portuguesa dos séculos XIX e XX, também destaca a importância desse tipo de fonte para a realização de trabalhos de pesquisa que permitam visões mais abrangentes da história da educação de um determinado período. Quatro são as razões citadas pelo autor para comprovar essa relevância. Em primeiro lugar, a imprensa educativa permite, melhor do que outro tipo de fonte, revelar múltiplos aspectos dos processos educacionais a partir de uma perspectiva interna ao sistema escolar, bem como revelar o papel de diversos atores sociais que normalmente são deixados em segundo plano nos estudos, tais como as famílias dos alunos.

Em segundo lugar, o "caráter único e insubstituível" do tipo de informações que se podem obter mediante o exame dessa imprensa. De acordo com Nóvoa (1997, p.13):

> A imprensa é, talvez, o melhor meio para compreender as dificuldades de articulação entre a teoria e a prática: o senso comum que perpassa as páginas dos jornais e das revistas ilustra uma das qualidades principais de um discurso educativo que se constrói a partir dos diversos actores em presença (professores, alunos, pais, associações, instituições, etc.).

A terceira razão é que "a imprensa é o lugar de uma afirmação em grupo e de uma permanente regulação coletiva", gerando debates e controvérsias, contituindo um ponto de vista privilegiado para apanhar esses conflitos (ibidem). Por fim, a imprensa educacional permite que muitas vozes que normalmente não apareceriam no campo de debates, por não ocuparem posições institucionais dotadas de prestígio, aí se manifestem, o que possibilita, ao historiador, aprender um discurso pedagógico plural, que não resulta da pura elaboração teórica de alguns poucos cientistas.

Além do Repertório organizado por Nóvoa, para o caso português, ganhou destaque no Brasil o trabalho efetivado na França, sob a direção de Pierre e Pénélope Caspard (1981-1991).

Firmando-se, já, quase como uma tradição de pesquisa no país, a partir, principalmente, dos trabalhos desenvolvidos na Faculdade de Educação da Universidade de São Paulo, mas que, hoje, se espraiam por vários outros centros de pesquisa, os trabalhos com a imprensa periódica educacional vêm permitindo a revisão de várias interpretações já consagradas pela história da educação brasileira, além da iluminação de aspectos e perspectivas dessa história que não haviam podido ser investigadas com outros tipos de documentação. Essa modalidade de trabalho histórico, portanto, vem renovando a abordagem de aspectos já consagrados na historiografia e despertando outras possibilidades de olhar para o passado educacional brasileiro.

O trabalho que aqui se expõe insere-se nessa perspectiva, mas com pretensões diversas, tanto dos trabalhos exaustivos dos repertórios de Nóvoa e Caspard, quanto da amplitude de caminhos abertos por uma pesquisa como a de Denice Catani (1989), na sua tese de doutorado. Nesse trabalho, a autora promove um estudo detalhado da *Revista de Ensino* da Associação Beneficente do Professorado Público de São Paulo, iluminando um importante período da história da educação paulista. Denice Catani consegue demonstrar que, na historiografia até então consagrada, esse período estivera encoberto por certas interpretações criadas por determinados atores sociais do período, que tudo fizeram para diminuir a importância das ações daquela associação na organização do professorado, em prol do destaque a outro tipo de ações, provenientes de outras personagens que as circunstâncias históricas permitiram aparecer como mais legítimas.

Aqui, no entanto, de modo mais singelo, examinam-se as maneiras de aparecer de duas noções no discurso pedagógico dos anos 70 e 80 no Brasil – as idéias de *novo* e de *tradicional* aplicadas à educação –, utilizando como fontes documentais o material publicado nas três revistas já assinaladas. Para tanto, realiza-se um esforço preliminar de reconstituição do ciclo de vida dos três periódicos, embora de maneira breve, já que o discurso pedagógico é o objeto da pesquisa e não exatamente as revistas em si. Nessa recomposição das trajetórias das publicações, há que se destacar a dificuldade de obtenção de certas informações, o que certamente é responsável por algumas lacunas na reconstituição histórica que se apresenta nesta obra.

No exame das representações do ensino e da educação com base nas noções de *novo* e de *tradicional*, são destacadas as semelhanças e as diferenças de tratamento do tema entre os diversos textos examinados e, também, as características gerais que esse discurso assume em cada uma das revistas estudadas. Com base na análise das disposições discursivas estabelecidas naqueles textos e por meio daquelas representações, é possível apanhar o conjunto de estratégias de disputa do poder simbólico ali presentes e a mobilização das noções do novo e do tradicional por essas mesmas estratégias. Como resultado, é possível traçar algumas indicações, mesmo que parciais, sobre a estruturação do campo educacional no período.

Na construção do trabalho, optou-se por manter um modo de compor o texto que sustenta uma tensão entre, de um lado, uma análise interna das produções discursivas, que procura recuperar as condições de produção dos textos, a fim de entender seus significados e, de outro, um exame da estrutura do campo educativo brasileiro naquele período, por meio da apreensão das relações nele travadas, com base no exame dos papéis desempenhados pelos periódicos estudados. Essa tensão percorre todo o texto e foi o modo encontrado para demonstrar ao leitor o conjunto de dificuldades inerentes ao tema escolhido, ao tipo de fontes utilizadas e às peculiaridades das revistas estudadas.

Outro tipo de tensão, esta mais aparente do que real, localiza-se no problema de se considerar as revistas como *objeto* ou como *fonte* da pesquisa. Embora boa parte do trabalho empreendido tivesse que tomar os periódicos na primeira acepção, como objeto, isso se justificava, na medida em que era preciso estabelecer preliminarmente o quadro geral das publicações estudadas para poder situar, aí, o tema escolhido. No entanto, na análise desse tema, claramente as revistas são tomadas como fontes do trabalho, vitais para o seu desenho e sua construção.

Mostra-se, a seguir, que a mobilização das idéias de *novo* e de *tradicional* no discurso formulado e difundido nas revistas pedagógicas da época servia a algumas estratégias de conquista e defesa de posições de poder e prestígio disputadas pelos diversos agentes envolvidos no campo educacional nos anos 70 e 80, no Brasil. Na exposição do tema, o leitor vai notar uma aparentemente escassa preocupação com o contexto histórico-político mais abrangente. Pensa-se que as linhas gerais dos acontecimentos políticos daqueles anos são suficientemente conhecidas e ainda muito vivas. Além do mais, assume-se aqui uma postura ante a construção do texto historiográfico que prefere fazer falar as fontes a tentar impor às práticas discursivas ali presentes um molde periodizador determinado previamente, como se a história da educação devesse a todo custo encaixar-se numa história de cunho político supostamente mais geral e importante.

O trabalho que se segue, com algumas modificações, resulta de tese de doutorado em Educação defendida na Universidade de São Paulo em 1999. Seu tema foi sugerido por ocasião da defesa de trabalho anterior, de mestrado: por que não investigar quem eram os defensores do ensino tradicional, tão criticado durante os anos 80 pelos educadores que propunham mudanças no ensino de História que então se praticava?[1] Depois de longo percurso e de algumas mudanças de rumo, a investigação efetivada resultou num texto que apresenta as formulações discursivas a respeito da mudança e dos usos das idéias de *novo* e *tradicional* na educação brasileira, nos anos 70 e 80, tais como foram veiculadas em três importantes revistas da imprensa periódica educacional da época, os *Cadernos de Pesquisa* da Fundação Carlos Chagas, *Educação & Sociedade*, do CEDES, e a *Revista da ANDE*, surgidas naquele período.

No Capítulo 1, são examinadas algumas análises de estudiosos a respeito do tema da mudança na educação e das suas relações com as idéias de tradição e modernidade. No Capítulo 2, é estabelecido um quadro geral do estado da organização do campo educacional brasileiro no período estudado e, em seguida, são examinadas as três revistas, traçando-lhes os ciclos de vida e investigando as maneiras pelas quais as práticas discursivas ali efetivadas mobilizaram as noções do novo e do tradicional na educação. Por fim, no Capítulo 3, são tecidas considerações gerais a respeito da estruturação do discurso pedagógico no período, a partir do cruzamento das informações mobilizadas pela descrição das formulações presentes em cada revista, efetivada no capítulo anterior.

Este trabalho contou com a colaboração de várias pessoas que facilitaram a sua realização e possibilitaram que ele viesse à luz. A

---

1 A sugestão partiu de Denice Catani, a quem deixo registrado meu agradecimento.

todas elas sou devedor, pela atenção com que me trataram durante a trajetória da pesquisa e pela disposição com que acolheram um tema que, de início, e quase até o fim, parecia muito fluido e impreciso. Para não correr o risco de omissões, deixo a todas elas registrado o meu agradecimento.

1 O NOVO, O MODERNO E O TRADICIONAL[1]

> A palavra tradição vem do latim: *traditio*. O verbo é *tradire*, e significa precipuamente entregar, designa o ato de passar algo para outra pessoa, ou de passar de uma geração a outra geração. Em segundo lugar, os dicionaristas referem a relação do verbo *tradire* com o conhecimento oral e escrito. Isso quer dizer que, através da tradição, algo é dito e o dito é entregue de geração a geração. De certa maneira, estamos, pois, instalados numa tradição, como que inseridos nela, a ponto de revelar-se muito difícil desembaraçar-se de suas peias. Assim, através do elemento dito ou escrito, algo é entregue, passa de geração em geração, e isso constitui a tradição – e nos constitui.
>
> (Bornheim, 1987, p.18-9)

O NOVO HOJE: A PÓS-MODERNIDADE

Como pensar na possibilidade da mudança na educação, na sociedade contemporânea, se essa contemporaneidade está justa-

---

[1] O título deste capítulo é paráfrase do título de um iluminador artigo de Marta Carvalho, "O novo, o velho e o perigoso", publicado em 1989, em que a autora examina a influência da obra de Fernando Azevedo sobre toda a historiografia brasileira da educação (cf. Carvalho, 1989).

mente marcada pela perplexidade diante das possibilidades de transformação do social? Enquanto a modernidade se afirmava como tempo de mudança permanente, como busca constante do novo, num movimento contínuo de envelhecimento do que até há pouco era a última novidade, a situação atual é a da ausência de perspectiva de uma transformação radical e, mesmo, de certo retorno ao passado e à tradição.

Diante do enfraquecimento ou desestruturação das forças que, pelo menos desde o século XIX, propugnaram a revolução e a substituição da sociedade capitalista por outra formação social a ser ainda construída; diante das amplas modificações no sistema produtivo, nos meios de produção e de circulação do conhecimento; diante do esvaziamento das vanguardas artísticas, com o aparente esgotamento das estratégias de contínua inovação, vários analistas da sociedade contemporânea têm insistido em designar o momento que ora se vive com o rótulo de pós-modernidade. O que está em jogo nesse debate, polarizado entre os que afirmam estar esgotado o projeto da modernidade e os que defendem a necessidade de continuá-lo, é justamente a capacidade de efetivação da promessa moderna do progresso da sociedade e da emancipação do homem por meio da razão. Como mostra Celso Favaretto (1995, p.30):

> Tal como foi polarizado nas posições extremadas de Habermas e Lyotard, o debate centra-se na valorização diversa do poder emancipatório da razão iluminista: a primeira, afirmando a permanência do projeto moderno-iluminista, considera as proposições pós-modernas identificadas a tendências políticas e culturais neoconservadoras; a segunda, contrariamente, considera o projeto moderno como acabado, e que os resíduos iluministas não mantêm, na situação pós-moderna, qualquer potencial emancipador. No fundo, a questão toda é da crença no progresso da razão e da história, central no projeto moderno, descentrado na perspectiva pós-moderna.

Do ponto de vista da educação e das perspectivas de construção de uma teoria da educação que aponte tanto no sentido de uma crítica da situação atual quanto no de uma transformação efetiva das práticas educacionais, o questionamento dos princípios da modernidade, como afirma Henry Giroux (1993, p.43), leva necessariamente a uma redefinição do significado da escolarização tal como foi pensada até hoje. Para esse autor, embora possa haver análises diferentes do fenômeno da chamada pós-modernidade,

> todas elas admitem que estamos vivendo numa era de transição, na qual condições sociais emergentes colocam em questão a capacidade de velhas ortodoxias para nomear e compreender as mudanças que estão nos levando ao século XXI. Saber se essas mudanças sugerem uma ruptura entre modernidade e pós-modernidade pode não ser uma questão tão importante quanto a de compreender a natureza das mudanças e quais podem ser suas implicações para a reconstituição de uma política cultural radical apropriada à nossa própria época e lugar. (p.50)

Para Giroux, no entanto, as críticas pós-modernas não devem conduzir os educadores ao desânimo. Pelo contrário, elas devem impulsionar uma nova reflexão que leve a repensar as possibilidades do ensino e da aprendizagem como forças emancipadoras do homem.

Tomaz Tadeu da Silva (1996b, p.137-59) reflete sobre as diferenças ou pontos de discordância entre a teoria crítica da educação e a crítica social pós-moderna, insistindo, no entanto, na inevitabilidade de os educadores levarem em conta as restrições evidenciadas pela última em relação a qualquer projeto de emancipação social pela via da escola. De acordo com ele, a teoria crítica da educação tem sempre em vista um ideal de futuro, um novo modo de ser da educação, do currículo e da pedagogia que possa ir além da ideologia dominante; já a crítica pós-moderna não propõe essa "visão de futuro" que implica uma metanarrativa explicadora das causas da distorção e da visão "correta" do movimento histórico: ora, é justamente esse uso de metanarrativas que é visto pelos pós-modernos como problemático, opressivo e totalitário (ibidem, p.142).

Outro ponto de afastamento entre as duas correntes se dá quanto à questão da ideologia: enquanto a teoria crítica pressupõe a existência de um lugar não ideológico de onde se pode falar da realidade e criticar a dominação, na visão pós-moderna, "não existe uma realidade para além e fora da linguagem e dos signos de que a linguagem é formada". Além disso, na visão pós-moderna, não pode haver uma ciência não ideológica que consiga desvelar a própria ideologia (p.142-4). Dessa maneira, se para a teoria crítica o conhecimento existe como referente, embora se reconheça a sua produção pela sociedade, para os pós-modernos não há esse referente, já que não há realidade exterior ao texto e à linguagem.

Por fim, o último ponto de afastamento se dá na questão da subjetividade. Enquanto a sociologia moderna da educação concede a esse ponto pouca atenção, mas reconhece a existência de um sujeito portador de uma "consciência unitária, homogênea, centrada", que oscila entre a plena consciência e lucidez e a plena alienação, para os pós-modernos, "a subjetividade é vista como fragmentada, descentrada, contraditória, como resultado de múltiplas determinações" (p.146-7).

Com base nessas diferenças e distâncias entre os dois tipos de análise da realidade contemporânea, e entendendo a impossibilidade de a pedagogia continuar ignorando as críticas pós-modernas, particularmente quanto à noção de sujeito, torna-se necessário repensar o próprio sentido da mudança, do novo, da transformação, ou seja, a própria essência do tema central de uma pedagogia que se pretenda crítica. Porém, se a teoria educacional deve levar em conta várias das críticas pós-modernas, estas, no entanto, podem levar a sérios impasses no caso da educação, na medida em que a validação de todas as posições e de todos os discursos pode induzir ao conservadorismo e à manutenção das desigualdades sociais, cuja superação sempre esteve na base dos empreendimentos da teoria educacional crítica. Nessa medida, os educadores que se propõem, hoje, a pensar na mudança da escola, e nessa mudança como ponto de apoio para a transformação da sociedade, encontram-se em posição difícil.

Um certo modo de expressar essa dificuldade pode ser encontrada em Celso Favaretto (1995). Para esse autor, a experiência contemporânea, resistente à visão de totalidade, tende a provocar insatisfação e, mesmo, pânico, dificultando a elaboração de projetos coletivos ou individuais. Uma das reações acaba sendo uma volta ao passado, numa tentativa de "resgate" de uma unidade perdida.

No campo educacional, essa busca do passado se expressa mediante "uma distância acentuada entre discursos modernizantes e práticas modernizadoras, entre desejos de atualidade e persistência de modelos que esquecem a heterogeneidade cultural" (ibidem, p.34). Fundada na idéia de formação, a atividade educativa resiste a considerar a constante experimentação como sua verdadeira forma, insistindo na busca de fundamentação numa noção de consenso (p.34-5).

Quando a crítica pós-moderna à educação se radicaliza, ela pode levar à impossibilidade de manter a idéia até hoje vigente da escola, do ensino e do papel do professor. Para Jean-François Lyotard, as profundas modificações nos meios de produção, divulgação e acesso ao conhecimento, introduzidas nos últimos anos, devem levar, necessariamente, a radicais transformações na concepção da pedagogia. Lyotard (1986, p.91 ss.) propõe uma imagem do ensino e do professor tradicionais como depósitos neutros de memória, puras fontes de informação. Para ele, as relações entre fornecedores e usuários do conhecimento tendem, cada vez mais, a se tornar semelhantes àquelas que os produtores e consumidores de mercadorias têm com essas mesmas mercadorias. Pensando sobre os cursos superiores profissionalizantes, pensa o autor que:

> O essencial do transmissível é constituído por um estoque organizado de conhecimento. A aplicação de novas técnicas a este estoque pode ter uma incidência considerável sobre o suporte comunicacional. Não parece indispensável que este seja um curso proferido de viva voz por um professor diante de estudantes mudos, sendo o tempo para perguntas transferido para as sessões de "trabalhos" dirigidas por um assistente. Na medida em que os conhecimentos são traduzíveis em linguagem informática, e enquanto o professor tradicional é assimilável a uma memória, a didática pode ser confiada a máquinas...
>
> A pedagogia não sofrerá necessariamente com isto, pois será preciso apesar de tudo ensinar alguma coisa aos estudantes: não os conteúdos, mas o uso dos terminais, isto é, de novas linguagens, por um lado, e, por outro, um manejo mais refinado deste jogo de linguagem que é a pergunta: onde endereçar a questão, isto é, qual a memória pertinente para o que se quer saber? (1986, p.91-2)

No entanto, se aqui o autor parece reservar algum papel ao professor, desde que ele deixe de ser mero depósito de informações, mais adiante ele chega a anunciar o fim da "era do Professor":

> Mas o que parece certo é que ... a deslegitimação e a prevalência do critério do desempenho soam como a hora final da era do Professor: ele não é mais competente que as redes de memórias para transmitir o saber estabelecido, e ele não é mais competente que as equipes interdisciplinares para imaginar novos lances ou novos jogos. p.95-6)

Desse modo, todo o sentido da pedagogia e da educação, fundadas no ideal da formação do indivíduo e assentadas na ação de um – ou mais de um – professor, estaria posto em xeque. No entanto, a pedagogia e os educadores insistem em manter o ideal de formação e a aposta no potencial inovador da escola.

Refletindo sobre a questão da tradição e de como ela se manifesta atualmente, Silviano Santiago (1987) vê no pós-moderno a atribuição de um novo papel à tradição: abandonando o que caracteriza o modernismo, isto é, a chamada "tradição da ruptura" – como processo contínuo de rompimento com o passado –, o pós-moderno "incorpora a tradição e o passado de uma maneira onde a confiabilidade seria a tônica, respaldada pelo pluralismo" (p.120). Dessa maneira, de acordo com o autor, altera-se radicalmente a relação com o passado e, também, em termos gerais, a relação com o tempo e a historicidade. Enquanto o modernismo parodia o passado para com ele romper e construir um futuro novo, revolucionário, o pós-moderno transgride a tradição legada pelo passado de outra maneira, estabelecendo diálogo entre o passado e o presente, sem apontar, de maneira prospectiva, para o futuro.

Diante de tudo isso, como fica o educador? Que restará para a pedagogia, se lhe for retirado o ideal da formação, entendida de maneira unitária e consensual – *um* projeto de formação, para toda a sociedade, ou, pelo menos, para uma geração? Que sentido ainda poderá ter a educação, se não se puder mais imaginá-la como parte de um projeto de transformação da sociedade? Essas são as questões postas pela contemporaneidade. No entanto, há poucos anos, nas décadas de 1970 e 1980, no Brasil, elas pareceriam descabidas, levando-se em conta o tipo de representações sobre a educação veiculadas nas revistas pedagógicas aqui estudadas. Nessas representações, constitutivas do discurso pedagógico da época, predominava a aposta na mudança da sociedade e no potencial formador e transformador da escola e do ensino. Para compreender isso, é importante examinar as relações que a reflexão pedagógica estabeleceu entre educação, tradição e mudança.

EDUCAÇÃO: TRADIÇÃO E MUDANÇA

Raymond Williams (1992, p.179 ss.) discute os conceitos de reprodução cultural e de tradição e procura refletir sobre as relações desses conceitos com a educação. De acordo com ele, está implícita no conceito de cultura a idéia de que ela é capaz de se reproduzir, mostrando o autor que, no caso, reprodução tanto pode significar cópia fiel, mecânica, quanto reprodução genética, isto é, continuidade das mesmas formas em indivíduos variáveis. A cultura se reproduz das duas maneiras, mediante vários mecanismos, sendo um deles a educação.

No entanto, a educação não se reduz à mera reprodução da cultura e das relações materiais que a sustentam:

> pode haver, nesses processos vinculados, tipos significativos de desigualdade e de assimetria, ou, em outras palavras, graus diversos de autonomia relativa; e que também é um fato observável dos sistemas educacionais, particularmente em determinados períodos e sociedades, o de que eles mudam tanto internamente quanto em suas relações gerais com outros sistemas. (Williams, 1992, p.184)

Entendendo a tradição como a reprodução cultural em ação, mostra Williams que ela mantém muitas relações e semelhanças com a educação:

> Pois a tradição ("nossa herança cultural") mostra-se de modo claro como um processo de continuidade deliberada, embora, analiticamente, não se possa demonstrar que alguma tradição seja uma seleção ou re-seleção daqueles elementos significativos recebidos e recuperados do passado que representam uma continuidade não ne-

cessária, mas desejada. *Nisto ela se assemelha à educação que é uma seleção equivalente de conhecimento desejado e de modalidades de ensino e de autoridade.* É importante salientar, em cada caso, que esse "desejo" não é abstrato mas efetivamente definido pelas relações sociais gerais existentes. (p.184-5)

Educação e tradição, porém, não se confundem. Além do mais, existem outros processos sociais que efetuam a moldagem e as alterações de uma tradição, permitindo inclusive que, em determinadas condições sociais, tradições alternativas ou mesmo contraditórias existam simultaneamente na mesma sociedade. Essas retificações e competições entre tradições alternativas se impõem sobre a educação atual, que não pode ser reduzida, portanto, a um mero processo de reprodução cultural como simples transmissão de uma herança do passado.

Para Raymond Williams, embora não seja possível controlar completamente as ações e as interações dessas tradições alternativas, é mais fácil inovar nesse campo do que no campo educacional:

> é muito mais fácil apresentar os elementos de uma tradição alternativa ou até contestadora nas relações mais frouxas e mais gerais de um processo cultural global, do que, por exemplo, organizar um sistema educacional alternativo e, particularmente, um sistema educacional contestador. (p.186)

Inovações na educação, portanto, não são fenômenos corriqueiros, aparecendo apenas em condições sociais bastante específicas, e a maioria delas não surge como rupturas bruscas, mas como resultado de tensões entre as novas formas e as antigas ao longo de períodos bastante extensos.

Apesar de as inovações realmente incorporadas ao sistema escolar não serem freqüentes, alguns analistas mostram que a busca dessas inovações, pelo menos, parece ser a forma mesma assumida pela educação na modernidade. Thomas Popkewitz (1997, p.11), em *Reforma educacional: uma política sociológica*, examina os significados da reforma e da mudança na educação, mostrando que o conceito de reforma, no senso comum, sempre aparece associado à idéia de progresso e à noção de que mudanças no ensino trarão aumento de eficiência, economia e efetividade, levando à criação de um mundo melhor. No entanto, o autor adverte para a necessidade de diferenciar reforma de mudança:

> Enquanto *reforma* e *mudança* são usadas com o mesmo significado no âmbito da educação nos Estados Unidos, as palavras podem ser diferenciadas para fins de análise. Reforma é uma palavra que faz referência à mobilização dos públicos e às relações de poder na definição do espaço público. Mudança possui um significado que, à primeira vista, tem uma perspectiva menos normativa e mais "científica". O estudo da mudança social representa um esforço para entender como a tradição e as transformações interagem através dos processos de produção e reprodução social. Refere-se ao confronto entre ruptura com o passado e com o que parece estável e "natural" em nossa vida social.

A mudança, assim, está associada à ruptura com o passado e com a tradição do presente. A educação, ao se instituir como um mecanismo de mudança contínua, tende a ser vista como processo constante de afastamento da tradição. Do ponto de vista de Popkewitz, as reformas educativas, assim como toda a pedagogia, funcionam como mecanismos de regulação social. "As formas de conhecimento na escola estruturam e classificam o mundo e a natureza do trabalho, o qual, por sua vez, tem a capacidade de organizar e formar a identidade individual" (p.22).

Já Philippe Perrenoud (1994, p.12), refletindo sobre a dinâmica das mudanças na educação, mostra que, em alguns momentos, a própria sociedade espera e exige da escola a estabilidade, embora, em outros momentos, cobre-lhe o papel de agente transformador.

Ao mesmo tempo, pela sua composição e pela sua própria especificidade, a escola constitui uma das instituições sociais capazes de contribuir para a instauração de mudanças na sociedade:

> Deste inventário, um pouco esquemático, mas não muito encorajante, podemos concluir que a escola é, talvez (assim como aconteceu no seu início), o lugar onde hoje se concentra o maior número de pessoas altamente qualificadas e que estão, ao mesmo tempo, relativamente ao abrigo das jogadas políticas, das competições comerciais e das tentações administrativas. Por conseqüência, por que não considerar que a escola pode contribuir para a preparação do futuro? Não nos podemos privar de nenhuma força viva numa

sociedade de ora em diante instalada de modo duradouro, na mudança permanente, em função da evolução científica e tecnológica, mas também das transformações culturais, econômicas, ecológicas, demográficas e geopolíticas à escala do planeta. (p.15)

Por fim, mostra o autor que o problema da mudança na educação depende tanto de mudanças internas, concernentes a alterações de conteúdos e de práticas pedagógicas, quanto de decisões políticas e modificações na organização e na gestão do sistema escolar.

Embora a maioria das análises da escola insista na necessidade ou nos mecanismos de mudança, um tema que sempre se levanta para explicar ou justificar os fracassos de sucessivos projetos de reforma é o da resistência à mudança, que, supostamente, marcaria os professores como categoria profissional. Analisando o mecanismo de efetivação das mudanças em educação, A. M. Huberman (s.d., p.63) elabora uma hipótese para a sempre alegada resistência à mudança por parte dos professores:

> Os etnólogos afirmam que a resistência à mudança é proporcional ao volume de mudança necessário no sistema receptor. Os psicólogos observam que os indivíduos resistem com maior obstinação precisamente no ponto em que a pressão da mudança é mais forte. A mudança vem a ser percebida por eles como uma ameaça contra a qual o indivíduo se defende, em geral utilizando, com dissimulação, as práticas anteriores ... Podemos formular provisoriamente a hipótese de que os professores resistem em particular a todas as mudanças que lhes deixem menos autoridade sobre a classe ou sobre cada um dos alunos que a compõem.

Essa hipótese do autor, se verdadeira, tenderia a confirmar uma suspeita a respeito do efetivo papel da idéia de tradição no contexto educacional: a de que existe, de fato, um determinado conjunto de representações que os professores fazem a respeito do seu papel e do seu trabalho e que, configurando-se nos moldes de uma espécie de tradição, parece orientar, em larga medida, as suas ações e reações diante de projetos de mudança das práticas escolares provenientes, quase sempre, de fora da escola. Essa suspeita se torna mais palpável ao se examinarem alguns outros textos.

Por exemplo, observando o caso norte-americano, David Tyack (1995) mostra como aquela sociedade tem lidado com o problema da mudança em educação. De acordo com esse autor, tem havido, na história americana, ao longo do tempo, inúmeras vagas de reformas da escola pública, propostas por pessoas oriundas de fora do sistema escolar. Essas propostas, quase sempre, sugerem o abandono completo de tudo que se vinha fazendo nas escolas e a sua substituição por um sistema completamente novo, ignorando tanto a história das sucessivas reformas quanto o papel e as ações dos professores. Tais projetos costumam pautar-se pelos modelos de administração das empresas ou do governo, pela defesa da superioridade e eficiência das entidades privadas sobre as escolas públicas, pelo emprego de tecnologia no ensino e pela importação, dessas entidades privadas, de sistemas de avaliação e recompensa dos professores fundamentados na competição e na hierarquia. No entanto, os resultados dessas iniciativas têm sido, de acordo com Tyack (p.191-4), muito pouco significativos: depois de um período inicial de grande entusiasmo e de apoio da imprensa, costumam vir o silêncio e o fracasso.

De acordo com o autor, esses reformadores ou inovadores provenientes de fora do sistema escolar raramente procuram compreender a escola como instituição ou a cultura dos professores, quase sempre considerados coisas fáceis de serem moldadas (p.194).

Apesar das seguidas intervenções e propostas dos reformadores, os professores tendem a aceitar apenas as inovações que os ajudam a resolver seus problemas. A incorporação ou não das inovações pelos professores depende, conforme Tyack, do modo como eles entendem sua profissão. Sendo assim, serão adotadas apenas aquelas mudanças que consigam tornar mais eficiente o trabalho que os professores costumeiramente realizam:

> Mas talvez o obstáculo mais importante para transformar a escolarização em máquinas tenha sido a natureza da sala de aula como um lugar de trabalho e as maneiras pelas quais os professores definem suas tarefas. As realidades da estrutura institucional e da pedagogia e disciplina centradas no professor são o resultado de gerações de experiências dos professores em confluência com os imperativos de sua ocupação: manter a ordem e olhar/cuidar para

que os alunos aprendam o currículo. Professores estão dispostos, até mesmo ansiosos, por adotar as inovações que os ajudem a fazer o seu trabalho de modo mais eficiente e que sejam simples, duráveis, flexíveis e que correspondam à maneira como eles definem suas tarefas. (p.204)[2]

Definir de modo tão simples o papel do professor – manter a ordem e cuidar para que os alunos aprendam o currículo – pode parecer um tanto reducionista, mas é difícil encontrar outra maneira mais efetiva de descrever o trabalho do docente na escola. Com base nessas idéias de Tyack, pode-se pensar na existência de uma verdadeira tradição no ensino. Não no sentido de algo imutável, a ser reverenciado e mantido, mas como resultado e produto de lutas, conflitos e processos históricos desenvolvidos por sucessivas gerações e que acabaram definindo o trabalho do professor, a função do ensino e os melhores meios de atingir os objetivos propostos. Dessa maneira, pode-se pensar que o "anseio reformista" que parece caracterizar a escola ou está deslocado dessa tradição histórica verdadeira, ou a ignora, de modo deliberado ou inconsciente, condenando-se, por isso, já de início, ao fracasso. Recusar a existência dessa tradição implicaria insistir na representação costumeira do professor incompetente, que não tem consciência do que faz e que resiste, por isso, às inovações, sempre entendidas como propiciadoras de melhoria no ensino e de progresso.

Numa perspectiva diversa, Antonio Nóvoa (1998, p.29-30) afirma a existência de uma suscetibilidade pronunciada dos professores em relação às mudanças:

> os professores são desde sempre um grupo profissional muito sensível aos efeitos de *moda*. Hoje, mais do que nunca, as modas invadem

---

[2] *But perhaps the most fundamental block to transforming schooling through machines has been the nature of the classroom as a work setting and the ways in the which teachers define their tasks. The realities of institutional structure and of teacher-centered pedagogy and discipline are the result of generations of experience of teachers in meeting the imperatives of their occupation: mainting order and seeing that students learn the curriculum. Teachers are willing, even eager, to adopt innovations that help them to do their standard job more efficiently and that are simple, durable, flexible and responsive to the way they define their tasks.* (A tradução é do autor.)

o terreno educativo. Em grande parte, devido à impressionante circulação de idéias e à velocidade quase delirante das inovações tecnológicas. A adesão pela moda é a pior maneira de enfrentar os debates educativos, porque traduz uma fuga para a frente, uma opção preguiçosa, porque ... falar de moda dispensa-nos de tentar compreender.

... Em pedagogia, a moda significa quase sempre ... a vontade de mudar para que tudo fique na mesma. Ora, neste mundo invadido por uma inflação tecnológica sem precedentes, é preciso que os professores aprendam a cultivar um cepticismo saudável, um cepticismo que não é feito de descrença ou de desencanto, mas antes de uma vigilância crítica em relação a tudo quanto lhes é sugerido ou proposto. A inovação só tem sentido se passar por dentro de cada um, se for objeto de um processo de reflexão e de apropriação pessoal.

Indo um pouco além do que diz o autor, pode-se imaginar que seria essa suscetibilidade dos professores à moda que explicaria o ciclo contínuo de reformas educativas, marcado por forte adesão inicial à última mudança proposta e, logo depois, pelo seu rápido abandono, aproximando, de certa forma, o ciclo das reformas ao ciclo da moda e da mercadoria.

Nóvoa fala da ocorrência de uma "vaga reformista" nos anos 80 e 90 e afirma que, nesse período, a maioria das reformas propostas partia da culpabilização e desvalorização dos professores, não levando em conta o fato de eles serem profissionais dotados de um saber específico. Para o autor, nenhuma proposta de reforma pode ignorar essa peculiaridade da definição profissional do professor: "Os professores não são apenas executores, mas são também criadores de instrumentos pedagógicos. Os professores não são apenas técnicos, mas são também profissionais críticos e reflexivos" (p.31).

Desse modo, apesar de ter insistido, no início de seu texto, na facilidade com que os professores aderem às modas educativas, Nóvoa acaba formulando idéias que o aproximam do que é dito por Tyack: o professor é portador de uma identidade profissional que lhe permite agir de maneira relativamente autônoma em relação a movimentos e pressões reformistas. Assim, pode-se imaginar outro significado para a noção de tradição no ensino e na escola, em que a tradição não representaria apenas apego ao passado e às rotinas instituídas, mas também tentativa de preservação de uma identidade profissional construída com grande esforço.

Refletindo a partir de outra perspectiva de análise, Ivor Goodson examina a questão da construção do currículo e oferece algumas perspectivas para se entender a questão da mudança e o papel da tradição no campo educacional. Em *Studying curriculum: social constructionist perspectives* (1994, p.111), ele parte da definição do currículo como um conceito multifacetado. Goodson põe o foco no currículo como construção social, mostrando que a análise do tema pode ser feita a partir de diversos níveis: o currículo pode ser percebido tanto como prescrição quanto como processo, ou ainda como prática ou como discurso. Na maioria dos estudos, só se leva em conta o currículo como prescrição, o que tem permitido o surgimento e a manutenção de diversas místicas, que acabam reforçando a capacidade de controle do currículo por organismos externos às escolas:

> Currículo como prescrição favorece importantes místicas sobre a escolarização estatal e a sociedade. Mais claramente, "currículo como prescrição" favorece a mística de que o conhecimento especializado e o controle residem nos governos centrais, nas burocracias educacionais ou nas comunidades universitárias. (1994, p.111)[3]

Com base nessa mística, cria-se um mecanismo de cumplicidade entre escolas e agências de controle, permitindo que o poder e a autonomia das escolas e dos professores se exerçam, na prática, no cotidiano, desde que esse poder e essa autonomia não sejam mencionados: formalmente, o controle tem que aparecer como localizado nas agências externas. O autor sugere outra perspectiva para o estudo do currículo, propondo ir além do exame das prescrições, procurando verificar como elas são efetivadas concretamente nas escolas. Daí, a necessidade de centrar a atenção nos contextos de realização do currículo (p.113).

---

3 *Curriculum as prescription supports important mystiques about state schooling and society. Most notably,* CAP *supports the mystique that expertise and control reside within central governments, educational bureaucracies or university communities.* (A tradução é do autor.)

Por fim, Goodson chega à noção do currículo como *tradição inventada*, do modo definido por Hobsbawm (1984), mostrando como essa tradição tem que ser continuamente reconstruída a fim de sobreviver diante das sucessivas vagas reformistas que freqüentemente ameaçam a sua manutenção. Como os reformadores costumeiramente ignoram a história dessa construção social do currículo, a *tradição* consegue sustentar-se:

> Nesse sentido, a construção do currículo pode ser vista como um processo de invenção de tradições. De fato, essa linguagem é freqüentemente usada quando as "disciplinas tradicionais" ou "matérias tradicionais" são justapostas contra alguma recém-criada inovação de temas integrados ou centrados na criança. A questão, porém, é que o currículo escrito, quer como programas de estudo, silabários, manuais ou livros escolares, é o maior exemplo de invenção de tradições: mas como qualquer tradição, ele não é um dado imutável, e sim algo que é defendido quando a mistificação tem que ser construída e reconstruída ao longo do tempo. Obviamente, se os teóricos do currículo firmemente ignoram a história e a construção social do currículo, mais fácil se torna cada mistificação e reprodução da forma e do conteúdo do currículo "tradicional". (Goodson, 1994, p.118)[4]

Desse modo, as propostas de mudança vão sempre apontar, contra o currículo e a educação vigentes, a idéia de que eles sejam *tradicionais*. Seus defensores também vão se apegar a essa mesma noção, elaborando um discurso conservador, de defesa das tradições. A mistificação – para o bem ou para o mal – da educação vigente é quase sempre o resultado desse confronto entre "inovado-

---
4 *In this sense the making of curriculum can be seen as a process of inventing tradition. In fact this language is often used when the "traditional disciplines" or "traditional subjects" are justaposed against some new-fangled innovation of integrated or child-centred topics. The point, however, is that the written curriculum, whether as courses of study, syllabuses, guidelines or textbooks, is a supreme example of the invention of tradition; as with all tradition it is not a once-and-for-all given, it is a given wich has to be defended, where the mystification have to be constructed and reconstructed over time. Plainly, if curriculum theorists substantially ignore the history and social construction of curriculum, such mystification and reproduction of "traditional" curriculum form and content becomes easier.* (A tradução é do autor.)

res" e "tradicionalistas". Cria-se, por conta disso, um mecanismo explicativo dos confrontos em torno da educação que, por um lado, institui um tipo de prática discursiva polarizada e propícia à sua transformação em *slogans* ou palavras de ordem, de outro, elidem-se os verdadeiros objetos de disputa e os verdadeiros conflitos. O modelo exemplar desse tipo de confronto discursivo foi aquele formulado pelos propositores da chamada "Escola Nova" contra os defensores ou praticantes daquilo que foi denominado pelos escolanovistas como "ensino tradicional".

EDUCAÇÃO E MODERNIDADE: A INSTITUIÇÃO DO TRADICIONAL E O NOVO COMO REDENÇÃO

A maioria dos analistas da *modernidade* opõe esse termo a *tradição*, entendida como a situação social anterior ao surgimento das condições da chamada era moderna. Embora varie a periodização, a modernidade é vista como a introdução de uma descontinuidade radical em relação à ordem anterior, até então marcada pela valorização do passado como fonte de experiência e de conhecimento. Walter Benjamin (1986), por exemplo, mostra o esvaziamento e a perda do sentido da experiência na modernidade – o que poderia trazer sérias dificuldades para os educadores, pode-se acrescentar.

Para Anthony Giddens (1991, p.21), a modernidade emerge na Europa durante o século XVII e deve ser compreendida mediante a sua multidimensionalidade: a sociedade moderna pode e deve ser definida pela presença do capitalismo, como queria Marx; pelo domínio da indústria, como queria Durkheim; pela existência de um controle racionalizado da informação, como queria Weber.

A modernidade se define necessariamente por uma oposição à tradição. Nas sociedades tradicionais, o passado é tomado como fonte e como possibilidade de perpetuação da experiência de gerações: qualquer experiência particular só ganha inteligibilidade na medida em que é inserida numa continuidade entre passado, presente e futuro, não alcançando a mudança uma forma significativa nesse contexto. A modernidade introduz, aí, uma ruptura, mediante a redefinição da reflexividade, que passa a exercer um papel fundamental:

> A reflexividade da vida social moderna consiste no fato de que as práticas sociais são constantemente examinadas e reformadas à luz de informação renovada sobre estas próprias práticas, alterando assim constitutivamente seu caráter.
> ... Diz-se com freqüência que a modernidade é marcada por um apetite pelo novo, mas talvez isto não seja completamente preciso. O que é característico da modernidade não é uma adoção do novo por si só, mas a suposição da reflexividade indiscriminada – que, é claro, inclui a reflexão sobre a natureza da própria reflexão. (Giddens, 1991, p.45-6)

Isso introduz necessariamente uma perturbação, pois as certezas que eram permitidas pela tradição não existem mais, obrigando o homem moderno ao trabalho constante e infinito da reflexividade.

Ora, o discurso sobre a educação parece não manifestar grande atração pelo *moderno* como expressão, preferindo valer-se do termo *novo*, que, pelo menos no caso brasileiro, está sempre presente. Desde o chamado movimento da Escola Nova – cujos expoentes são contemporâneos dos modernistas mais radicais –, institui-se um esquema de interpretação do Brasil e da educação que se resume numa polaridade entre os defensores da escola nova, renovada, e os partidários do ensino então dominante, que será denominado ensino tradicional. Embora talvez de início não se apresentassem assim, de maneira tão simplista, os partidários do escolanovismo vão acabar radicalizando suas posições, em especial a partir do chamado *Manifesto dos pioneiros da educação nova*, publicado em 1932, e que representa uma plataforma mínima de luta para esse grupo de educadores.

Propondo uma educação que seja centrada nos interesses dos educandos, defendem os signatários do *Manifesto* a idéia de que a realidade brasileira havia-se alterado radicalmente com a introdução no país da indústria e da urbanização e que, por isso, os métodos educacionais e a estrutura das escolas até então vigentes haviam-se tornado obsoletos, sendo necessária uma profunda transformação. A maneira de conseguir alcançar esses interesses seria mediante o trabalho, que passa a ser tomado como o principal elemento formador, como método para alcançar o conhecimento e como meta a ser alcançada pela educação – isto é, uma educação voltada para as exigências do presente deveria levar em conta a necessidade de preparação dos indivíduos para viverem na nova sociedade urbano-industrial e, portanto, deveria levar em conta as exigências de integração desses indivíduos no mundo do trabalho (*Manifesto*, 1984, p.411 ss.).

O documento trata da questão educacional em termos muito amplos, partindo de um histórico do movimento de renovação educacional, mediante o qual os autores do *Manifesto* reivindicam sua origem, como grupo e movimento, nos diversos projetos de reforma dos sistemas escolares estaduais empreendidos no Brasil durante a década de 1920. Propugnando um amplo programa de reforma a ser implementado nacionalmente, os signatários do *Manifesto*, a partir de uma análise filosófica, ética e política da educação e de suas funções na sociedade brasileira da época, chegam à discussão do processo educativo e dos fundamentos pedagógicos da educação nova.

Partindo da afirmação do caráter científico da educação, o *Manifesto* se mostra como expressão de uma nova doutrina, assentada nos avanços dessas ciências da educação. Dessa maneira é que se vão ressaltar as diferenças fundamentais entre a "escola nova" e a "escola tradicional":

> O que distingue da escola tradicional a escola nova, não é, de fato, a predominância dos trabalhos de base manual e corporal, mas a presença, em todas as suas atividades, do fator psicobiológico do interesse, que é a primeira condição de uma atividade espontânea e o estímulo constante ao educando (criança, adolescente ou jovem) a buscar todos os recursos ao seu alcance "graças à força de atração das necessidades profundamente sentidas". (p.416)

Nesse sentido, afirma-se que a escola deve ser um "organismo vivo" que reproduza o mundo ("comunidade em miniatura"), o que leva à necessidade de estabelecer o trabalho como elemento formador essencial (p.415-6).

Em artigo publicado em 1989, Marta Carvalho mostra com muita acuidade como essa polarização entre o novo e o velho na educação brasileira vai-se afirmar como o parâmetro interpretativo dominante, não somente a partir do *Manifesto* de 1932, mas principalmente depois da publicação e grande influência de *A cultura brasileira*, de Fernando de Azevedo, editado originalmente em 1943. Carvalho expõe como Azevedo consegue, mediante esse esquema interpretativo, ocultar os conflitos existentes, na década de 1930, entre educadores de correntes diversas, unificando-os num mesmo movimento de ascensão e imposição do novo sobre o velho. Dessa maneira, diz a autora:

> A polarização *novo* × *velho* homogeneiza cada um dos grupos em conflito e, por outro lado, assinala os vilões e os heróis da estória. A distribuição dos "fatos" relatados por séries marcadas diferencialmente pelas rubricas "novo" e "velho" é operação suficiente para amalgamar iniciativas díspares, constituindo-se seja como "renovadoras", seja como "tradicionalistas". Com tal procedimento, a narrativa opera com a indeterminação semântica dos termos "novo" e "velho", de modo a neles capturar a significação produzida no relato apologético da história então recente do país. (Carvalho, 1989, p.31)[5]

A influência dessa maneira de interpretar a história da educação é poderosa e acaba chegando a vários autores, mesmo quando se referem a outros períodos. Em texto que examina o contexto histórico da inovação educacional no Brasil, Maria Luísa S. Ribeiro e Mirian J. Warde (1995, p.212-3) utilizam-no para se referir à década de 1950 e às discussões do projeto de Lei de Diretrizes e Bases da educação:

> Nesse revigoramento do debate já fica evidente a predominância do pensamento renovador sobre as variantes do pensamento tradicional. E vários são os indicadores dessa predominância; para os nossos interesses, cabe salientar, aqui, as medidas legais voltadas à

---

[5] Além desse artigo, a autora volta ao tema da influência decisiva da obra de Fernando Azevedo sobre as interpretações da História da Educação Brasileira, ampliando-o, em texto intitulado "A configuração da historiografia educacional brasileira" (cf. Carvalho, 1988 e 1998).

inovação pedagógica tomadas no final dos anos 50 e na década de 60, tanto pelo governo federal como por alguns estaduais.

Operando com a mesma polarização, definida tanto no *Manifesto* quanto na obra de Azevedo, as autoras tratam o debate educacional da década de 1950 como se os atores sociais fossem exatamente os mesmos – embora talvez quisessem aparecer como os mesmos, ou como seus herdeiros diretos – e pudessem, dessa maneira, ser recobertos pelos mesmos rótulos. A força explicativa desse esquema um tanto vago, que opõe o novo e o tradicional, parece suficiente para continuar garantindo o seu emprego.

Tornando-se dominante, esse tipo de interpretação da história da educação brasileira pôde ser incorporada em vários trabalhos. Num artigo publicado na *Revista Brasileira de Estudos Pedagógicos* em 1996, intitulado "O discurso pedagógico da modernidade", essa mesma polarização entre inovadores e tradicionais é repetida, acriticamente, como *explicação histórica*, ou melhor, como *fato*:

> Inspirados nesses bem-sucedidos modelos, os nossos educadores liberais construíram, a partir dos anos 20, o discurso pedagógico da modernidade. Para que este discurso se legitimasse e penetrasse na sociedade brasileira, em trânsito da ordem patrimonial e tradicional para a ordem moderna, os educadores tiveram de enfrentar uma luta sem tréguas contra os representantes do discurso pedagógico tradicional. As fileiras do discurso pedagógico tradicional, liderados [*sic*] pela voz da Igreja e fortemente influenciados pela tradição da Contra-Reforma, foram engrossadas por empresários e políticos que não viam com bons olhos a subordinação da educação ao Estado e que se sentiam ameaçados diante da possibilidade de ampliação da escola pública. (Pinto et al., 1996, p.114-5)

Essa transformação de uma interpretação criada por um dos lados de uma disputa em fato inquestionável acaba ocultando os conflitos e as lutas verdadeiras.[6] Ora, Marta Carvalho (1986) já

---

6 Esse processo de produção do fato histórico como mecanismo de "transubstanciação" da memória histórica e a conseqüente supressão da historicidade das lutas e apropriação do fato pela memória do vencedor é extensamente desenvolvida por Carlos Alberto Vesentini (1997).

demonstrou suficientemente a inadequação dessa divisão simplista do campo educacional nas décadas de 1920 e 1930 entre "pioneiros" e "tradicionais", mostrando a complexidade dos debates que se travavam na Associação Brasileira de Educação entre diversos grupos – a autora identifica pelo menos quatro: os católicos, os engenheiros, os que mais tarde se intitulariam pioneiros, e que são os últimos a entrar na Associação, e um grupo independente, presente desde o início das atividades da ABE, isso para não falar das propostas educacionais provenientes de setores dominados da sociedade, que não são abordadas pela autora.

Carlos Monarcha analisa o surgimento da Escola Nova no Brasil como modificação no aparato de dominação e como afirmação da modernidade brasileira no setor educacional, mediante a atualização do aparelho escolar às novas condições do desenvolvimento capitalista no país. A divisão instituída pelos escolanovistas entre a educação renovada e a tradicional corresponderia a um esforço de conquista do poder, mediante a redefinição do "estatuto da pedagogia como programa de reconstrução social" (1989, p.14).

De acordo com o autor, a Escola Nova termina sendo vitoriosa, se não em termos concretos, de imposição de um sistema escolar nos moldes por ela propostos, ao menos em termos ideológicos e políticos, já que consegue se afirmar como dominante no discurso e nas representações a respeito da educação brasileira que se farão dali por diante. O esquema interpretativo que opõe tradição a modernidade impõe-se como maneira de elidir os conflitos sociais fundamentais, a luta de classes, "produzindo um imaginário em que o movimento progressivo da história era decorrência do choque contínuo entre o moderno e o arcaico, o racional e o irracional, o novo e o velho, em síntese: entre *Tradição e Modernidade*" (ibidem, p.76).

Vitorioso, o esquema explicativo que opõe novo a tradicional na educação é, por vezes, entendido de maneira muito ampla, completamente desligado do contexto histórico de sua produção. É o caso do trabalho de Walter E. Garcia, *Educação (visão teórica e prática pedagógica)*, publicado originalmente em 1975, em que o autor transforma aquela oposição numa explicação filosófica, em termos de duas atitudes ante o fenômeno educativo. Nesse sentido, assim é definida a educação tradicional:

> Como o próprio nome diz, educação tradicional diz respeito a um estilo que se consagrou graças à sua persistência no tempo, passando a ser vista como ponto de referência para todas as abordagens que se seguiram. Salvo as exceções, onde é forçoso incluir Sócrates, por exemplo, toda vez que pensamos em educação, temos presente o sentido de alguém que necessita de orientação. Assim sendo, surge inevitavelmente, o conceito de imaturidade àqueles que não sabem; e, por oposição, o termo maturos etc., quando nos referimos aos que sabem. Desse modo, o ponto de vista tradicional em educação está arraigado na cultura, como um componente indissociável da visão do mundo que os mais velhos e as instituições, em geral, procuram transmitir aos mais novos. (Garcia, 1981, p.2)

Por outro lado, mostra Garcia, a educação nova é costumeiramente afirmada e definida a partir de uma oposição estrita à chamada educação tradicional e vice-versa, o que, de acordo com o autor (p.12), pouco esclarece a respeito da especificidade de cada uma e das diferenças entre elas.

Já Dermeval Saviani afirma que, costumeiramente, a oposição entre novo e tradicional na educação é relacionada às diferenças metodológicas entre as duas posturas da pedagogia. De acordo com esse autor, o "inovador" costuma dizer respeito a uma educação centrada no educando, na vida e na atividade, em vez de no educador, no intelecto e no conhecimento; numa ordem psicológica em vez de numa ordem lógica; enfim, numa subordinação dos fins aos meios (1995, p.22). Nesse mesmo texto, o ensino tradicional é definido de maneira bastante simplificada:

> Entenda-se por ensino tradicional aquele que é ministrado numa instituição – a escola – de acordo com o seguinte esquema: o educador, repositório da cultura, transmite conteúdos ao educando que os capta e assimila. (p.30)

Noutro texto, de Neidson Rodrigues, a idéia de tradição é exposta em termos bastante diferentes, como se fosse necessário recuperar algumas de suas dimensões, que estariam sendo esquecidas:

Faz-se necessário e urgente que se resgate a verdadeira dimensão da tradição. Pode parecer uma contradição, porque à tradição têm sido atribuídas as mazelas da educação. E por isso todos estão à cata da renovação da inovação, da mudança. Mas não se deve olvidar que essa busca não se destina apenas a promover o apagamento da tradição; destina-se também, e principalmente, a buscar aquilo que, em nome do novo, tem sido relegado na crítica à tradição: o esquecimento das origens do ato de educar.

Isso nos adverte a que remetamos nossa reflexão para o específico da definição: "é o esquecimento das origens...". É um convite a que recuperemos o sentido das origens para que, através dele, redimensionemos a tradição que deve ser preservada. (Rodrigues, 1986, p.15)

Pierre Furter (1970, p.49 ss.), num texto publicado originalmente em 1966, examina com bastante pertinência essa tensão permanente entre o novo e o velho na pedagogia, que instaura essa prática numa constante dialética entre continuidade e descontinuidade. De acordo com ele, ao procurar corresponder às exigências do mundo contemporâneo, a educação só pode aceitar a "modernidade" após um extenso trabalho de reflexão e crítica que permita superar dois perigos: "o futurismo da educação libertária e o modernismo da Educação Nova" (p.49).

A posição futurista é aquela que, de acordo com o autor, associa a modernidade a algo absolutamente novo. Desse modo, age-se com intenso poder de crítica e de audácia em relação ao passado. Nesse sentido, o futurismo, ao tentar criar repetidamente o novo, acaba por agir de maneira "terrorista", destruindo e "consumindo os bens acumulados pela tradição" (p.50).

Como tem que se recriar perpetuamente sob o signo do novo, o futurismo vive sob a ameaça de ser superado, tornando-se velho e gerando um processo de contínua autodestruição (p.50-1). Condenada, no fim das contas, a uma postura passiva, à espera de uma solução miraculosa, a atitude futurista imagina encontrar a resposta num fascínio pelas supostas capacidades mágicas da educação. No entanto, como a educação não pode realizar mudanças revolucionárias nas estruturas da sociedade, o futurismo pedagógico se vê sempre frustrado (p.51).

Outra forma assumida por esse entusiasmo pedagógico é designada *modernista*. Para explicar as diferenças entre essa atitude e a futurista, Pierre Furter produz uma feliz distinção entre *novo* e *moderno*. Embora a citação seja um tanto longa, é importante observar a definição do autor:

> Primeiro, temos que notar que, enquanto a oposição novo/velho é tão antiga quanto o nosso mundo, a palavra *moderno* ... surgiu bastante tarde na evolução da sociedade ocidental. Ao passo que o novo se mede, concretamente, na sua oposição direta a um velho bem definido, e se emprega sobretudo, em relação a uma coisa ou a um fato limitado, a palavra *moderno* caracteriza muito mais uma época, um movimento até certo momento histórico. É *novo* o que se opõe evidentemente ao velho, de uma maneira pontual e sistemática. Somos *modernos* quando estamos refletindo sobre a evolução histórica. O novo pertence à constatação simples, é um corolário; o moderno à reflexão sobre o curso da história, implicando um engajamento pessoal. Ao novo sucede um outro novo qualquer, ao passo que o moderno, ao descobrir a modernidade, é obrigado a *se situar* na História e crer – seja de uma maneira crítica ou prudente – na idéia de um progresso. O novo reduz a nossa atenção a um fato isolado – à novidade. O moderno nos obriga a considerar conjuntos mais amplos, através dos quais tomamos consciência de que algo mudou no ritmo histórico. Por isto mesmo, o modernismo é muito menos agressivo [do que o futurismo]. (1970, p.53-4)

Furter situa nessa vertente modernista os adeptos do movimento da Escola Nova, os quais, no entanto, são criticados justamente por não se deterem, como deveriam fazer, modernos que se proclamavam, de modo conveniente e correto na análise da História, acabando por se instalarem numa espécie de "gueto utópico", o que estaria produzindo efeitos desastrosos sobre os educadores da época (década de 1960), induzindo-os a uma descrença nas possibilidades criadoras da educação.

Com base no que foi visto até aqui, pode-se afirmar que a representação dominante a respeito da educação é aquela definida por uma oposição, estrita ou matizada, entre os defensores do *novo* e os defensores da *tradição*. É justamente a partir da afirmação da modernidade pedagógica no Brasil, com o movimento da Escola Nova e, mais tarde, com a sua consagração na obra de Fernando de Azevedo, que se instituem os parâmetros da interpretação da história da educação brasileira e da definição do campo educacional a partir dessa polarização. Esse esquema interpretativo, fundado em categorias insuficientemente determinadas, calcado em termos vagos, consegue se impor com força suficiente para atravessar o tempo e se manter quase como uma "tradição". A Escola Nova e Fernando de Azevedo, ao elaborarem um discurso sobre a educação, que se torna vencedor, conseguem instituir uma explicação que passa quase a ter força de realidade.

No entanto, se é compreensível a instituição desse esquema, na medida em que é possível perceber como ele ofereceu vantagens estratégicas a um determinado grupo de intelectuais, num certo momento histórico, para se afirmarem como portadores da legitimidade para interferirem nos debates acadêmicos e nas políticas educacionais de então, como entender a sua incorporação e reprodução, anos depois, por outros intelectuais, mesmo os que se julgam "críticos"? O exame do discurso pedagógico formulado no Brasil nos anos 70 e 80, que se apresenta, em seguida, neste trabalho, pretende pensar, entre outras, nessa questão.

2 DIMENSÕES DO DISCURSO PEDAGÓGICO

> A descrição científica mais estritamente constatativa corre sempre o risco de funcionar como prescrição capaz de contribuir para sua própria verificação, ao exercer um efeito de teoria tendente a favorecer o acontecimento daquilo que anuncia.
>
> (Bourdieu, 1996, p.123-4)

> Em suma, o discurso educacional abrange inúmeros contextos diferentes, perpassando a esfera científica, a ética e a prática, as quais emprestam uma variedade de matizes e de ênfases a noções que são ostensivamente comuns. Uma tarefa fundamental de análise pareceria, então ser a de deslindar os diferentes contextos nos quais se discute e se argumenta sobre a educação, e a de considerar as idéias básicas e os critérios lógicos apropriados que são relevantes em cada um deles.
>
> (Scheffler, 1974, p.17)

AS PRODUÇÕES DISCURSIVAS E A ORGANIZAÇÃO DO CAMPO

Um momento em que a idéia do novo esteve muito presente nas discussões e nas ações educacionais no Brasil foi o período entre o final da década de 1960 e meados da década de 1970, por ocasião das reformas bastante profundas realizadas em todos os níveis de ensino. Tais reformas trouxeram (e trazem ainda) conseqüências de vulto para a sociedade brasileira, tornando-se praticamente impossível entender a situação atual da educação no país sem examinar os acontecimentos daquele período. O que se pode verificar, no entanto, é que, de maneira bastante curiosa, os portadores do *novo*, da *novidade* que se abateria sobre a *tradição* seriam justamente os agentes do Estado encarregados pelo governo militar de formular, sugerir e implementar as reformas. É evidente que, por se tratar de um período de ditadura, é quase impossível apanhar historicamente algum debate em torno das questões então suscitadas, já que não havia espaço político para críticas explícitas às medidas governamentais. Entretanto, a própria constatação do aparecimento, logo no final da década de 1970, de uma série de movimentos em torno das questões educacionais no Brasil demonstra que, pelo menos neste caso, o *novo* não conseguiu impor-se como necessariamente melhor, positivo.

Desde o golpe militar de 1964, o governo então instalado começa a promover iniciativas que visavam a uma tentativa de "solução" das insatisfações que se manifestavam no campo educacional. Dessas iniciativas iriam resultar duas amplas reformas no sistema de ensino no Brasil: a primeira, relativa à universidade; a segunda, relativa ao ensino de nível fundamental e médio.

Otaíza Romanelli (1995, p.196-7) identifica dois momentos da política educacional no período pós-64:

a) primeiro momento, marcado pela "recuperação econômica", que leva a um aumento da "demanda social de educação" e a um "agravamento da crise do sistema educacional, crise que já vinha de longe". Esse aumento de demanda pelo acesso ao ensino universitário, que se evidenciava na assim chamada "questão dos excedentes", iria ser utilizado como justificativa para o estabelecimento de convênios entre o Ministério da Educação e Cultura e a *Agency for International Development* (USAID), ligada ao governo norte-americano, com o propósito de estabelecer subsídios para

a busca de soluções que levassem a uma reforma do ensino superior no país;
b) segundo momento, do "delineamento de uma política de educação", com o estabelecimento de "medidas para adequar o sistema educacional ao modelo de desenvolvimento que então se intensificava no Brasil".

Tal política de educação se desenvolveria mediante um conjunto de ações legislativas e administrativas implementadas no ensino universitário e no ensino fundamental e médio, que passam a ser designados como ensino de 1º e 2º graus. O II Plano Nacional de Desenvolvimento, que deveria cobrir os anos de 1974 a 1979, dedica-se também ao planejamento educacional e passa a tratar a educação como área prioritária para o desenvolvimento econômico.

Na opinião de Romanelli, ambas as reformas são comandadas por uma mesma lógica, numa clara tentativa de adequação do sistema educacional às necessidades do modelo econômico imposto e sustentado pelo regime militar, com a adoção de uma determinada razão instrumental, que considera prevalentes em todos os campos da atividade humana os princípios da eficiência e da economia de recursos, provenientes do funcionamento das empresas capitalistas, voltadas para o lucro e para a acumulação de capital.

No entanto, se ambas as reformas são presididas pela mesma lógica, por que começar do ensino superior? Ora, além das determinações mais amplas e estratégicas, ligadas às necessidades do modelo econômico, não podiam ser ignoradas as questões mais imediatas, ligadas ao campo político: era justamente da universidade e dos setores a ela ligados, direta ou indiretamente, que vinham as principais tensões enfrentadas naquele momento pelo regime militar. Tais tensões se tornavam mais acentuadas em razão da presença ativa de um movimento estudantil organizado e que agitava contra o governo não somente questões ligadas a reivindicações democráticas mais amplas (liberdade de expressão, fim da censura, restabelecimento das garantias individuais etc.), como também, de maneira eficiente, questões especificamente ligadas à universidade e ao seu ensino, com especial ênfase no problema dos chamados "excedentes" dos vestibulares.

O problema dos excedentes se devia ao fato da impossibilidade de absorção pelo sistema universitário de todos os aprovados nos exames vestibulares. Esses exames eram eliminatórios, e consideravam-se aprovados todos os estudantes que conseguissem média final superior a 50%. No entanto, não havia vagas para todos, o que provocava tensões políticas e questões judiciais que se repetiam a cada ano.

Com o agravamento das tensões nesse campo, o governo se vê forçado a tomar medidas de curto prazo: no final de 1967, é nomeada uma comissão, presidida pelo coronel Meira Matos, que faz um diagnóstico dos problemas ligados ao ensino universitário e propõe medidas para a sua reorganização. Essas medidas, no entanto, tinham sido precedidas por outras soluções tópicas, que vinham sendo tomadas desde 1966, sob a sugestão dos consultores ligados ao primeiro acordo entre o Ministério da Educação e Cultura e a USAID. Nesse sentido, podem ser citados: o Decreto-Lei nº 53, de 18 de novembro de 1966, que estabelecia o princípio de economia e de produtividade nas universidades, procurando evitar a duplicação de meios para a mesma atividade, e que criava um órgão central para a supervisão do ensino e da pesquisa em cada universidade; o Decreto-Lei nº 252, de 28 de fevereiro de 1967, que estabelecia a estruturação do ensino superior em departamentos de disciplinas afins, objetivando a eliminação da coexistência de disciplinas similares na mesma universidade e que reestruturava a representação estudantil, suprimindo sua coordenação nacional (a UNE) e proibindo a propaganda e as manifestações políticas no âmbito do movimento estudantil – o que acaba provocando uma radicalização das posturas oposicionistas desse mesmo movimento.[1]

A Comissão Meira Matos já encontra, portanto, um campo mais ou menos preparado para a sua tarefa, que deveria consistir no levantamento de dados e na elaboração de um relatório que definisse providências de curto prazo para a ampliação das vagas nas

---

1   A criação dos departamentos não encontrou grandes resistências no corpo docente, na medida em que permitiria a diminuição do poder dos professores catedráticos, quando não a pura e simples extinção das cátedras, antiga bandeira de luta dos docentes universitários.

universidades e para a obtenção de maior produtividade e eficiência do sistema universitário no país. A Comissão propõe: alterações no método de nomeação dos reitores e dos diretores das faculdades, ampliando o poder do presidente da República nessa esfera; mudança no esquema de remuneração dos professores, com a introdução do regime de tempo integral e de dedicação exclusiva; eliminação da ociosidade no aproveitamento do espaço nas universidades e da ociosidade dos professores, que passariam a ministrar seus cursos para um número maior de alunos, evitando a duplicação de esforços e aumentando a produtividade; fiscalização mais intensa do uso das verbas federais e indicações para a busca de novas fontes de financiamento, não mais exclusivamente provenientes do orçamento; medidas para estimular a criação de novas lideranças estudantis, mais disciplinadas (na linguagem do relatório da Comissão, mais "democráticas").

Na seqüência, é criada pelo governo uma nova comissão, denominada Grupo de Trabalho da Reforma Universitária, que prossegue na linha indicada no Relatório da Comissão Meira Matos, elaborando propostas dentro da mesma lógica de reforço da produtividade e da racionalidade e de adequação da universidade às necessidades do desenvolvimento econômico. Esse Grupo propõe: a ampliação da liberdade do presidente da República na nomeação dos dirigentes universitários; a manutenção do ciclo básico para áreas afins, do ciclo profissional, da departamentalização e do órgão central de controle do ensino e da pesquisa; a organização vertical dos estudos, com a instituição de um 1º ciclo, encarregado da recuperação das falhas de formação dos alunos, da sua orientação vocacional e da formação básica, com a criação dos chamados cursos de curta duração e com a implantação institucionalizada da pós-graduação. A expansão do ensino superior passa a ser definida como dependente de uma política de expansão integral do ensino, levando à proposta de uma reformulação do ensino médio, tornando-o profissionalizante e desviando parte da demanda do ensino superior.

Entre outubro de 1968 e fevereiro de 1969, são tomadas várias medidas legislativas que instituem uma completa reorganização do ensino superior e que vêm somar-se às medidas já tomadas anteriormente (a instituição do órgão central de controle e a criação da estrutura de departamentos). Numa seqüência de alterações na legislação, são reunidas faculdades isoladas, criando-se novas universidades; são mantidos e reforçados os departamentos; é instituída uma organização administrativa bastante centralizada, concentrando poderes na reitoria, no órgão central coordenador e nos conselhos departamentais; é reformulada a estrutura dos cursos de graduação, pós-graduação, extensão, aperfeiçoamento e especialização; finalmente, são extintas as cátedras. Essas reformas se completam em 1971, com a criação do vestibular classificatório e unificado, que elimina a questão dos "excedentes", já que, agora, os candidatos podem fazer opção por outras carreiras, aumentando suas chances de ingresso na universidade.

Somente depois de resolvida a tensão mais violenta e imediata quanto ao problema dos "excedentes" e do movimento estudantil é que o governo irá propor a reforma do ensino de 1º e 2º graus, que se consubstanciaria na Lei nº 5.692, de 1971.

Mediante esse dispositivo legal, toda a organização do ensino fundamental é alterada, agrupando-se o ensino primário e o secundário num mesmo nível, denominado ensino de 1º grau. O ensino fundamental, obrigatório, passa, portanto, a ter sua duração estendida para 8 anos, estabelecendo-se uma escola única de 1º e 2º graus, voltada para a preparação das crianças e dos adolescentes para se integrarem no universo do trabalho: a escola de 1º grau deveria promover uma primeira sondagem vocacional, sendo destinado à escola de 2º grau o papel da habilitação profissional. Rompia-se, assim, no plano jurídico-formal, o sempre criticado dualismo do antigo ensino médio, que, ou preparava profissionalmente, ou proporcionava acesso à formação acadêmica, universitária, demarcando-se essa cisão de acordo com a divisão social das classes na sociedade: agora, todos os cursos deveriam ser, ao mesmo tempo, profissionalizantes e habilitadores do ingresso à universidade – ou, ao menos, habilitadores da inscrição aos exames vestibulares. De acordo com os princípios estabelecidos na lei, de continuidade e de terminalidade, já no 1º grau poderia a escola fornecer condições para a entrada dos jovens no mercado de trabalho, aliviando, assim, as pressões tanto sobre o 2º grau quanto, especialmente, sobre o ensino superior.

Além das profundas mudanças de ordem organizativa, alteram-se sensivelmente os currículos a serem desenvolvidos, tanto em relação ao conjunto de matérias quanto em relação aos conteúdos propriamente ditos a serem ensinados.

Luís Antonio Cunha (1979, p.231-93) interpreta as iniciativas educacionais empreendidas pelo governo federal nesse período – e que, de acordo com ele, transcendem as duas reformas já citadas – dentro de um contexto que ele denomina política educacional de contenção e de liberação. De acordo com esse autor, as pressões populares desde 1945 vinham atenuando e, tendencialmente, eliminando a dualidade do sistema educacional brasileiro, vigente desde o período do Estado Novo e que distinguia, no âmbito do curso secundário, dois ramos absolutamente distintos: um, destinado à formação profissionalizante e que não dava direito ao ingresso posterior na universidade e outro, destinado à formação propedêutica aos exames vestibulares e que dava uma conotação elitista a esse tipo de curso.

Após 1964, com a intensificação do "processo econômico de concentração de propriedade, capital, renda e mercado", aumenta muito a demanda do ensino superior pela classe média, já que um diploma universitário passa a ser percebido como a última forma de ascensão social possível para os membros daquela classe (ibidem, p.238-9). Dessa maneira é que se pode entender o extremo agravamento da questão dos "excedentes", que coloca toda a política educacional do governo num impasse, haja vista que o atendimento imediato desse aumento de demanda implicaria um grande incremento das despesas do governo, comprometendo suas finalidades mais imediatas de investimentos nos setores produtivos da economia. Além disso, o puro e simples acréscimo de vagas no ensino superior produziria, a curto prazo, o crescimento do número de profissionais formados e o conseqüente aumento da demanda por empregos.

Nesse sentido, a reforma do ensino superior vai ser presidida, de acordo com Cunha, pela lógica da contenção da demanda. O marco mais expressivo dessa reforma seria o Decreto-Lei nº 477, de 26 de fevereiro de 1969, que cerceava completamente a liberdade de manifestação tanto de estudantes quanto de docentes, reprimindo e abolindo as instituições representativas do movimento estudantil, substituindo-as por outras, mais disciplinadas e controladas:

> O Decreto-Lei 477/69 teve a função, ao lado de outras medidas, de eliminar completamente as manifestações de descontentamento das camadas médias diante das dificuldades de obtenção de um requisito cada vez mais indispensável de ascensão social via promoção burocrática: ingresso (e diplomação, é claro) no ensino superior. (Cunha, 1979, p.241)

As medidas preconizadas no relatório do Grupo de Trabalho da Reforma Universitária procuram encontrar maneiras de expandir, em certa medida, o sistema, mas sem aumentar muito os custos. Assim, mudanças como a departamentalização, a matrícula por disciplinas e a instituição do ciclo básico tinham o mesmo propósito de aproveitamento da chamada capacidade ociosa do espaço, das instalações e dos professores das universidades. Já o vestibular classificatório e unificado por região permitiria reduzir as tensões provocadas pelo grande crescimento da demanda por ensino superior, expandindo o atendimento de maneira controlada, possibilitando o remanejamento dos estudantes de acordo com suas opções, mediante a ocupação das vagas remanescentes nos cursos menos procurados. Por fim, a fragmentação do grau acadêmico de graduação – com o surgimento dos cursos de curta duração – e a introdução institucionalizada da pós-graduação permitiriam reforçar o caráter discriminatório do ensino superior, mesmo depois de uma aparente abertura do sistema para um maior número de estudantes.

Ainda de acordo com Luiz Antonio Cunha, a reforma do ensino médio caminha no mesmo sentido de contenção da demanda pelo ensino superior, ao instituir um ensino profissionalizante no nível do 2º grau, o que acaba resultando na reintrodução disfarçada do antigo dualismo: os setores mais ricos da classe média continuam tendo uma formação centrada na parte geral do currículo, conseguindo fugir, mediante certos subterfúgios legais, da profissionalização e preparando-se apenas para os exames vestibulares:

A reforma do ensino superior e a do ensino médio se completam e têm o mesmo objetivo: o de possibilitar ao Estado o desempenho de suas funções (não educacionais) na atual fase de desenvolvimento da sociedade brasileira. No entanto, simultânea, contrária e necessariamente, são elaboradas certas concepções que se destinam a explicar e/ou justificar essas medidas, fazendo-as desejáveis: é o caso tanto da justificativa "pedagógica" do curso básico quanto das "evidências" de uma suposta carência de técnicos de nível médio de grandes proporções no país. (p.247)

A essa política de contenção juntam-se medidas que caminham noutro sentido, constituindo o que é chamado pelo autor de política de liberação e que se evidencia, de um lado, na extensão do ensino obrigatório para oito anos, mediante a reforma do ensino de 1º e 2º graus, com seu ambicioso objetivo de universalização do ensino fundamental, e, de outro, num grande plano de alfabetização de massas – o Mobral – e num projeto educacional mediante o uso de novas tecnologias educacionais – o Projeto Minerva, de educação pelo rádio, e os programas educativos para televisão.

O Movimento Brasileiro de Alfabetização (Mobral) foi criado em 1967 com a tarefa de alfabetizar a população urbana de 15 a 35 anos, sendo depois autorizado a alfabetizar a população de 9 a 14 anos. É importante reter os motivos apontados para a escolha dessa população-alvo inicial:

(i) facilidade de mobilização dos analfabetos, de alfabetizadores e de instalações de postos; (ii) é a população que mais padece de carências educacionais, dada a complexidade da vida moderna e o sentido altamente competitivo da sociedade industrial; (iii) os adultos e adolescentes alfabetizados são importantes na produtividade do sistema econômico; (iv) facilidade de ajustamento social por oferecer menos resistência a mudanças de vida. (Cunha, 1979, p.256)

Essa dimensão liberadora da política educacional é indissociável da sua dimensão contendora, cumprindo, ambas, funções econômicas e político-ideológicas de sustentação do modelo de desenvolvimento econômico que então se implantava no país, tanto fornecendo suprimento de trabalhadores nas condições requeridas pelas empresas capitalistas quanto modernizando e ampliando hábitos de consumo, quanto, ainda, reforçando as representações que vinculam estreitamente o papel da educação e o desenvolvimento da nação.

Discutindo a reforma do ensino de 1º e 2º graus num contexto um tanto diverso, em que procura analisar as múltiplas relações entre as várias dimensões da cultura brasileira, Alfredo Bosi (1991) acaba vendo intenções progressistas na Lei nº 5.692/71, mas que não são efetivadas, em razão do predomínio de uma visão tecnoburocrática na sua concepção.

Aliás, a propósito das relações entre tecnocracia e educação, José Silvério Baia Horta (1991, p.229) comenta o aparecimento da figura desse novo agente, o técnico em educação:

> Trata-se geralmente de um economista; contudo, também se incluem em tal categoria os pedagogos que, em vez de pensar tecnicamente (como é próprio de todo o pensamento rigoroso) pensam tecnocraticamente, substituindo os pensamentos dos fins e das realidades pelo dos meios e das formas segundo um tipo técnico-mecânico de racionalidade.

É nesse sentido de crítica à tecnocracia educacional que Bosi, no texto acima citado, examina a reforma educacional implementada no ensino fundamental e médio no Brasil no início da década de 1970, mostrando que o propósito de iniciar a habilitação profissional ainda na escola fundamental é realizado de maneira desastrada, em virtude dos conflitos de interesses aí envolvidos. Os outros pontos da reforma também são acerbamente criticados, como: a implantação de um corpo de doutrina sociopolítica em todos os graus de ensino, com disciplinas tais como Organização Social e Política do Brasil (OSPB) e Estudo de Problemas Brasileiros (EPB), responsáveis pela difusão da ideologia ufanista do sistema; a substituição de História Geral e do Brasil e de Geografia Geral e do Brasil por Estudos Sociais, com a conseqüente descaracterização daquelas disciplinas; o desaparecimento do ensino de Filosofia nos cursos médios e em boa parte dos cursos superiores; a gradual exclusão do ensino de Francês e o grande empobrecimento do ensino de Inglês, praticamente inviabilizando o acesso à cultura produzida naquelas línguas; por fim, os problemas decorrentes de um tipo de vestibular calcado em testes de múltipla escolha e sem provas de redação (Bosi, 1991, p.147-8).

De acordo com Bosi, as repercussões dessas medidas são muito amplas e graves, alcançando importantes dimensões do processo de produção de um dos setores da cultura brasileira, a chamada cultura universitária:

> Mas é claro que a mentalidade burocrática e pragmática que as ditou não se restringiu a deslocamentos e supressões no nível da organização interna dos cursos. Ela agiu drasticamente na macroestrutura escolar do sistema universitário, apoiando se não propiciando a multiplicação de instituições superiores de caráter privado, a maioria delas puramente mercantil. Voltadas para o ensino das disciplinas humanas e sociais (Pedagogia, História, Letras, Estudos Sociais, Comunicações), consideradas de baixo custo operacional, essas faculdades particulares concorreram para o empobrecimento sensível da formação do nosso magistério tanto no plano informativo como no plano mais crítico. (Bosi, 1991, p.149)

Para Dermeval Saviani (1987), a reforma da universidade e a reforma do ensino de 1º e 2º graus se efetivam em contextos políticos distintos, correspondendo a primeira à fase do "autoritarismo desmobilizador" e a segunda ao "autoritarismo triunfante". Contrariamente à Lei nº 5.540/68, que instituiu a reforma universitária, aprovada pelo Congresso Nacional em meio a forte crise política, a Lei nº 5.692/71 foi aprovada num momento de intenso crescimento econômico e num clima político em que se tornava impossível qualquer contestação do regime militar. De acordo com Saviani, predominará na reforma do ensino de 1º e 2º graus uma tendência pedagógica tecnicista, governada por uma racionalidade instrumental e empenhada na obtenção do máximo de resultados com o mínimo de dispêndios.

Marilena Chauí (1980, p.42), ocupando-se da reforma do ensino superior, nela identifica a tentativa bem-sucedida de impor a racionalidade capitalista ao sistema universitário brasileiro, além de ajustá-lo ao modelo ideológico do regime militar, que vinculava a educação à segurança, ao desenvolvimento econômico e à integração nacionais:

a universidade encontra-se internamente organizada conforme ao modelo da grande empresa capitalista. Assim sendo, além de participar da divisão social do trabalho, que separa trabalho intelectual e manual, a universidade ainda realiza em seu próprio interior uma divisão do trabalho intelectual, isto é, dos serviços administrativos, das atividades docentes e da produção de pesquisas.

A fragmentação da universidade ocorre em todos os níveis, tanto nos graus do ensino quanto nos da carreira, tanto nos cargos administrativos e docentes quanto nos de direção. O taylorismo é a regra.

É claro que as mudanças promovidas no âmbito do ensino no Brasil desse período não iriam receber apenas críticas. Nesse sentido, é exemplar o livro organizado por Moysés Brejon, *Estrutura e funcionamento do ensino de 1º e 2º graus* (1978).[2] Trata-se de obra já tornada clássica e incorporada ao campo educacional, sendo sempre, infalivelmente, citada, até muito recentemente, seja nos cursos de graduação em Pedagogia e nas licenciaturas, seja nas bibliografias de concurso para a carreira do magistério. Escrita com finalidades didáticas, parece representar um reconhecimento da legitimidade da reforma empreendida, reconhecimento este concedido por um expressivo grupo de professores da Universidade de São Paulo, a maior do país.

Diz o organizador, na "Apresentação" da obra:

> O leitor não encontrará, pois, neste volume, um repertório de artigos concebidos isoladamente e aglomerados sem critério, mas uma obra executada desde a origem com sentido de unidade, e na qual a sucessão dos capítulos obedece a uma ordenação e a um encadeamento estabelecidos segundo certos princípios. Diferenças e contrastes que se observam, aqui e ali, entre os textos apresentados explicam-se pelas orientações diversas seguidas pelos autores. (Brejon, 1978)

Tais diferenças, no entanto, se reduzem bastante, quando se percebe o tom predominante nos textos, presos, quase todos, a uma

---

[2] A 1ª edição da obra é de 1973 e em apenas seis anos o livro alcançou sucessivas edições, com venda superior a 80 mil exemplares, número bastante significativo no caso do mercado editorial brasileiro, principalmente para um livro didático de uma área tão específica.

exposição meramente descritiva dos diversos temas envolvidos na nova estrutura do ensino de 1º e 2º graus, sem grande preocupação com comentários ou críticas. Estas, quando aparecem, quase nunca constituem críticas à reforma em si e aos seus objetivos, mas antes à impossibilidade (momentânea) de realizá-la integralmente.

A exceção quanto a isso seria o texto de João Eduardo R. Villalobos (1978), em que o autor esboça algumas observações bastante esclarecedoras quanto às possibilidades oferecidas pelo próprio texto da Lei nº 5.692/71 para a manutenção, ou até mesmo o reforço de uma estrutura dualista do ensino, o que acabaria por aprofundar ainda mais as divisões sociais de classe. No entanto, mesmo aqui, não há divergência de fundo quanto ao espírito que norteava a implementação das mudanças, destacando o autor o fato de que a implementação do ensino de 1º grau de oito anos e obrigatório deve ser entendida como conquista de uma luta muito longa, empreendida desde há muito por um grupo de educadores idealistas.

Villalobos exalta a novidade radical da reforma, insistindo na idéia de que ela romperia, finalmente, com uma certa tradição presente no campo educacional brasileiro desde os tempos do Império, mediante uma nova fundamentação científica que teria presidido a elaboração da nova lei, buscada nos estudos da psicologia cognitivista de Jean Piaget:

> Partindo do princípio de que já não há lugar "para uma separação por demais nítida dos graus de ensino", a primeira grande inovação apresentada pela Lei 5.692 foi a de traçar conjuntamente, logo em seu primeiro artigo, o objetivo geral do ensino de 1º e 2º graus, qual seja, o de "proporcionar ao educando a formação necessária ao desenvolvimento de suas potencialidades como elemento de auto-realização, qualificação para o trabalho e preparo para o exercício consciente da cidadania. Integrados desta forma os dois níveis de ensino, nem por isto, entretanto, deixou a nova lei de diferençá-los, mas por critério que não foi o das Diretrizes e Bases de 1961 e, mais do que isto, que *rompia com a tradição estabelecida desde o Império e que nunca se modificara até agora*, salvo em aspectos de menor importância. Entenderam os organizadores do novo diploma legal que a divisão até aqui consagrada, isto é, a que distinguia entre um grau primário destinado, em princípio, às crianças dos sete aos onze

anos, e um grau médio que atingia, no caso típico, crianças e jovens dos 11 aos dezoito anos, não correspondia ao verdadeiro ritmo de desenvolvimento biopsicológico do ser humano na fase pré-adulta, pois mais realístico e consentâneo com os ensinamentos da ciência seria estabelecer um marco divisor por volta dos catorze anos, ou seja, naquele período em que normalmente se verifica a passagem da pré-adolescência para a adolescência. (Villalobos, 1978, p.138)

Na questão da qualificação para o trabalho, o autor elogia a lei no seu objetivo de atribuir caráter profissionalizante apenas ao 2º grau, evitando-se assim as opções vocacionais muito antecipadas. No entanto, vê aí uma contradição com o que se determinara na reforma universitária em 1968, que, ao criar o ciclo básico, alegara justamente a necessidade de o jovem estudante receber orientação quanto à escolha da carreira. Ora, Villalobos parece "esquecer" que tanto a introdução do ciclo básico quanto a do 2º grau profissionalizante tinham o propósito essencial de diminuir e controlar a demanda pelo ensino superior e que, no caso da habilitação profissional no curso médio, não seria implementada para os alunos das classes mais favorecidas, cuja formação continuaria sendo preparatória para a entrada na universidade, onde, aí sim, se daria a opção pela carreira profissional – aliás, como o próprio autor deixa entrever mais adiante, em trecho onde lamenta que o texto legal preveja exceções e permita a continuidade de um ensino de 2º grau não profissionalizante e ainda meramente voltado para os exames vestibulares (p.141, nota 6).

Villalobos é particularmente crítico quando enxerga a possibilidade de que aquilo que ele considerava boas intenções da Lei nº 5.692/71 não se concretizasse e que a reforma contribuísse para reforçar ainda mais a função discriminatória do sistema de ensino anterior:

> Pois a perdurarem certas condições, aquelas mesmas que levaram o legislador a admitir a profissionalização prematura do menor, é muito grande a probabilidade de que "nossos filhos" venham a cobrir somente a "parte de educação geral" (Art. 5º, §1º da Lei 5.692), enquanto os "filhos dos outros" se contentarão apenas com a "formação especial", recebendo certificados que os credenciem para o trabalho, "sem direito a prosseguimento de estudos na esfera regu-

lar". Com isto, é como se a "esfera regular" prevista pela própria lei tendesse a estagnar e mesmo a desaparecer, criando-se, ao mesmo tempo, uma poderosa rede de escolas em todo o País disposta somente a fornecer, ao fim dos cursos, certificados relativos à realização da parte geral, o que permitiria a "nossos filhos", sem a maçada a "sondagem de aptidões", "iniciação para o trabalho" ou "habilitação profissional", tranqüilo ingresso no ensino superior. É bem verdade que esta possibilidade não está vedada aos "filhos dos outros", pois a função de suplência (madureza) poderá igualmente ensejar a muitos o ingresso nos cursos superiores, sobretudo nos que forem pouco exigentes em matéria de seleção de seus alunos. (1978, p.149-50)

Mediante a análise dessas reformas educacionais, pode-se perceber a fragilidade do já aludido esquema explicativo que procura opor o *novo* ao *tradicional* em educação. O *novo*, no caso dessas reformas, significava o atrelamento de todo o sistema de ensino do país, desde as séries iniciais do ensino fundamental até a pós-graduação, a uma racionalidade pragmática, instrumental, comandada pela lógica do capital: economia de recursos, mais eficiência, produtividade, lucro!

Como diz Marilena Chauí (1980, p.30):

desvinculando educação e saber, a reforma da universidade revela que sua tarefa não é a da produção e transmissão da cultura (dominante ou não, pouco importa), mas o treinamento dos indivíduos a fim de que sejam produtivos para quem for contratá-los. A universidade adestra mão-de-obra e fornece força de trabalho.

Tais palavras se aplicariam também à reforma do ensino de 1º e 2º graus, movida que foi pela mesma lógica e cuja compreensão só se completa mediante o exame da sua contrapartida no ensino superior.

Mas é claro que, se o esquema *novo/tradicional* não é suficiente nem eficiente como modelo explicativo, não se podem desvincular essas reformas de uma determinada idéia de modernidade e de modernização, entendidas aí como integração do Brasil ao modelo de desenvolvimento dos chamados países de capitalismo avançado. Toda a aposta feita por grande parte da sociedade brasileira, desde, pelo menos, a década de 1950, nas possibilidades de superação do subdesenvolvimento desemboca, por força das vitórias e das derrotas políticas, num projeto de modernização econômica a ser realizada de cima para baixo, sob o controle de um regime político autoritário.

A crítica dessa modernização forçada no campo educacional começa a se estruturar no final dos anos 70 e prossegue com grande intensidade durante os anos 80, graças, de um lado, às brechas oferecidas pelos acontecimentos políticos, em que penetram os movimentos sociais populares repensando alternativas bastante amplas para a sociedade; graças, de outro, ao próprio fracasso do projeto educacional implementado pelas reformas do final dos anos 60 e início dos anos 70, que, se serviram para diminuir as tensões políticas mais imediatas presentes no momento de sua formulação, em termos propriamente educacionais não resolveram sequer os problemas por elas mesmas propostos: a escola unificada de 1º grau não é uma realidade, até hoje – haja vista a enésima reforma hoje em curso, que volta a separar o curso "primário" do "ginasial"; o 2º grau profissionalizante nunca chegou a se efetivar como generalidade, já que, mesmo da ótica do mercado de trabalho capitalista, a proclamada necessidade de técnicos de nível médio não existia, e, além do mais, a implementação das habilitações profissionais de fato requeridas pelas empresas capitalistas demandaria investimentos jamais realizados; não houve diminuição da demanda pelo ensino superior, mas sim a criação de um sistema ainda mais discriminador e seletivo do que o anterior, com a proliferação de faculdades privadas de péssima qualidade e com a manutenção de um sistema universitário público com algumas "ilhas de excelência", mas que se vê hoje às voltas com difíceis problemas de falta de recursos materiais.

O discurso pedagógico produzido no Brasil desde o fim da década de 1970 e durante toda a década de 1980 vai estar marcado pela crise do modelo social, político e educacional implementado durante os anos 60 e 70 pelos sucessivos governos ditatoriais. Esse discurso, veiculado, entre outros lugares, também nas revistas que são aqui examinadas, surgirá *no contexto* e *como expressão* de uma multiplicidade de práticas constestadoras do regime instalado e que se caracterizariam tanto por manifestações no plano político-eleitoral, com vitórias sucessivas de candidatos oposicionistas nas eleições gerais e locais, desde 1974, quanto por expressões vivas e efetivas de várias instituições da chamada sociedade civil, seja mediante movimentos grevistas de trabalhadores, seja pela proliferação de movimentos sociais populares, seja ainda pela criação de inúmeras entidades de classe que congregavam operários, ou intelectuais ou outras categorias sociais.

Todo esse período será, então, marcado pela presença na cena política de vários setores populares organizados, ocupando todos os espaços possíveis – e, até mesmo, alguns até então considerados impossíveis.

Especificamente quanto ao campo educacional, pode-se citar o surgimento ou reestruturação de várias entidades representativas de educadores – como a Associação Nacional de Educação (ANDE), a Associação Nacional de Pós-Graduação e Pesquisa em Educação (ANPEd) e o Centro de Estudos Educação e Sociedade (CEDES) – e de trabalhadores em educação – como a Associação dos Professores do Ensino Oficial do Estado de São Paulo (Apeoesp), que realiza uma greve pioneira em 1978,[3] enfrentando todo o aparato repressivo do governo Maluf, e as associações de docentes das universidades públicas, que se organizam rapidamente, a ponto de realizarem, em fevereiro de 1979, o 1º Encontro Nacional das Associações de Docentes Universitários.

Essa reativação da organização sindical dos trabalhadores brasileiros, aí incluídos os educadores, levaria à criação da idéia de que se estaria gestando um "novo sindicalismo", completamente oposto, nas suas práticas e nos seus objetivos, ao velho sindicalismo, herdeiro da tradição corporativista do getulismo. No caso dos professores, isso tem levado muitos pesquisadores a praticamente ignorar, ou diminuir, a importância histórica de outras práticas de organização docente, provenientes de outras modalidades de atuação do professorado. Tal é o caso, em relação ao Estado de São Paulo, onde existe uma exaltação da atuação da Apeoesp, entidade sindical vinculada a essa "nova" perspectiva e um quase esque-

---

3 Esse pioneirismo da Apeoesp se refere ao período pós-64, pois no início da década de 1960 o Centro do Professorado Paulista (CPP) já houvera organizado uma greve que obteve algumas conquistas para o magistério paulista.

cimento de outras práticas organizativas, como as do Centro do Professorado Paulista, como bem destaca Rosario S. G. Lugli (1997) em trabalho recente (cf. também Catani et al., 1997).

Já em agosto de 1978 se havia efetivado a 1ª Reunião Anual da ANPEd (Associação Nacional de Pós-Graduação e Pesquisa em Educação). Entre o final dos anos 70 e início dos 80, proliferariam os encontros de educadores em todo o país, resultando, a partir de uma organização nacional mais efetiva, na realização das Conferências Brasileiras de Educação, grandes eventos que acabariam congregando e colocando em disputa os vários grupos e os vários projetos que então se apresentavam para a educação brasileira, com o intuito de facilitar o que se imaginava ser a iminente conquista da democracia no país.

Entre 1980 e 1991, realizaram-se seis grandes Conferências Brasileiras de Educação, denotando a vitalidade da organização do campo educacional e das questões que então se debatiam, muito marcadas pelas perspectivas de mudança na sociedade brasileira, que deveriam ser acompanhadas de profundas mudanças nas relações dessa sociedade com a educação e no sistema escolar. De acordo com Luiz Antonio Cunha (1995, p.94 e 98-9), esses eventos "foram eficazes em promover o aumento da densidade do campo educacional brasileiro", mas desde a IV Conferência, realizada em Goiás, em 1986, já se podia perceber uma tensão entre as pretensões das entidades organizadoras – CEDES, ANDE e ANPEd – e as de alguns participantes, que pretendiam transformá-las em mais um espaço de expressão das lutas sindicais dos educadores.

Sob o signo dessa mudança, ansiada e projetada, seriam formulados diversos projetos de intervenção na realidade escolar, tanto num plano mais amplo, com o delineamento de sugestões para uma reivindicada (e depois implementada) Assembléia Nacional Constituinte e com a intervenção nos programas de reformas desenvolvidos pelos partidos oposicionistas que começavam a ocupar alguns governos estaduais e municipais, quanto ainda pela implementação de uma multiplicidade de intervenções pedagógicas mais pontuais, desenvolvidas por um sem-número de professores, isoladamente ou em grupos, em diversas escolas no país.

No âmbito interno, o campo universitário vinha sendo profundamente afetado pela institucionalização da pós-graduação nos moldes de mestrado e doutorado, redefinida e regulamentada em 1965 pelo Conselho Federal de Educação e reafirmada com a reforma universitária de 1968, que cria o credenciamento federal dos programas de pós-graduação e define a carreira docente com base nos graus de mestre e doutor.

Nesse período, organizam-se os mais importantes programas de pós-graduação em educação no Estado de São Paulo, como os da PUC-SP, da Faculdade de Educação da USP, da Unicamp e da Universidade Federal de São Carlos. A maioria dos autores que publicam textos nas revistas da época e participam dos intensos debates ali travados está ligada a esses programas, seja como docentes, seja como alunos. Se a produção da pesquisa na área educacional, no início da década de 1970, realizava-se predominantemente fora das universidades, esse quadro se altera substancialmente, a ponto de, já no início dos anos 90, os programas universitários de pós-graduação concentrarem a maior e mais expressiva parte dos projetos de pesquisa na área.

Um claro indício dessa vitalidade da pós-graduação em educação é a Associação Nacional de Pós-Graduação e Pesquisa em Educação que, criada em março de 1978, numa reunião com apenas 41 participantes, consegue congregar, hoje, nas suas reuniões anuais, centenas de pesquisadores, que apresentam trabalhos de pesquisa das mais variadas linhas e temáticas (Calazans, 1995).

A institucionalização da pós-graduação e da pesquisa universitária iria provocar importantes inflexões nas práticas discursivas veiculadas nas revistas estudadas, como se verá mais adiante, redefinindo, inclusive, o âmbito e as modalidades da atuação pública e profissional dos educadores, no período.

Junto com tudo isso, passaram a ser formuladas, no âmbito das universidades e nos meios acadêmicos ligados à educação, análises teóricas e sugestões de intervenção prática para adequar a escola brasileira ao momento histórico percebido como de *redemocratização*, ou para, mesmo, utilizar conscientemente a instituição escolar como mais um dos espaços das lutas políticas então travadas na sociedade brasileira.

Parte dessa prática discursiva seria publicada nas três revistas aqui examinadas e que começaram a ser editadas justamente nesse período: *Cadernos de Pesquisa*, cuja publicação foi iniciada em 1971, *Educação & Sociedade*, que foi lançada em 1978, e a *Revista da ANDE*, lançada em 1981.[4] Embora se trate de revistas publicadas, todas, em São Paulo, imagina-se que elas possam representar uma amostra significativa da produção em educação no Brasil, pelo menos no período estudado, tanto por terem, de maneira mais ou menos desenvolvida, circulação nacional quanto por abrirem, em alguma medida, espaço para publicação de autores de outros Estados do país.

Do conjunto dessa produção discursiva sobre a educação brasileira no período estudado, serão aqui recuperados os textos em que se pôde constatar a presença da idéia do *tradicional* e da sua oposição ao *novo* na educação, no sentido já apontado.

A IMPRENSA PERIÓDICA EDUCACIONAL E O DISCURSO PEDAGÓGICO

Revista da ANDE

Ciclo de vida

A *Revista da ANDE* (Associação Nacional de Educação) é uma publicação relativamente recente na história da imprensa periódica especializada em Educação em São Paulo.[5] O seu primeiro número circulou em 1981 e até 1992 vieram a público 18 números. A publicação, ao longo do período estudado, é relativamente regular, em comparação com outras publicações brasileiras na área, não se interrompendo em nenhum ano, embora nem sempre registre os dois números anuais pretendidos.

---

4   Como as revistas serão citadas recorrentemente neste trabalho, adotaram-se as seguintes abreviaturas: *Cad.Pesq.*, *Ed.Soc.* e *RA*.
5   A revista é publicada pela Associação e tem na capa o título *ANDE*, além do subtítulo "Revista da Associação Nacional de Educação". Costumeiramente, no entanto, ela é citada, ora como *Revista ANDE*, ora, mais freqüentemente, como *Revista da ANDE* – forma esta adotada neste trabalho.

Inserida no contexto histórico da década de 1980 no Brasil, durante o qual se desenvolveu um longo processo de transição política que afetou praticamente todos os campos de atividade, a *Revista da ANDE*, assim como outras publicadas na mesma época, pode oferecer aos leitores de hoje, numa visão retrospectiva, um ponto de vista privilegiado para a abordagem da história das disputas e dos debates em torno dos projetos educacionais surgidos no período. Certamente, no caso, uma visão particular, de um grupo que se engajou profundamente naquelas disputas e que chegou a alcançar uma posição de destaque na orientação da busca de soluções para as questões educacionais propostas pela sociedade e/ou pelo próprio grupo da Revista.

Quanto aos seus aspectos formais, a *Revista da ANDE*, no seu primeiro número, apresenta-se com a pretensão de expor os temas com "leveza e bom humor" e com a intenção de "evitar o academicismo do conteúdo". E define-se como uma "revista bonita de ver e fácil de manusear" (*RA*, n.1, p.2-3). Mais tarde, por ocasião da publicação do seu décimo número, em 1986, a equipe da Revista volta a ressaltar essa questão do "cuidado editorial" com a linguagem, as ilustrações, o planejamento visual, "a qualidade do papel e do acabamento de cada número". Preocupações que, de acordo com a equipe, apontam para a "valorização do *'status'* dos professores, valorização esta que a Revista tem procurado fazer reconhecer pelos nossos governantes" (*RA*, n.10, p.2-3).

De fato, é notável o cuidado da apresentação gráfica da Revista, a preocupação com o relacionamento entre as ilustrações e o conteúdo dos artigos, a originalidade do formato (horizontal, com 24 cm × 20,5 cm) e da diagramação, o que a distingue, ao menos no plano formal, de outras publicações do gênero.

A publicação sempre contou, ao longo dos onze anos estudados, com o apoio de agências financiadoras oficiais ligadas ao governo federal, mesmo no período de 1981 a 1985, durante o governo Figueiredo. No quadro do expediente da Revista, em cada número, esse apoio financeiro é sempre registrado, mas essa questão não é mencionada em nenhum momento, seja nos editoriais, seja no corpo da publicação – nem mesmo quando há interrupção do apoio de alguma agência ou sua substituição por outra.

Quanto à composição do grupo responsável pela publicação da Revista, ao longo dos números pesquisados houve várias alterações. No entanto, é possível perceber a presença mais constante de alguns nomes. A equipe inicial compunha-se apenas de cinco pessoas: Cléa Nudelman, Dermeval Saviani, Guiomar Namo de Mello, Lia Rosenberg e Mirian Jorge Warde. Nos números seguintes, essa equipe foi acrescida de outros nomes, mas esse núcleo inicial permaneceu na equipe da Revista durante algum tempo.

A Revista normalmente apresenta uma Equipe Editorial, quase sempre com uma Coordenação assumida por uma ou duas pessoas; e um Conselho Editorial, que existe desde o terceiro número, de 1982. Em nenhum momento, ao longo da publicação, existe uma explicação aos leitores sobre as funções de cada um desses organismos. Há apenas uma instrução aos colaboradores, que é publicada nos primeiros números, e que informa que à equipe editorial cabe, eventualmente, fazer pequenas alterações nos textos publicados, a fim de torná-los mais claros.

Desde o início da publicação, a Revista vem mantendo a autoproclamada preocupação quanto à ligação íntima entre a ação educacional e a educação política. Aliás, a própria Associação Nacional de Educação, fundada em agosto de 1979, desde o primeiro número de sua Revista publica no verso da capa uma síntese de sua proposta: "atuar na sociedade brasileira na busca de uma educação plenamente identificada com os princípios da democracia e justiça social".

No número inicial, a ANDE publicou a sua "Carta de Princípios" (RA, n.1, p.57-9), definindo-se como "um grupo de educadores preocupados com questões de política educacional", "a favor do ensino democrático", como parte do "esforço de democratização da sociedade como um todo". Acreditam que a área educacional tem "relativa autonomia na determinação do sentido de sua ação na sociedade global". Propõem uma "tomada de posição dos educadores" e a organização desses profissionais, visando a uma pressão política. Para eles, a democratização do sistema educacional passa pelos aspectos do acesso à escola e do conteúdo do ensino. Após a análise da situação do sistema de ensino no Brasil, formulam a "proposta de criação de uma entidade que congregue todos aqueles que trabalham na educação e se dispõem a juntar esforços para conduzir à efetiva realização do ideal democrático do ensino". As finalidades da Associação se ligariam a: ocupar o espaço para a reflexão sobre o papel da educação; divulgar essa posição, objetivando ampliar as adesões; criar canais de manifestação e de pressão política na defesa das suas idéias; e, finalmente, apoiar as outras entidades que lutem pela democratização da educação, inclusive as representativas das categorias profissionais dos educadores.

Portanto, a Associação (e a Revista, como seu espaço de divulgação de idéias e ações) coloca-se claramente na perspectiva de uma ação política efetiva, orientada pelo tema da democratização do ensino.

Um exame das seções em que se apresenta dividida a *Revista da ANDE* mostra a permanência, quase constante, das mesmas divisões: um editorial (quase sempre intitulado "Aos colegas educadores"); *Artigos*, dedicados a questões mais gerais, teóricas ou de política educacional; *Depoimento*, na maioria das vezes com entrevistas de educadores; *Prática Docente de Cada Dia*, que traz questões do trabalho cotidiano do magistério; *Fato e Análise*, apresentando uma determinada situação educacional e sua análise crítica; *Resenhas* e *Notas*, com informações diversas. No nº 8 (1984) aparece a seção *Correio*, saudada no editorial como oportunidade para "manter o diálogo mais sistemático e permanente com seus leitores registrando opiniões, divergências e esclarecendo eventuais dúvidas e incompreensões" (*RA*, n.8, p.3). Mas essa seção desaparece desde o nº 13 (1988), sem nenhuma justificativa, voltando com o nome *Cartas & Comentários* apenas no nº 17, de 1991, e sendo de novo saudada como espaço reservado para a participação dos leitores.

A seção *Prática Docente de Cada Dia* foi inaugurada, no primeiro número, como aquela que "quer falar, analisar, criticar e debater o nosso fazer prático, o seu fazer prático". O público a que se destina são os professores em atividade, que são exortados: "Participe enviando consultas, sugerindo temas, dando sua opinião sobre questões levantadas" (*RA*, n.1, p.34-5). No entanto, os leitores da Revista nunca puderam saber se de fato houve ou há esse retorno ao apelo inicial, pois isso nunca mais foi comentado.

A propósito, a questão da destinação da Revista, ou melhor, do público realmente atingido pela publicação, é de difícil solução (aliás, esse problema está sempre presente na análise de qualquer periódico sobre Educação no Brasil). Desde o início da publicação, a equipe da Revista sempre se dirige "aos colegas educadores" e se define como uma publicação não voltada exclusivamente para o mundo acadêmico. Ademais, ela se pretende uma instância capaz de atender às "necessidades concretas dos educadores", realizando sempre a mediação entre o nível técnico e o nível político do trabalho educacional, nunca perdendo de vista "os aspectos concretos e até específicos do processo educacional" (*RA*, n.2, p.2-3).

A intenção de atingir o professorado se expressa na mescla entre matérias de análise crítica e matérias com propostas de ação e relatos de experiências educacionais. Mas será que são os professores os principais leitores do periódico? Ou será que esse espaço dedicado às questões práticas, mais do que exatamente destinado aos professores, não significaria uma estratégia de diferenciação e de legitimação da Revista ante outras publicações do campo educacional, mais diretamente voltadas para as discussões acadêmicas e para o público mais restrito das universidades? De qualquer maneira, a Revista tem publicado freqüentemente uma relação dos seus distribuidores que atinge boa parte do país. O que isso de fato significa, no entanto, é difícil averiguar.

Quanto aos colaboradores da Revista, ao longo dos 18 números pesquisados, foi possível identificar 162 autores diferentes, um número significativo, mesmo que vários artigos tenham sido escritos em parceria.[6] Embora exista um círculo de colaboradores mais constantes e a Revista defenda, mais ou menos coerentemente, um certo conjunto de idéias, ela não se fecha num grupo muito restrito, abrindo espaço para pessoas pouco conhecidas dos meios acadêmicos especializados ou das outras publicações do campo educacional.

Não parece, portanto, que se possa caracterizar a *Revista da ANDE* como um bloco monolítico, em que poucos escrevem para

---

6 Esse número de colaboradores não corresponde ao total de artigos, que é superior, já que várias pessoas escreveram mais de uma vez na Revista.

si mesmos. No entanto, é nítida a influência de certo número restrito de intelectuais, ocupantes de posições mais ou menos importantes nas principais universidades do país e nos postos políticos ligados à área da educação. Conforme levantamento realizado, podem-se destacar, de acordo com o número de colaborações publicadas: com 9, Dermeval Saviani; com 7, Guiomar Namo de Mello e Cléa Nudelman; com 5, Elba Siqueira de Sá Barreto, José Carlos Libâneo, Eny Marisa Maia, Madza Julita Nogueira e Selma Garrido Pimenta. Pode-se apontar que esse grupo mais restrito fez parte da Equipe ou do Conselho Editorial da Revista, mas a questão de terem mais artigos publicados não parece depender (ao menos exclusivamente) do fato de estarem, no momento da publicação, ocupando cargos na própria Revista. Alguns dos membros desse grupo ostentam um prestígio advindo de outros lugares (cargos nas universidades e nos órgãos de política educacional do aparelho e Estado) e conseguem compor um conjunto de idéias que servirão como referência para a orientação teórica da Revista e para a ação política da própria Associação.

Analisando-se os editoriais da *Revista da ANDE*, é possível perceber que os seus organizadores demonstram uma preocupação constante de traçar e reelaborar uma periodização da própria publicação, definindo-a com referência a uma pauta de lutas ligadas aos acontecimentos políticos mais gerais, às alterações da política educacional e aos eventos da área educacional tidos como mais importantes.

A Revista surge, em 1981, como já foi comentado, orientada pela perspectiva de uma luta pela democratização do ensino, ligada à democratização geral da sociedade. Mas, assumindo a relativa autonomia do campo educacional, entendiam seus organizadores poder:

> desde já contribuir para que se ampliem as condições de acesso e permanência à educação e à escola que estão aí e que constituem o que historicamente a sociedade brasileira conseguiu organizar. (Carta aos educadores, *RA*, n.1, p.2)

Já no segundo número, ainda em 1981, a equipe de redação reafirma a importância do papel da publicação:

A experiência de elaborar estes dois números da Revista da ANDE nos mostrou alguns fatos interessantes que vêm ocorrendo no campo educacional. Existe aí uma efervescência de idéias e discussões. É como se a educação estivesse, ao refletir sobre si mesma, retomando a sua identidade e especificidade ... Como todo período de efervescência, este atual momento é rico, pois implica não apenas questionar criticamente práticas e idéias já estabelecidas, mas também em superar o questionamento construindo uma prática nova. (Aos colegas educadores, *RA*, n.2, p.2)

A importância da Revista é reforçada quando a caracterização do momento histórico coincide com a proposta anteriormente definida de conciliar reflexão teórica e ação prática. A própria existência da publicação parece contribuir para o encaminhamento das questões educacionais naquele sentido: "a proposta de nossa revista responde a necessidades concretas dos educadores. Este fato talvez explique a presteza com a qual nossos pedidos de colaboração vêm sendo atendidos" (Aos colegas educadores, *RA*, n.2, p.3).

O terceiro número (1982) aparece, de acordo com a visão exposta no editorial, num momento de inflexão no debate educacional. Tal mudança estaria marcada pela alteração do caráter desse debate, voltado agora para a formulação de propostas práticas. Mas também estaria fundamentada em dois eventos da história da educação brasileira, um do passado e outro do presente. A Revista começa, então, a definir os seus próprios marcos periodizadores, que no caso se desdobram em três aspectos:

a) o momento político presente:

> Um momento em que parece definitivamente superada a etapa de denúncia, em torno da qual foi relativamente fácil construirmos nosso consenso, e inaugurada a etapa de afirmações a respeito do que se pode e deve fazer para superar alguns dos impasses de nossa educação. (Aos colegas educadores, *RA*, n.3, p.2);

b) a referência à história da educação brasileira: o lançamento desse número coincide com o cinqüentenário do Manifesto dos Pioneiros de 1932. A equipe de redação vai recuperar dali a idéia de que a reconstrução democrática passa também pela educação e vai retraçar uma periodização da nossa história educacional. De acordo com essa visão, o Manifesto de 1932 teria formulado uma posição doutrinária que orientaria a escola brasileira até recentemente; as décadas de 1940 a 1960 se caracterizariam pela expansão do sistema educacional, marcada pelas "ilusões criadas pela doutrina de 32"; a década de 1970 seria a época da "tomada de consciência dos impasses e de denúncia dos seus condicionantes econômicos e políticos"; finalmente, a década de 1980 seria a da organização dos educadores, procurando superar a etapa da denúncia (Aos colegas educadores, *RA*, n.3, p.2-3). A Revista parece querer ocupar o espaço da liderança nesse momento;

c) por fim, o terceiro marco, referenciado num evento educacional do presente: a organização dos educadores tem um impulso importante em abril de 1980, com a realização da I Conferência Brasileira de Educação. A ANDE, como uma das três entidades organizadoras das CBEs, vai procurar definir os debates educacionais do país em torno da realização dessas Conferências (então, preparava-se a segunda).

Quanto à periodização histórica traçada pelos organizadores da Revista, é importante destacar a intenção por eles manifesta de romper como o que chamam de "ilusões de 32", uma certa visão idealizada das possibilidades de se obter mudança social pela via exclusiva das mudanças na escola. Desse modo, parecem anunciar o rompimento, também, com aquele padrão interpretativo da história da educação brasileira, instituído pelos escolanovistas, e que cindia o campo educacional entre os defensores do novo e os defensores do tradicional.

Ainda no terceiro número é destacada a importante contribuição da Revista para o amadurecimento das reflexões e dos modos de atuação dos "educadores progressistas mais conseqüentes". Prossegue o editorial apontando a Revista como "espaço de divulgação das idéias e reflexões das pessoas que nem sempre aparecem nos grandes debates, mas que têm uma contribuição valiosa a oferecer". E termina com um apelo à participação: "Você, colega, que é um deles, envie-nos suas sugestões e contribuições" (Aos colegas educadores, *RA*, n.3, p.3).

Ora, esse nº 3, de 1982, coincide com a definição e com a estruturação mais completa da equipe responsável pela Revista. Ainda permanece um quadro reduzido de pessoas, praticamente as mesmas do início. Mas agora a equipe já tem uma divisão de tarefas e estrutura-se um Conselho Editorial. A composição é a seguinte: editoras executivas – Guiomar Namo de Mello e Teresa R. N. da Silva; editoras assistentes – Cléa Nudelman e Yara L. Esposito; Conselho Editorial: Dermeval Saviani, Lia Rosenberg e Mirian Jorge Warde. À equipe inicial, portanto, só foram acrescidos dois nomes em dois anos (Silva e Esposito). Somente em 1983, no nº 6, é que será a equipe alterada e sensivelmente ampliado o Conselho Editorial.

O nº 6, então, volta a ser marcado como um momento importante. Nas palavras do editorial:

> Este número 6 sai à luz num contexto em que está configurado um fenômeno de conjuntura de importante significação histórica: a presença no executivo de diversos Estados e Municípios do país de partidos que se firmaram como oposição ao regime instaurado. Dado o caráter autoritário do regime, a palavra de ordem da oposição girava em torno do processo de democratização. (Aos colegas educadores, *RA*, n.6, p.2)

Com essa vitória da oposição (particularmente do PMDB), a Revista aponta que "aumentam as esperanças de que finalmente determinadas aspirações possam se converter em realidade", mas "aumentam também os riscos de frustração das expectativas diante das reais dificuldades de se implementar propostas transformadoras num quadro sócio-econômico-político sabidamente difícil" (Aos colegas educadores, *RA*, n.6, p.2-3). É destacada a necessidade de "aprofundar as transformações conjunturais" para, no futuro, poder surgir uma nova estrutura.

A análise do momento político é cautelosa, preferindo a Revista diminuir o grau das expectativas de grandes transformações. Não se menciona em nenhum momento o envolvimento explícito de alguns dos membros da Equipe Editorial ou do Conselho com os novos governos que se implantam, particularmente com os do PMDB. Reforça-se a necessidade de superar a etapa da denúncia e passar ao debate e à formulação de alternativas de atuação na política educacional. A periodização autotraçada pela Revista parece coincidir, até esse momento, com os acontecimentos políticos mais gerais.

A coordenação da *Revista da ANDE* ficará nas mãos de Dermeval Saviani e Lia Rosenberg de 1983 (n° 6) até 1986 (n° 10). A equipe pouco se altera nesse período. O Conselho Editorial é ampliado, permanecendo mais ou menos o mesmo ao longo desses números. Assim sendo, apenas o n° 11 da Revista marcará uma nova inflexão.

No editorial do n° 9, de 1985, mostrando a continuidade da preocupação da Revista com os eventos macropolíticos e com as suas implicações educacionais, começava a se mostrar uma nova preocupação, com os debates sobre Educação e Constituinte, entendendo que aquela Assembléia só conseguiria expressar a vontade da sociedade civil se esta se organizasse e se fortalecesse, sustentando, também, que esse fortalecimento da sociedade civil poderia começar pela escola, como um dos elementos importantes desse processo. E dava-se destaque para a preocupação de que, nos debates constituintes sobre a educação, fosse superada a ideologia liberal expressa pela Constituinte de 1934 (objeto de matéria publicada na seção *Depoimento*) (Aos colegas educadores, *RA*, n.9, p.2-3).

Já no editorial do n° 10, de 1986, apresentava-se um balanço da Revista ao longo dos seus cinco anos de existência, destacando-se a defesa intransigente e coerente do seu tema central, a democratização do ensino no país.

Essa coerência, de acordo com a equipe, teria levado à "expressiva identificação dos educadores brasileiros com nossa Revista". Identificação esta que também estaria evidenciada pelas sucessivas reimpressões de todos os números lançados – associada à forma da Revista, ao cuidado editorial, que representaria uma preocupação com a valorização dos seus leitores, definidos como os professores do sistema educacional brasileiro (Aos colegas educadores, *RA*, n.10, p.2-3).

O n° 11, de 1986, representa o começo de uma nova inflexão. A coordenação passava a ser de José Carlos Libâneo, que participara da equipe no n° 6 e que, desde o n° 7, pertencia ao Conselho. Dermeval Saviani, pela primeira vez, saía da equipe, retornando no nº 13. Guiomar Namo de Mello e Teresa R. N. da Silva saem do Conselho e não retornam mais. O editorial remete-se a "dois acontecimentos importantes na história da ANDE": o Seminário sobre "A teoria e a prática da pedagogia crítico-social dos conteúdos", realizado em Niterói, em dezembro de 1985, tendo sido organizado pelo núcleo local da ANDE e com o apoio financeiro do Inep; e a preparação da IV CBE, a ser realizada em setembro de 1986 (que inclusive é alegada como desculpa para o atraso da publicação). Nas palavras do editorial: "Esses dois acontecimentos mostram a força e a vitalidade de uma entidade que participa ativamente de tudo o que diz respeito ao seu objetivo principal, a democratização do ensino" (Aos colegas educadores, *RA*, n.11, p.2-3).

O nº 12 (1987) aparenta ser de transição. Anuncia-se numa nota a eleição de uma nova diretoria da entidade. Altera-se o Conselho Editorial, que representa a nova direção. No entanto, não há coordenação e José C. Libâneo continua na Equipe Editorial; a partir do próximo número, seu nome vai desaparecer e não retornar mais até o fim do período estudado. O editorial é muito curto e limita-se a apresentar os temas discutidos naquele número e citar a presença dos debates da Assembléia Nacional Constituinte, mencionados como um dos objetivos centrais da nova diretoria (Aos colegas educadores, *RA*, n.12, p.3).

Desde o nº 13, de 1988, a Revista começa a envolver-se nos debates da nova Lei de Diretrizes e Bases da Educação e, articulado com isso, suscita o tema da municipalização do ensino. A publicação da Revista vai tornar-se mais irregular: nos anos de 1987, 1988 e 1989 só vai ser publicado um número por ano; em 1990, dois; em 1991 e 1992, apenas um por ano, novamente. A coordenação vai mudar a cada edição: nº 13 – Lia Rosenberg e Sônia Penin; nº 14 – não há coordenação e o Conselho Editorial é praticamente o mesmo do número anterior; nº 15 – a coordenação é de Eny Marisa Maia, a Equipe e o Conselho são bastante alterados (nova eleição?); nº 16 – coordenado por Ângela Maria Martins, permanecendo o mesmo Conselho e sendo toda a edição dedicada ao tema da municipalização do ensino. Para o nº 17, permanece o mesmo Conselho, mas a coordenação passa a Antonio Joaquim Severino e Marlene B. Cortese; a Equipe Editorial é novamente alterada. Esse número aponta a necessidade de se voltar a ativar os debates sobre educação no país, tão dominado pelos debates eleitorais e pela premência da situação socioeconômica. Com isso, a educação se enfraquece como força social e cultural. A Revista procura exortar os educadores a não se omitir da questão (Editorial, *RA*, n.17, p.2-3). No nº 18 permanecem a mesma coordenação e a mesma Equipe Editorial, alterando-se, no entanto, o Conselho.

Desde o nº 14, a Revista deixa de se dirigir diretamente aos educadores no título do seu editorial: os dos nºs 14 e 16 não têm título e os dos nºs 15 e 17 nomeiam-se "Editorial", embora o costumeiro título "Aos colegas educadores" seja retomado no nº 18. No nº 16, especial sobre o tema da municipalização, só há a seção *Artigos* e o público destinado corresponde, nomeadamente, aos "planejadores e técnicos educacionais da esfera pública" (*RA*, n.16, p.3 – editorial sem título).

O que significam essas mudanças? Não há nenhuma indicação explícita dos motivos. Mas talvez elas indiquem que a Revista e a própria Associação já se sentem com força e com legitimidade suficientemente consolidadas para prescindir de um apelo mais direto ao professorado. Parece que elas já se podem pôr como formuladoras de propostas de clara intervenção prática, destinadas à aplicação direta pelo poder público, na solução dos problemas educacionais. Embora o nº 17 pareça sugerir a necessidade de um retorno ao público original, com a criação da seção *Cartas & Comentários*, destinada a procurar envolver os leitores e conseguir de novo a sua participação (a seção *Correio* não fora mais publicada depois de 1987).

No nº 18, de 1992, parecendo sugerir um esforço de retomada dos objetivos e valores originais da Revista, é republicada a "Carta de Princípios" da ANDE. Além disso, na seção *Notas & Informações* noticia-se o esforço empreendido em 1991 para a reestruturação da entidade, com a criação de núcleos regionais da ANDE em diversas capitais e cidades do interior do país, exortando-se os educadores a reativar seus movimentos de organização e de mobilização que, aparentemente, estavam vivendo momento de desânimo.

Depois da análise dos dezoito editoriais, talvez seja possível propor um ensaio de periodização da *Revista da ANDE*, ainda que sujeita a revisões e que não se possa ligá-la a um critério único. Os parâmetros utilizados foram a periodização autotraçada pelas equipes de redação e o seu cruzamento com as alterações ocorridas na Equipe e no Conselho Editorial. É claro que a Revista, embora proclame determinados marcos periodizadores, também procura sempre reafirmar uma pretendida coerência na defesa da temática da democratização do ensino. É possível concordar com a existência dessa coerência temática, o que indicaria uma certa continuidade de propósitos e de atuação. No entanto, a trajetória da publicação da *Revista da ANDE*, mediante os critérios apontados, poderia ser dividida em quatro fases, ainda que sem fronteiras muito demarcadas, já que o grupo que a dirige, embora se altere, mantém uma certa coesão. As fases seriam as seguintes:

- 1981 – n°s 1 e 2: fase de organização e de afirmação, marcada pela denúncia dos problemas educacionais. Momento pautado pelo início do processo de transição política e pelas suas repercussões na área educacional;
- 1982 – n°s 3, 4 e 5: fase de formulação de propostas amplas de intervenção nos problemas educacionais do país e ligada a dois marcos: a campanha eleitoral e a organização da II CBE;
- 1983-1987 – n°s 6 a 12: fase de formulação de propostas mais práticas, capazes de serem assumidas por grande parcela dos educadores e implementadas pelos governos estaduais e municipais controlados pelos partidos de oposição. Já é suscitado o debate sobre a Constituinte e a Educação. No n° 11 já se anunciava uma mudança, com alterações na coordenação e no Conselho. No entanto, não se pode falar ainda de uma nova fase, pois a orientação geral não se altera significativamente. Esse período é caracterizado pela consolidação do prestígio e da legitimidade da Revista: alguns de seus membros ocupam cargos na esfera pública, passando a interferir diretamente na formulação da política educacional (é o caso, por exemplo, de Guiomar Namo de Mello e sua equipe, que assumem o comando da Secretaria Municipal de Educação de São Paulo). O n° 12 pode ser caracterizado como uma transição para a fase seguinte;

- *1987-1992 – n°s 12 a 18*: fase da legitimidade consolidada, mas também de surgimento de problemas. A coordenação varia a cada número. O núcleo central do Conselho permanece mais ou menos o mesmo, embora ocorram algumas mudanças desde o n° 15. Altera-se um pouco a orientação e não se procura mais um apelo direto ao público leitor originalmente visado (os professores). A Revista passa a enfrentar atrasos e irregularidade na sua edição.

A *Revista da ANDE* contou, ao longo de sua publicação, com uma quantidade relativamente grande de colaboradores. No entanto, é possível configurar a influência, sobre a publicação, de um número mais restrito de pessoas, influência essa que pode ser medida tanto pela quantidade de colaborações quanto pelo conteúdo delas, que acabam por constituir um determinado conjunto de idéias que funcionam como a orientação seguida pela publicação. Desse grupo mais reduzido, todos os membros, num ou noutro momento, pertenceram à Equipe Editorial ou ao Conselho da Revista. No entanto, o fato de deixarem esses postos não impediu que vários deles continuassem a publicar suas colaborações. Portanto, essa questão de pertencer ou não à equipe não parece ser decisiva. O que parece haver, por outro lado, é uma determinada direção "programática" ou "ideológica", que é dada pelos principais colaboradores, e que vai definir a orientação temática e política da Revista.

Há, dentro desse grupo mais restrito, uma relativa preferência temática. Saviani (o colaborador mais freqüente) tem uma única participação na seção *Fato e Análise*, mais voltada ao exame de situações específicas da realidade das escolas. Todas as outras 8 colaborações são publicadas na seção *Artigos*, abordando quase sempre questões teóricas ligadas à função da escola e ao significado político do ensino, na busca de uma democratização da escola e da sociedade brasileira.

Guiomar Namo de Mello publica 7 colaborações: 5 em *Artigos*, 1 em *Prática Docente de Cada Dia* e 1 em *Debate Aberto*. Seus temas versam sobre formação e atuação dos professores e sobre política educacional e papel do Estado na educação. Esse último tema ganha destaque depois que a autora se vincula mais diretamente à política partidária, primeiro como secretária municipal de educação de São Paulo e depois como parlamentar.

A participação de Cléa Nudelman já se apresenta com um caráter diferente. Embora tivesse publicado 7 colaborações, nunca escreveu um artigo. Sua atuação se prende à apresentação de "questões práticas", na seção *Fato e Análise*, e a resenhas. Tendo composto durante muito tempo a equipe de redação, sua atuação na Revista parece ter sido a de realizar tarefas menos "nobres" e mais técnicas ou propriamente ligadas à edição de cada número. Isso se confirma no nº 18 quando seu nome passa a constar no expediente como jornalista responsável pela publicação.

Elba Siqueira de Sá Barreto escreve 3 vezes na seção *Artigos* e 2 na seção *Fato e Análise*. Dos artigos, 2 são sobre política educacional e municipalização e um sobre a relação professor-aluno. José Carlos Libâneo publica 4 artigos e uma resenha. Os artigos são sempre sobre os aspectos teóricos da pedagogia e da didática. Eny Marisa Maia publica 3 artigos: a introdução do número especial sobre municipalização do ensino e uma colaboração na seção *Fato e Análise*. Dois dos artigos são sobre política educacional e um aborda a educação rural. Madza Julita Nogueira tem 5 participações: um artigo que relata uma experiência numa escola em que a autora exerce a função de orientadora educacional, duas colaborações na seção *Fato e Análise*, uma na seção *Debate Aberto* (sobre municipalização do ensino) e uma resenha. Selma Garrido Pimenta tem 3 artigos (sobre papel do pedagogo, organização da escola, formação de professores), uma participação na seção *Debate Aberto* (em colaboração com Madza Julita Nogueira) e uma na seção *Fato e Análise*.

Percebe-se que pelo menos três autores – Saviani, Mello e Libâneo – têm uma participação ativa na opção por algumas temáticas, o que parece configurar, a partir dos seus artigos, uma determinada orientação teórica para o percurso da Revista, um determinado ideário. Dessa maneira, para o leitor assíduo da publicação, o ideário mais definido acaba por ser aquele mais constante e repetido ao longo de toda a trajetória do periódico. Assim, seria possível afirmar que o que a *Revista da ANDE*, como instituição, defende sobre a função política da escola é o que se expressa nos artigos de Dermeval Saviani. Ou que sobre formação de professores e política educacional coincide em linhas gerais com o que é dito por Guiomar Namo de Mello e que sobre os aspectos teóricos da didática, com o que é expresso por José Carlos Libâneo.

De acordo com Dermeval Saviani, o grupo que deu origem à *Revista da ANDE* constituía-se originariamente de pessoas ligadas ao programa de pós-graduação em educação da PUC-SP, sob orientação das formulações teóricas do próprio Saviani e explicitamente contra as postulações dos defensores das chamadas teorias crítico-reprodutivistas (Saviani, *RA*, n.11). Seria possível, a partir dessa constatação, investigar mais detidamente o papel que vai ser desempenhado pela Revista dentro desse conflito, o que poderia sugerir, até mesmo, novas iluminações sobre a sua trajetória histórica e a sua periodização. Algumas indicações a esse respeito serão desenvolvidas mais adiante.

Além dessa tarefa, torna-se necessária uma reflexão sobre a existência ou não de um debate interno na Revista. Aparentemente ele não ocorre: o grupo se fecha em torno de um ideário básico e não abre, na prática, muita oportunidade para contestação, embora desde o início a Revista se afirme como espaço de debate. Mesmo assim, em dois momentos, pelo menos, as divergências afloram, tendo eles curiosamente surgido no nº 8, de 1984. O primeiro aparece com a republicação do texto de Luiz Antonio Cunha, "Verbas públicas para a universidade pública" (publicado anteriormente no nº 7), pois o autor não concordara com o trabalho de copidesque habitualmente feito pela Equipe Editorial, a pretexto de tornar os textos mais claros; o autor exigiu e houve a republicação e não parece ter havido um rompimento, pois Cunha voltou a publicar outros artigos. O segundo caso, no mesmo número, é uma crítica de Paulo Ghiraldelli Jr. à resenha que Jorge Carvalho de Nascimento fez para o livro de Rubem Alves, *Estórias de quem gosta de ensinar*, resenha essa também publicada no número anterior. Ghiraldelli contesta as críticas de Nascimento a Alves, desqualificando-as e chamando-as de "duvidosa contribuição" e "análises supérfluas". Não houve resposta do autor da resenha.

O que se pode apontar é que a Revista consegue, com relativa coerência, guiar-se pela pauta definida no editorial do primeiro número e na "Carta de Princípios": há um tema orientador que é o da possibilidade da democratização do ensino no país, ligada ao processo da democratização mais ampla da sociedade brasileira.

Ao longo do percurso de onze anos aqui investigado, no entanto, a *Revista da ANDE* não consegue definir com clareza um público-alvo específico. O grupo da Revista pretende dirigir-se aos professores em geral, mas por trás dessa pretensão é possível notar uma disputa entre o grupo de pedagogos articulados inicialmente na PUC-SP e os outros grupos de pesquisa ligados a outras instituições acadêmicas. Por ser uma Associação de caráter nacional, a ANDE ultrapassa os limites do campo educacional paulista, mas o debate principal parece concentrar-se em São Paulo. A ANDE e o seu periódico, ao pretender dirigir-se aos professores do sistema educacional brasileiro, aparentam estar querendo afirmar a sua legitimidade perante esses mesmos professores, para se colocar (a Associação e a Revista) ante o Estado e os órgãos decisórios da política educacional como os formuladores das propostas mais eficazes. A disputa parece então transcender os limites do mundo acadêmico e dirigir-se para os cargos nos organismos estatais. O que é coerente com a proposta fundamental da Revista, ao destacar a vinculação estreita entre educação e política.

O novo e o tradicional na *Revista da ANDE*

Durante o período examinado (1981-1992), foram publicados, na *Revista da ANDE*, vários artigos relacionados, direta ou indiretamente, com a temática pesquisada. Realizando um primeiro levantamento, procurou-se verificar a proximidade dos textos com o tema da oposição entre o novo e o tradicional na educação. Assim, selecionaram-se textos relativos à presença de tendências pedagógicas, a modificações curriculares, ao ensino das diversas disciplinas escolares, a projetos didáticos inovadores, a mudanças na política educacional. Tratando-se de tema que precisa ser examinado e detectado nas articulações internas do discurso, apenas depois de uma leitura muito detida é que se pode constatar ou não a proximidade do texto aos objetivos da investigação empreendida. Após esse exame mais detalhado, dos artigos inicialmente levantados, foram escolhidos 25.

Coerentemente com as propostas mais amplas da ANDE, a Revista se orienta de maneira clara para a defesa da democratização da sociedade e da escola brasileiras na época. Desse modo, ganhavam destaque na publicação autores e artigos que, ao combater certo tipo de críticas à escola, então em voga, promoviam uma aposta na capacidade da educação como instituição e espaço social capazes de contribuir para as mudanças que se desejavam no país. Essa mesma aposta se estende para o interior da instituição educacional. Os artigos examinados insistem na perspectiva de considerar a escola (pública) como lugar que não é o da pura reprodução social, mas que abre possibilidades de intervenção dos educadores para influir nas mudanças mais amplas da sociedade.

Guiomar Namo de Mello, por exemplo, em "Educação escolar e classes populares: uma reflexão sobre o atual momento educacional e político do Brasil", defende a idéia da viabilidade e da necessidade de atuação na escola pública com intuito de melhorá-la e transformá-la (Mello, *RA*, n.6). Em outro artigo, a mesma autora afirma:

> Enquanto o início da democratização do ensino, expresso pelo simples aumento quantitativo de escolas, pôde acontecer sob um regime autoritário, o prosseguimento desse processo, daqui por diante, e dadas as contradições que ele próprio engendrou, insere-se necessariamente no movimento de democratização do conjunto da sociedade. (Mello, *RA*, n.2, p.4)

Já para Celso Beisiegel:

> A escola, notadamente o ensino comum e, em menor escala, também nos níveis médio e superior, vem evoluindo no sentido de apresentar-se como local de encontro de todos os setores da população e como campo de repercussão de todas as tensões que conturbam a vida coletiva na sociedade moderna...

> Na verdade, nós continuamos a aprender na teoria que a escola é um invulnerável aparelho de reprodução de relações de produção, portanto de reprodução de uma estrutura de dominação. Nós não temos como fazer caber, dentro dessa nossa visão teórica da escola, a realidade escolar dos tempos atuais. (Beisiegel, *RA*, n.1, p.54-5)

O tempo que se vivia era percebido sob o signo da novidade, da mudança: "Como a escola não existe senão a partir daqueles que dela participam e a compõem, das novas circunstâncias parecem surgir um novo aluno e um novo professor" (Picanço, *RA*, n.5, p.31).

A democratização da sociedade deveria passar pela democratização da escola, entendida de uma maneira bastante precisa, vinculada à especificidade do papel didático da escola:

> Democratização da escola significa, basicamente, viabilizar o melhor domínio possível das matérias do currículo, com particular destaque à aprendizagem da leitura e escrita, como pré-condição para a participação do aluno em outras instâncias da vida social. (Equipe..., *RA*, n.10, p.14)

Porém, as perspectivas de mudança que se delineavam teriam que se haver com forças de resistência presentes no professorado. Na exposição e defesa dessa perspectiva, vários textos formulam críticas tanto à pedagogia tradicional quanto à renovada. Maria Inês Portugal de F. Dias, em artigo publicado no nº 4, compõe relato em termos ficcionais do seu primeiro dia como professora de 1º grau. O trabalho se inicia com a professora confiante na sua formação:

> Onde estão aquelas lindas crianças que devem estar me esperando? Mal sabem elas que finalmente chegou alguém equipada suficientemente para salvá-las da monotonia da escola tradicional. BE A BA, castigo, tabuada, cópia, nunca mais! Trago o que há de mais moderno e atual: liberdade, responsabilidade e criatividade. Tudo isso através do método global, audiovisuais, blocos lógicos, trabalho em grupo, pesquisa. Tudo de que necessitam. (Dias, *RA*, n.4, p.5)

No entanto, logo em seguida, vem a decepção com as duras condições efetivas de trabalho encontradas na sala de aula: a constatação da desestruturação familiar dos alunos, o desrespeito e a indisciplina, as dificuldades de aprendizagem, as carências materiais, tudo enfim que traz apenas dúvidas para a professora em relação à sua capacidade para lidar com aqueles problemas. A professora pede conselhos aos seus colegas mais experientes, que sugerem procedimentos típicos do ensino tradicional – reforço da disciplina e da rotina – além de orientações para que não reclame e procure resolver sozinha suas dificuldades. Em vez de discutir os problemas efetivos, a escola faz cobranças formalistas e burocráticas (Dias, *RA*, n.4, p.6).

O desencanto leva à cristalização de uma postura conservadora, de resistência à mudança, ante a inculpação do professor pelo fracasso. A autora chama isso de "processo de condicionamento" (p.6). De acordo com ela, a literatura educacional, embora proclame não querer culpar o professor, acaba se resumindo, quase sempre, ao procurar as causas do fracasso escolar, à enumeração e análise dos erros do trabalho docente. Os professores dificilmente têm possibilidade de refletir sobre a sua formação e a sua prática. Como a crítica da educação insiste sobre os pontos que dão suporte à atuação dos professores, estes acabam rejeitando todas as propostas de mudança como modismos ou como teorias desvinculadas da prática; a proposta da autora é a de que se procure estabelecer alguma vinculação mais clara entre a formação do professor e a crítica especializada, sob pena de esta acabar rejeitando o professor real (p.6-7).

Em texto que recompõe a trajetória da Didática na formação dos professores do ensino elementar, Maria Umbelina Caiafa Salgado critica tanto as perspectivas da escola tradicional quanto as da escola nova, quanto ainda as da tendência tecnicista, mostrando a necessidade de se superarem os impasses provocados por aquelas correntes pedagógicas mediante a construção de uma nova perspectiva, desde que o professor e o especialista possam conhecer "não apenas os aspectos operacionais, mas os fundamentos dos métodos de ensino e da Didática em geral" (Salgado, *RA*, n.4, p.16).

Propondo-se a apresentar sugestões aos professores para a prática educativa, a *Revista da ANDE* se alinha decididamente do lado de uma determinada proposta pedagógica formulada por alguns de seus principais colaboradores e transformada, pelo menos no período estudado, em bandeira de luta do periódico. Trata-se da corrente denominada *pedagogia histórico-crítica* ou *pedagogia crítico-social dos conteúdos*, que aparece claramente delineada em vários artigos de Dermeval Saviani e de José Carlos Libâneo e que é defendida por quase todos os autores que publicam na Revista.[7] Na exposição dos princípios dessa corrente pedagógica, ela é apresentada como um esforço de síntese entre a chamada *pedagogia tradicional* e a denominada *pedagogia escolanovista* ou *renovada*, a partir de uma descrição e crítica desses dois modelos e também de outros, presentes no debate e na prática pedagógica brasileira naquele momento. Essa perspectiva de *síntese de* e *oposição a* outras correntes pedagógicas fica explícita em várias passagens de Libâneo, cujos artigos na *Revista da ANDE* insistem na mesma temática:

> É preciso construir uma pedagogia social de cunho crítico que suponha o saber como consciência. As propostas de novos programas e novas técnicas devem partir de uma nova concepção de escola para além da visão tradicional, escolanovista, tecnicista, anti-autoritária ou da anti-escola. (Libâneo, *RA*, n.4, p.43)

> A pedagogia progressista "dos conteúdos" pretende ser uma síntese do tradicional e do renovado no sentido de atribuir importância à transmissão dos conteúdos, embora sem perder de vista a atividade e a participação do aluno. (ibidem, n.6, p.13)

O trabalho do professor, a sua atividade pedagógica no cotidiano escolar, é visto como dotado de potencialidades e, ao mesmo tempo, de limitações de caráter político. Nesse sentido, essa atividade deveria ser um

> trabalho docente crítico: compreender a educação enquanto ação prática transformadora, sabendo-se, porém, impossibilitada de atin-

---

[7] A denominação da corrente não é a mesma, dependendo de quem a faz. Para Saviani, é *pedagogia histórico-crítica*; para Libâneo, *pedagogia crítico-social dos conteúdos*; para Cipriano Carlos Luckesi, *pedagogia dos conteúdos socioculturais*. Cf. Saviani, *RA*, n.11; Libâneo, *RA*, n.11; Luckesi, *RA*, n.10. No artigo de Saviani há, inclusive, menção à divergência de denominação e uma justificativa da sua posição pessoal ante o tema.

gir seus objetivos na plenitude, já que condicionada pelas condições de produção capitalista. (ibidem, n.8, p.27)

O caráter de síntese de tendências diversas, presente nessa nova corrente pedagógica, é sempre ressaltado:

> Em síntese, a didática progressista assentada numa pedagogia crítico-social dos conteúdos vai buscar formas pedagógicas da pedagogia tradicional, da pedagogia renovada e em outras pedagogias, e em procedimentos lógico-metodológicos de análise da realidade concreta que sirvam de apoio ao professor nas situações pedagógicas específicas. (ibidem, n.8, p.30)

Dermeval Saviani publica, na *Revista da ANDE*, dois artigos que acabam tendo grande repercussão e terminam funcionando como espécie de manifestos da pedagogia histórico-crítica. Trata-se de "Escola e democracia ou a teoria da curvatura da vara" (n.1, p.23-33) e "Escola e democracia: para além da teoria da curvatura da vara" (n.3, p.57-64).

O primeiro artigo foi originalmente apresentado na I Conferência Brasileira de Educação, realizada em abril de 1980 em São Paulo. Tendo sido produzido para ser exposto oralmente, o texto tem caráter claramente polêmico, estruturando-se em torno da exposição e defesa de três teses: "do caráter revolucionário da pedagogia da essência e do caráter reacionário da pedagogia da existência"; "do caráter científico do método tradicional e do caráter pseudo-científico dos métodos novos"; "de como quando mais se falou em democracia no interior da escola, menos democrática foi a escola; e de como quando menos se falou em democracia, mais a escola esteve articulada com a construção de uma ordem democrática" (n.1, p.23).

Pela simples enunciação dessas teses, percebe-se que o alvo escolhido pelo autor são as formulações teóricas da escola nova. O autor dedica-se a tentar desmontar as propostas escolanovistas em três dimensões: a filosófico-histórica, a pedagógica e a política. Saviani afirma que, historicamente, a Escola Nova instituiu, contra a chamada escola tradicional, uma pedagogia que termina por legitimar as desigualdades, a partir do reconhecimento das diferenças individuais dos educandos. De acordo com o autor, o aparecimento desse tipo de pedagogia corresponde ao momento em que a burguesia já se encontra instalada no poder e deixa de ser classe revolucionária (p.24-6).

Pedagogicamente, a crítica do autor incide sobre as diferenças metodológicas entre as duas tendências. De acordo com ele, a Escola Nova desqualifica o método tradicional como pré-científico, o que não se justificaria, já que, na verdade, enquanto a escola nova privilegia a pesquisa, isto é, a obtenção dos conhecimentos, os métodos tradicionais privilegiam a sua transmissão. Dessa maneira, para Saviani, a Escola Nova empobrece o ensino e desvaloriza a pesquisa, já que, no ensino, não pode haver verdadeira pesquisa, mas apenas reconstrução de um conhecimento já existente e que precisa ser apropriado pelos estudantes.

Finalmente, em termos políticos, à Escola Nova é atribuído o resultado de ter conferido privilégios a uma minoria, enquanto as camadas populares acabaram excluídas do acesso à escola. Citando Jorge Nagle, afirma o autor que o escolanovismo indica o refluxo das preocupações com a educação como instrumento de participação política (p.29-30). Nesse sentido, a Escola Nova contribui para o aprimoramento do ensino para as elites e o rebaixamento do ensino para as camadas populares.

Saviani encerra o texto afirmando que não se trata de propor a volta à pedagogia tradicional, mas da "valorização dos conteúdos que apontam para uma pedagogia revolucionária" (n.1, p.33). Nesse artigo, a relação entre o novo e o tradicional é proposta em termos bastante diversos dos costumeiros. Aqui, o *novo* não é portador de todas as virtudes e o *tradicional*, se em parte é valorizado, não é explicitamente defendido como solução, parecendo estar-se propondo uma terceira via que, no entanto, não é explicitada.

Tendo esse artigo provocado muitas repercussões, volta o autor ao tema no nº 3 da Revista, procurando explicar melhor suas posições. Retomando as três teses do artigo anterior, afirma Saviani que elas deveriam funcionar como antíteses às "idéias dominantes nos meios educacionais". De acordo com ele, o texto original fora escrito para "abalar as certezas, desautorizar o senso comum" (n.3, p.57). Procurando rebater as acusações de conservadorismo, pretende o autor ser mais explícito no sentido da proposição de uma síntese entre pedagogia nova e pedagogia tradicional. Nesse texto, claramente, o autor procura responder às críticas feitas ao artigo anterior nos meios educacionais brasileiros, valendo-se da autoridade do saber: ao contrário do precedente, trata-se aqui de um texto recheado de referências eruditas, selecionadas com cuidado, para corroborar suas posições. Procurando esclarecer melhor suas posturas, Saviani critica tanto a chamada pedagogia da essência (tradicional) quanto a chamada pedagogia da existência (nova). De acordo com ele, ambas as posturas são ingênuas, já que acreditavam poder mudar a sociedade por meio da educação (p.59).

Pretendendo ir além dos métodos novos e dos tradicionais, o autor critica tanto as sucessivas tentativas de ampliar os supostos benefícios da Escola Nova à educação das massas, como as propostas por Freinet e Paulo Freire, quanto as tendências que propugnam o fim da escola (p.60). Propondo uma "pedagogia popular" que consiga superar a oposição entre o novo e o tradicional, pretende o autor que essa pedagogia possa assegurar a igualdade e a democratização do ensino mediante a garantia do acesso das camadas populares aos conteúdos clássicos da cultura. Para tanto, Saviani imagina que a sua proposta possa ser implementada na sociedade brasileira, contribuindo para as lutas pela sua redemocratização (p.64).

Essa mesma afirmação da especificidade da escola como mecanismo de garantia do acesso dos alunos aos conteúdos clássicos da cultura é feita por Saviani em texto publicado em 1985, no nº 9 da *Revista da ANDE*, e que reproduz discurso pronunciado pelo autor na formatura do curso de Pedagogia da Universidade Santa Úrsula, no Rio de Janeiro (p.27-8).

Dois outros artigos publicados na Revista no seu nº 11 procuram recompor a trajetória histórica da elaboração dessa proposta pedagógica: de Dermeval Saviani, "A pedagogia histórico-crítica no quadro das tendências críticas da Educação Brasileira", e de José Carlos Libâneo, "Os conteúdos escolares e sua dimensão crítico-social". Ambos os textos foram originalmente apresentados no *Seminário sobre a Pedagogia Crítico-Social dos Conteúdos* –

do diálogo ao debate coletivo, realizado em Niterói, em dezembro de 1985.[8]

Saviani mostra, naquele artigo, que o surgimento dessa pedagogia se dá num momento em que predominavam, no campo educacional, as chamadas *teorias crítico-reprodutivistas* formuladas na França desde o final da década de 1960, após o movimento de Maio de 68, nas suas três vertentes, elaboradas respectivamente por Althusser, Bourdieu/Passeron, Baudelot/Establet. De acordo com Saviani, essas teorias cumpriam, no Brasil, um papel importante na crítica ao regime autoritário e à pedagogia tecnicista. No entanto, colocavam para os educadores um limite claro, já que, nas suas concepções, não sobrava espaço para propostas de intervenção prática na escola, vista como espaço da reprodução da sociedade, o que tornava impossível uma atuação crítica do professor.

O autor recompõe a sua trajetória pessoal na formulação de uma proposta pedagógica capaz de permitir algum tipo de intervenção nas práticas escolares que garantisse essa atuação crítica. Depois de comentar alguns cursos por ele ministrados, Saviani localiza em 1979 o momento em que a reflexão sobre essa problemática passa a ser coletiva, no âmbito da primeira turma de doutorado da PUC-SP, coordenada pelo autor. O problema central desse grupo, em que se incluíam Carlos Roberto Jamil Cury, Luiz Antonio Cunha, Guiomar Namo de Mello, Paolo Nosella, Betty Oliveira, Mirian Warde e Osmar Fávero, era a superação do crítico-reprodutivismo na análise da escola brasileira.

A partir dessa reflexão e dos trabalhos de Saviani, Cury e Mello, era apresentada uma proposta que procurava superar os impasses da reflexão pedagógica na época. No entanto, no momento mesmo da proposição e da divulgação dessa pedagogia, ela já começa a enfrentar críticas: "Todavia, de uns dois anos para cá, um conjunto de críticas vem sendo acionado contra essa tendência. É interessante notar que, nessas críticas, unem-se conservadores da direita e ultras da esquerda" (Saviani, *RA*, n.11, p.18).

---

8 A própria realização desse seminário já parece apontar o peso que esses autores e essa tendência pedagógica acabavam assumindo nesse período, disputando a hegemonia no campo educacional brasileiro.

Para o seu principal formulador, a pedagogia histórico-crítica considera essencial a questão dos métodos e dos processos de ensino, enfrentando o problema da transformação do saber elaborado em saber escolar:

> Essa transformação é o processo através do qual selecionam-se, do conjunto do saber sistematizado, os elementos relevantes para o crescimento intelectual dos alunos e organiza-se [sic] esses elementos numa forma, numa seqüência tal que possibilite a sua assimilação. (Saviani, RA, n.11, p.19)

Já Libâneo, em seu artigo (RA, n.11), reafirma a existência de "um grupo de educadores que, a partir da segunda metade da década de 70, começa a divulgar estudos de cunho crítico acerca das implicações sócio-políticas da educação escolar, para além das concepções pedagógicas então vigentes" (p.5). No entanto, a relação dos membros desse grupo diverge, em parte, da apresentada anteriormente por Dermeval Saviani; nele, Libâneo inclui o próprio Saviani, além de Carlos Roberto Jamil Cury, Guiomar Namo de Mello, Lia Rosenberg e Zaia Brandão. Esses educadores acabariam formulando uma proposta pedagógica chamada pelo autor de *Pedagogia Crítico-Social dos Conteúdos*, entendida como uma concepção progressista da educação. De acordo com Libâneo:

> Para a pedagogia crítico-social dos conteúdos, a contribuição da escola pública para a democratização da sociedade (isto é, humanização do homem em todas as suas dimensões) está na realização de seu papel social e político de difusão da cultura a todos. Em outras palavras, transmissão de conteúdos básicos do saber sistematizado contido nas matérias de estudo, por métodos de apropriação ativa e outros processos pedagógicos como requisito para a ação prática humana no mundo do trabalho e da vida social. (p.6)

O autor vai mostrar que essa nova proposta se apresenta como alternativa tanto à pedagogia tradicional quanto à renovada, quanto ainda à tecnicista. Dessa maneira, assim como em outros artigos, vai-se tornando claro que se trata de uma pedagogia construída *contra* outras, inserindo-se clara e conscientemente numa disputa pela hegemonia no campo educacional. Assim sendo, os defensores dessa proposta acabam por se valer, na sua argumentação, de uma caracterização das propostas adversárias para marcar as diferenças e oposições em relação ao que se estava sugerindo como alternativa. No âmbito do trabalho que ora se apresenta, interessa particularmente ver como esses autores descrevem e caracterizam a *pedagogia tradicional* e a *pedagogia renovada*. No caso desse texto de Libâneo, encontra-se a seguinte passagem:

> A pedagogia tradicional põe a tônica do processo pedagógico na transmissão da cultura acumulada. Os conteúdos expressam verdades que estão acima da sociedade e dos indivíduos. A ação educativa é sempre externa, unidirecional. O professor é apenas um intérprete de conteúdos previamente organizados, através de métodos também já consagrados. A esfera do saber é independente da realidade separada da prática material e histórica dos homens. O caminho do saber é um só para todos, mas sua conquista depende de dotes naturais. Alguns (ou muitos) ficarão pelo meio do caminho, mas isto é considerado regra natural.
> Já a pedagogia nova (na vertente que chamamos "progressivista") quer escapar dos conteúdos clássicos e mesmo de sua organização prévia e estruturada. Interessa-lhe [sic] os processos pelos quais o aluno vai construindo e enriquecendo sua experiência pessoal e social. (p.7)

Ao contrário das restrições costumeiras ao chamado ensino tradicional, formuladas pelos adeptos das propostas da Escola Nova, que se prendiam essencialmente aos aspectos psicológicos e metodológicos da aprendizagem, as críticas de Libâneo, tanto a uns quanto a outros, se concentram, principalmente, nas implicações políticas e ideológicas daquelas correntes. Enquanto

> a pedagogia tradicional serviu sempre às elites sociais, ocupando-se da transmissão do acervo cultural e sem levar em conta as desigualdades no acesso ao conhecimento ... A pedagogia nova, por sua vez, ... não logrou êxito. Perdeu-se na ambigüidade de sustentar-se num ideário baseado na individualização do ensino ante uma prática tradicional e, também, não contribuiu para a democratização do ensino. (p.8)

Nesse tipo de crítica, o que ressalta é a afirmação de que tanto a pedagogia nova quanto a pedagogia tecnicista, em termos políticos, não conseguem ir além da pedagogia tradicional, cumprindo o mesmo papel de defesa dos interesses das elites sociais.

Em termos propriamente didáticos, a pedagogia proposta se afirma como esforço de síntese e de superação das correntes que a precederam, afirmando a existência de um saber consagrado e de uma "tradição pedagógica" já estabelecida e, aparentemente, neutra em termos político-ideológicos, capaz de fornecer métodos e procedimentos de ensino apropriados para atender aos objetivos mais amplos que se procurava obter:

> De outro lado, esse entendimento não exclui os métodos e técnicas de ensino (e aqui falamos sempre no plural) obtidos na tradição pedagógica, independentemente de sua procedência ideológica, desde que contribuam para os objetivos político-pedagógicos de assegurar o acesso aos conhecimentos a todos. Nesse sentido, cabe reforçar a importância do domínio das formas didáticas na formação dos professores ao lado do domínio dos conteúdos das matérias pois elas constituem exigências objetivas da pedagogia para a aquisição e apropriação ativa dos conteúdos. (p.11)

Esse mesmo tipo de crítica a outras tendências pedagógicas aparece em artigos de outros autores publicados na Revista. O peso maior parece concentrar-se sobre as proposições escolanovistas, já que elas são percebidas como dominantes nos cursos de formação de educadores. Nesse sentido, assim se expressa Elba Siqueira de Sá Barreto:

> O ideário pedagógico oficial, que se identifica genericamente com a chamada pedagogia renovada, traduz um modelo de ensino centrado na criança e com ênfase nos processos de aprendizagem, mais do que nos conteúdos que devem ser aprendidos. Seus pressupostos exigem condições de trabalho que, via de regra, apenas um número reduzido de escolas privadas, que se dedicam ao ensino das camadas privilegiadas, pode oferecer. (Barreto, *RA*, n.2, p.43-4)

Ao ser caracterizada como "ideário pedagógico oficial", a pedagogia renovada acaba sendo transformada no alvo principal das críticas formuladas na *Revista da ANDE*, com base na perspectiva da democratização da escola e da sociedade brasileiras. Por conta da própria força do imaginário escolanovista, no entanto, não deve parecer surpreendente que os seus críticos sejam logo aproximados aos defensores da escola tradicional, já que *novo* e *tradicional*, nesse imaginário, não apenas se opõem e se excluem mutuamente, mas também se instituem como categorias de análise e dados da realidade a partir dessa mesma oposição. O peso da crítica à pedagogia renovada é tão intenso que chega, por vezes, quase a sugerir uma defesa do chamado *ensino tradicional*, por conta de uma suposta eficiência diante das condições concretas de realização do trabalho do professor da escola pública:

> Por sua vez, não sendo uma reprodução da pedagogia oficial, a prática docente tende a reproduzir os modelos pedagógicos tradicionais, centrados na figura do professor e com ênfase nos conteúdos a serem transmitidos. Esses modelos permitem trabalhar ao mesmo tempo com um grande número de alunos, escasso material didático e não estão necessariamente tão atrelados a um período longo de escolaridade, dado que, ao invés de valorizar processos que conduzem à "descoberta" do conhecimento pelo aluno, colocam como prioritária a tarefa de transmitir um patrimônio cultural já de domínio público. Tais pressupostos melhor correspondem às condições de trabalho encontradas na rede pública de ensino. (p.44)

> Sua insistência [a da pedagogia tradicional] sobre a importância dos conteúdos e o treino de habilidades que proporciona são de fundamental importância para que as crianças provenientes dessas camadas [as populares] adquiram melhor preparo e condições de reivindicar uma partilha mais justa de bens e benefícios sociais. (p.45)

A cada texto publicado, os caracteres definidores de cada corrente pedagógica adversária da pedagogia histórico-crítica passam a ser apresentados de maneira mais resumida e esquemática. Se as descrições já apresentadas do *ensino tradicional* e da escola renovada são bastante simplificadas, chega-se, até mesmo, a um exagerado esquematismo:

> Simplificadamente, podemos dizer que o modelo liberal conservador da sociedade produziu três pedagogias diferentes, mas relacionadas entre si e com um mesmo objetivo: conservar a sociedade na sua configuração. A *pedagogia tradicional*, centrada no intelecto, na transmissão de conteúdo e na pessoa do professor; a pedagogia *renovada* ou *escolanovista*, centrada nos sentimentos, na esponta-

neidade da produção do conhecimento e no educando com suas diferenças individuais; e, por último, a pedagogia *tecnicista*, centrada na exacerbação dos meios técnicos de transmissão e apreensão dos conteúdos e no princípio do rendimento. (Luckesi, *RA*, n.10, p.48)

Percebe-se, aí, a transformação de uma análise rigorosa em mera caricatura. Acaba-se supondo uma homogeneidade de posturas e princípios nos adversários eleitos, sem demonstrá-la suficientemente. O mesmo processo de "achatamento das diferenças" promovido pelos partidários do movimento da Escola Nova em relação àquilo que eles denominavam *ensino tradicional* (que, afinal, nunca existiu como conjunto sistemático de princípios formulados por um grupo articulado que defendesse, em conjunto, uma determinada proposta pedagógica) acaba sendo feito pelos adeptos da *pedagogia histórico-crítica* em relação a todos os outros, em especial, aos próprios escolanovistas. Essa redução de diferenças se dá de modo tão intenso que, num certo momento, parece mesmo tornar-se irrelevante a distinção entre *novo* e *tradicional* no campo educativo:

> Seja para ensinar de forma "tradicional", seja para desenvolver "métodos ativos" com os alunos, é absolutamente indispensável que o professor tenha organizado e aprofundado aqueles conhecimentos fundamentais, porque só assim poderá, no primeiro caso, garantir a sua transmissão e, no segundo, possibilitar a sua reconstrução. A tentativa de superar o antagonismo escola tradicional/escola nova passa, então, pela necessária incorporação de conteúdos por parte dos professores. (Kramer, *RA*, n.10, p.40)

O decisivo, portanto, deixa de ser o alinhamento do professor como tradicional ou como escolanovista, concentrando-se muito mais na adesão a uma concepção pedagógica que enfatiza a prioridade do domínio e da transmissão dos conteúdos socialmente relevantes. *Tradicional* não parece supor aqui a marca de negatividade que o termo adquiriu nos momentos áureos da Escola Nova e que perdurou na memória coletiva dos educadores brasileiros. Passa ele a designar uma determinada concepção ou corrente pedagógica com estatuto certo, preciso, incorporando esses autores os parâmetros de análise instituídos pelos escolanovistas, que designavam todo o ensino realizado anteriormente a eles como tradicional e que se instauravam como anunciadores do novo, da verdadeira revolução no campo educacional. Ao promover essa incorporação, os autores que publicam esses artigos na *Revista da ANDE* despem a idéia de *ensino tradicional* da sua carga mais diretamente polêmica e transformam-na em conceito descritivo, com caráter de definição – o *ensino tradicional* assume existência concreta!

No entanto, esse sentido atribuído ao termo é questionável, mesmo levando-se em conta apenas os artigos selecionados da Revista. Apesar de tentarem atribuir à idéia de *tradicional*, quando aplicada a ensino, escola, didática, metodologia etc., um caráter meramente descritivo, os propositores e aderentes da *pedagogia crítico-social dos conteúdos* revelam medo do rótulo *tradicional* e procuram afastar-se dele:

> Há, sim, uma preocupação com a aquisição dos conteúdos. Porém, diferentemente da pedagogia liberal tradicional, onde o que importa é o professor verificar se os alunos estão assimilando os conteúdos considerados válidos para o seu ajustamento ao meio social adulto, dado e não questionado, uma vez que a finalidade da educação, para essa corrente, é a conservação dos valores acumulados. O processo de aprendizagem se dá pelo reforço constante, uma vez que se enfatiza a progressão lógica estabelecida pelo adulto (professor). (Pimenta, *RA*, n.9, p.35-6)

Ou, noutra versão:

> Não faz sentido identificar a ênfase nos conteúdos com a pedagogia tradicional onde os conhecimentos são depositados na mente de um aluno receptivo e passivo. (Equipe..., *RA*, n.10, p.14)

Ou ainda:

> O problema da denominação "pedagogia dos conteúdos" é a ressonância que ela traz, dando margem a uma interpretação na linha de uma volta à pedagogia tradicional ou de uma recuperação dessa proposta. (Saviani, *RA*, n.11, p.23)

Noutro texto, publicado em 1984, Saviani trata diretamente dessa objeção que se fazia à sua proposta pedagógica, imputando-lhe a marca do tradicionalismo. Mostra o autor que tal objeção está diretamente vinculada à associação que normalmente se faz dos críticos da Escola Nova aos defensores do ensino tradicional, por conta do esquema interpretativo tornado dominante desde os anos 30 (Saviani, *RA*, n.7, p.11).

A contestação desse esquema explicativo que demarca nítidas fronteiras entre o novo e o tradicional pode ser encontrada noutros textos, como o de Vera Maria Candau, de 1986, em que a autora discute as relações entre forma e conteúdo na Didática:

> É bastante comum na análise da história desse tema que se faça uma contraposição entre o que se costuma chamar de pedagogia ou didática tradicional, expressão essa bastante fluida e ambígua, e o que se denomina pedagogia ou didática escolanovista ... expressão também bastante fluida e ambígua desde a sua própria origem histórica. (Candau, *RA*, n.11, p.24)

Pode-se notar, desse modo, que a idéia de *tradicional* não se transforma muito simplesmente em categoria neutra, meramente descritiva de uma realidade. Ela ainda mobiliza ou pode mobilizar adesões ou repulsas, funcionando como elemento estratégico para a inserção de uma corrente pedagógica no campo educacional.

O discurso pedagógico formulado na *Revista da ANDE*, com base na perspectiva da articulação e oposição entre o *novo* e o *tradicional* na educação, apresenta-se marcado pela defesa de uma corrente pedagógica ali inaugurada, a chamada pedagogia histórico-crítica. Essa formulação acaba funcionando como maneira de inserção de um determinado grupo de educadores, os mais ativos organizadores e colaboradores da Revista, nos conflitos e nas disputas do campo educacional na época, muito marcadas pelas lutas mais amplas que se travavam no campo político. Apresentando uma proposta que se pretende capaz de orientar a prática dos professores da rede pública de ensino, esse grupo de educadores apela diretamente ao professorado, editando uma publicação que procura explicitamente fugir da aparência das publicações acadêmicas da área. Isso não implica dizer que o público realmente atingido pela Revista tenha sido os professores, mas apenas que os organizadores do periódico projetam esse público e dele compõem uma certa representação: trata-se do professor consciente, mobilizado, interessado na mudança.

Essa proposta pedagógica mantém, em alguma medida, o esquema interpretativo dominante, calcado na oposição entre novo e tradicional na educação. No entanto, afirma-se a inauguração, mediante a formulação de uma pedagogia alternativa, de um *outro novo*, que pretende superar ambas as tendências que até então, supostamente, se enfrentavam. Como o alvo principal desses educadores é o escolanovismo, percebido como "ideário pedagógico oficial", a pedagogia histórico-crítica ou dos conteúdos muitas vezes aparece como defesa de alguns aspectos do ensino dito tradicional. As fontes desse pensamento pedagógico não são suficientemente explicitadas na Revista, permitindo que ele possa aparecer como criação original.

A *Revista da ANDE* abre espaço, pelo menos uma vez, para a expressão de uma corrente de pensamento pedagógico proveniente dos quadros de outra instituição. Trata-se do artigo de Ana Maria Poppovic, publicado no nº 2 da Revista, em que a autora critica as principais teorias então vigentes para explicar o fracasso escolar, tais como as teorias do déficit, das desigualdades sociais ou da educação compensatória (p.17-21). Defendendo, essa autora, a união do enfoque social e do institucional, aponta as possibilidades de intervenção dos educadores na escola, para reformular normas e práticas, critérios de promoção e exigências de avaliação, programas, currículos, guias e orientações, preparação dos professores, medidas administrativas etc. Tais reformulações deveriam garantir o alcance das metas escolares por todas as crianças e atender à necessidade de conferir competência técnica à escola (p.20). Essa posição era assumida, de acordo com Poppovic, por um grupo de pesquisadores da Fundação Carlos Chagas, que vinha desenvolvendo um conjunto de pesquisas que resultava na elaboração de um programa de desenvolvimento de materiais curriculares (Programa Alfa) e dos correspondentes materiais de treinamento para os professores (ibidem).

Embora abrindo espaço para a divulgação das idéias e propostas desse grupo da Fundação Carlos Chagas – cujos trabalhos eram publicados nos *Cadernos de Pesquisa* –, os organizadores da *Revista da ANDE*, na verdade, não oferecem, dessa maneira, espaço para divergência, já que, em alguma medida, as propostas de intervenção na organização escolar sugeridas por Poppovic não se afastavam muito daquelas defendidas costumeiramente na Revista.

Educação & Sociedade

Ciclo de vida

A publicação de *Educação & Sociedade – revista quadrimestral de ciências da educação* começou três anos antes da *Revista da ANDE*, em 1978. O período aqui examinado cobre desde o número inicial até o nº 43, editado em 1992. A Revista conseguiu manter uma regularidade pouco comum nas publicações do gênero no Brasil: propondo periodicidade quadrimestral, publicou os três números anuais ao longo de todo esse tempo, com exceção do ano de 1978, quando só houve o número inicial.[9]

No nº 1 a Revista se apresenta como "órgão da Faculdade de Educação da Unicamp" e é publicada sob o seu patrocínio, e, a partir do nº 3, com a criação do Centro de Estudos Educação e Sociedade (CEDES), essa entidade passa a se ocupar da publicação.[10] Somente a partir do nº 31 é que a Revista irá contar com recursos provenientes de agências financiadoras: de início, do Inep; depois, do Programa de Apoio a Publicações Científicas (SCT/PR, CNPq, Finep) e, mais tarde, apenas do CNPq. Tal financiamento se interrompe momentaneamente no nº 35, o que, junto com outros problemas, parece contribuir para desencadear uma crise na Revista, que passa a atrasar a publicação de vários números.

Quanto aos aspectos formais, *Educação & Sociedade* apresenta-se com um formato mais "clássico" que o da *Revista da ANDE*, encadernada com aparência de livro (vertical, 14 cm × 21 cm), com cerca de 150 a 200 páginas em cada número. Sem ilustrações internas, a não ser excepcionalmente, a Revista tem todo o aspecto

---

9 Embora se deva observar que durante os anos de 1990 e 1991 houve atrasos na publicação.
10 A criação do CEDES já vinha anunciada no editorial do nº 2. Cf. *Ed.Soc.*, n.2, p.3.

característico de uma publicação acadêmica. Ao contrário do que é expresso na *Revista da ANDE*, em *Educação & Sociedade* não há comentários sobre os cuidados e os dispositivos editoriais para facilitar ou dirigir a leitura dos textos. As capas, no início do período, eram realizadas por ilustradores ou fotógrafos e, mais recentemente, são compostas por grafismos abstratos.

Ainda quanto às questões de edição, a Revista mudou de editora algumas vezes, o que deve ser levado em conta, na medida em que os animadores do periódico têm a pretensão de que a Revista tenha alcance nacional, o que só pode se efetivar com a existência de um forte esquema de distribuição. A primeira mudança de editora, no nº 35, passando da Cortez, importante casa publicadora no campo educacional, para a Editora Revista dos Tribunais, é registrada como um problema para a publicação da Revista. Nova mudança ocorre no nº 38, quando a Editora Papirus, da própria cidade de Campinas (onde é editada a Revista) passa a assumir a publicação.

A Revista alcança circulação expressiva em termos de uma publicação da área educacional. No nº 5, quando se anuncia o início da publicação pela Editora Cortez, afirma-se que desde o número anterior a tiragem inicial passara a ser de dez mil exemplares. Deve-se observar, também, que alguns números chegam a ter 4 ou 5 reimpressões, o que faz supor um público consumidor e leitor relativamente grande, mais amplo do que o público universitário da área, levando-se em conta que as tiragens de livros especializados em ciências humanas dificilmente alcançam mais do que 3 mil exemplares, ainda nos dias de hoje.[11]

Até o nº 12, a equipe responsável pela publicação da Revista se organiza com base num Comitê de Redação, com um coordenador, e num Conselho Editorial. O expediente da Revista publica,

---

11 Pouco depois do começo da publicação de *Educação & Sociedade*, teria início um movimento de renovação e expansão editorial na área de ciências humanas no Estado de São Paulo, com o advento de coleções de obras de divulgação, produzidas em parte por professores das principais universidades, como as coleções *Primeiros Passos* e *Tudo é História*, da Editora Brasiliense (lançadas respectivamente em 1980 e 1981) e a coleção *Polêmicas do Nosso Tempo*, da Cortez (lançada em 1984), entre várias outras.

também, uma extensa relação de componentes de um Conselho de Colaboradores. A partir do nº 13, no entanto, deixam de existir o Comitê de Redação e o Conselho de Colaboradores. Desde o nº 21, o Conselho Editorial é ampliado para 15 membros, pela agregação de mais 7 componentes aos 8 anteriores, que permanecem no Conselho. No nº 36, volta a existir o Comitê de Redação; o Conselho Editorial é dividido em dois: um nacional e um internacional. Nesse mesmo nº 36 passa também a ser publicada, no expediente da Revista, a composição do órgão diretor do Centro de Estudos Educação e Sociedade, o Colegiado do CEDES. A equipe editorial chegou a contar em alguns números com um secretário de redação. O expediente publica, também, os nomes dos componentes da equipe técnica encarregada da produção editorial.

Essas modificações na equipe editorial da Revista e na direção do CEDES não são comentadas, a não ser uma vez, no nº 33, quando se anuncia no editorial a eleição de novo Colegiado, o que permite saber que esse órgão tem mandato bienal e, portanto, deve ter-se renovado várias vezes, desde o início da publicação da Revista, sem que tivesse havido preocupação em registrar as mudanças (editorial, *Ed.Soc.*, n.33, p.3). Não se esclarece, também, a questão da condução prática da Revista, já que, desde o nº 13 até o nº 35 não existe mais o Comitê de Redação e apenas durante alguns números passa a haver um secretário de redação; quem assume a organização do periódico nesse intervalo não é explicitado. As mudanças posteriores, como a volta da existência do Comitê de Redação e a subdivisão do Conselho Editorial em dois grupos, um nacional e outro, internacional, também não têm suas razões explicadas.

No editorial do número de estréia, intitulado "Apresentando nosso compromisso", assim se expressam os seus organizadores:

> EDUCAÇÃO & SOCIEDADE pretende ser uma revista preocupada com a análise da realidade educacional brasileira, abrindo o seu espaço para propostas intelectuais, tanto no que se refere a técnicas, doutrinas e práticas educacionais, como no que se refere à reflexão sobre o seu impacto na sociedade como um todo: uma revista que tenha como foco a perspectiva da teoria e da prática no âmbito do conhecimento sócio-educativo, procurando recuperar certa in-

formação histórica dessa prática e teoria, sem deixar de responder aos problemas colocados pela educação brasileira contemporânea. Neste nível, aceita colaboração sob forma de artigos, comunicações originais, resenhas e comentários de obras atuais, de preferência editadas no Brasil. (*Ed.Soc.*, n.1, p.3)

A criação do Centro de Estudos Educação e Sociedade, projetada e anunciada no nº 2 da Revista, vem justificada no nº 3, tanto no editorial (intitulado "O CEDES: uma idéia que está caminhando") quanto no final desse mesmo número, em que se publica uma notícia explicando a sua criação, seus objetivos e atividades e as maneiras de associação.

No editorial, a criação da entidade é justificada como a maneira mais eficiente de pôr em prática os objetivos do grupo de educadores que criara a Revista:

> nossos esforços de reunir educadores, cientistas da educação e estudantes, acaba [sic] de ser concretizado na criação, em março último, do *Centro de Estudos Educação e Sociedade* (*Cedes*). Desta forma, os entraves, as limitações e as dificuldades da primeira hora foram superados pela criação de um órgão que abrirá caminho, lutando contra a resistência oferecida pela inércia e garantindo a continuidade do nosso trabalho. (Editorial, *Ed.Soc.*, n.3, p.3)

Mais adiante, no mesmo nº 3, a origem do Centro é mais bem definida:

> O Centro de Estudos Educação e Sociedade (CEDES) surgiu como resultado da atuação de alguns educadores preocupados com a reflexão e a ação ligadas às relações da educação com a sociedade. Nasceu daí a idéia de criação de uma Revista e a organização anual de um Seminário de Educação Brasileira. Tendo aumentado rapidamente o número de pessoas e instituições que aderiram ao compromisso desse grupo de educadores de reanimar a audiência, o debate e a crítica em torno dos problemas educacionais brasileiros, tornou-se necessária a criação de um órgão que levasse à frente esse compromisso através de estudos, pesquisas, seminários e outras atividades relacionadas com essa finalidade. (Centro de Estudos Educação e Sociedade (CEDES), *Ed.Soc.*, n.3, p.169)

Justificada a origem, são definidos os objetivos (realização de estudos e pesquisas e organização de debates acadêmicos sobre os problemas da educação brasileira, manutenção de contatos com instituições similares no campo das ciências da educação e incremento da difusão da produção intelectual dos seus associados) e as atividades a serem desenvolvidas pela entidade (edição da Revista e realização anual do Seminário de Educação Brasileira para debater os problemas educacionais do país) (Centro de Estudos Educação e Sociedade (CEDES), *Ed.Soc.*, n.3, p.170).

Quanto aos potenciais associados do CEDES, afirma-se que a instituição "congrega educadores e não educadores, desde que interessados na finalidade para a qual foi criado e adiram ao compromisso de fazer avançar o conhecimento e a prática da educação no Brasil" (ibidem).

A atuação e a importância do CEDES no debate das questões educacionais brasileiras vão ser freqüentemente destacadas na Revista, principalmente nos seus editoriais. A ação do Centro é caracterizada como voltada para o desenvolvimento da organização dos educadores e da sua função crítica (Editorial, *Ed.Soc.*, n.13, p.6). Noutro momento, o CEDES e a sua Revista são definidos como portadores de "um critério político mais abrangente, mais real, desencadeador de uma ação transformadora efetiva" (Editorial, *Ed.Soc.*, n.15, p.3). Percebe-se, assim, a nítida intenção do grupo organizador da Revista de marcar sua posição no campo educacional, orientada por uma ação de organizar e mobilizar os educadores, vinculando as lutas do campo educacional às do campo político mais amplo.

Durante o período de realização do processo constituinte que resultaria na promulgação da Constituição de 5 de outubro de 1988, seguidas vezes os editoriais definem o papel da Revista e do próprio CEDES como forças atuantes e vigilantes, para garantir as conquistas reivindicadas por esse grupo de educadores, que, às vezes, procuram aparecer como defensores dos interesses coletivos de todos os cidadãos brasileiros (Editorial, *Ed.Soc.*, n.28, p.3).

Dessa posição, a de defensores ou representantes de interesses coletivos, a entidade assume, inclusive, o papel de incitar e conclamar todos os educadores na defesa de alguns princípios:

A importância do período que agora se inicia leva o CEDES, ao lado das outras entidades promotoras da V CBE, a conclamar os educadores a elaborarem diretrizes que imprimam na Lei Máxima da Educação a marca que reflita o seu compromisso com a educação. (Editorial, *Ed.Soc.*, n.30, p.3)

Caracterizando os objetivos da entidade numa dupla dimensão, uma mais política, voltada para a participação nos movimentos sociais e políticos no campo educacional, e outra, mais acadêmica, destinada à socialização e difusão de saberes a respeito das relações entre educação e sociedade, e apesar de reconhecer o privilégio dado à primeira orientação, destacam os organizadores da Revista o seu importante papel de produção e difusão daqueles saberes, colocados à disposição dos educadores brasileiros, leitores da Revista (Editorial, *Ed.Soc.*, n.32, p.3).

No entanto, como seus próprios organizadores reconhecem, é inegável o peso da dimensão política nas ações da entidade, o que acaba caracterizando a Revista como fórum de debates sobre os temas mais candentes da política educacional brasileira – o que se deve, em grande medida, às circunstâncias do momento histórico de importantes modificações institucionais ligadas às discussões da nova Constituição e da nova LDB, que marcam grande parte do período estudado.

Em alguns momentos, ao longo da publicação, reitera-se o desejo dos seus promotores de transformar o CEDES num centro de pesquisa. Assim, no nº 32, de 1989, esse assunto é comentado:

> Muito embora o Centro de Estudos Educação e Sociedade tenha surgido no bojo de uma pesquisa de âmbito nacional – realizada no Departamento de Sociologia da Educação, hoje Ciências Sociais Aplicadas à Educação, da Faculdade de Educação da UNICAMP, financiado pelo INEP – sobre a "Redefinição dos Cursos de Pedagogia e Licenciatura", ele não conseguiu afirmar-se ainda na produção do conhecimento, isto, apesar de distinguir-se como ponto estratégico de difusão de saberes. (Pino, *Ed.Soc.*, n.32, p.155)

Esse mesmo texto prossegue sua análise das frustradas tentativas de criação do centro de pesquisa, citando dois momentos em que isso foi buscado com mais empenho pelos membros do CEDES.

O primeiro, em 1980, quando foram elaborados três amplos projetos de investigação, mas que, apresentados a diversas agências financiadoras, não obtiveram recursos e não puderam ser desenvolvidos. O segundo momento vivia-se então, em 1989, quando o Centro se reorganizava em nível nacional, com a estruturação de núcleos regionais em 12 Estados da Federação. Durante esse processo, um dos objetivos propostos foi a estruturação do CEDES como instituição de pesquisa, para o que se providenciavam contatos com organizações similares e amplas discussões internas a respeito dos tipos de pesquisas a serem empreendidas e das questões de infra-estrutura que pudessem viabilizar aquelas intenções (Pino, *Ed.Soc.*, n.32, p.157-8).

O mesmo tema voltaria a ser objeto de atenção no nº 49 da Revista (1994) que, apesar de estar já fora do período pesquisado, foi consultado para esclarecer esse ponto. No editorial desse número, é anunciada uma "nova etapa na história do Cedes", tanto pela recuperação da periodicidade da circulação da Revista, prejudicada desde 1990, quanto pela concretização do projeto de transformar a entidade num centro de pesquisa na área educacional (Editorial, *Ed.Soc.*, n.49, p.361). Embora reconhecendo a importância das tarefas até então empreendidas quanto à intervenção no campo educacional e à difusão de conhecimentos mediante as publicações do CEDES, o editorial ressaltava a prioridade sempre desejada para a pesquisa, "uma dimensão perseguida e considerada prioritária para o desenvolvimento da entidade" (ibidem). O editorial conclui enfatizando as vantagens que a institucionalização da pesquisa no Centro poderia trazer para a própria Revista:

> Estamos certos de que a nossa revista também terá muito a ganhar com esse passo. E assim cumprimos mais uma parte significativa do programa que nos fez nascer, um certo dia, há 16 anos. (Editorial, *Ed.Soc.*, n.49, p.361)

É evidente o esforço de reconstrução da memória operado pelos organizadores da Revista ao longo do período da sua publicação. Dizer que a pesquisa sempre fora prioritária é afirmação que não se sustenta, pelo menos no material que se veicula na Revista durante esse tempo. Parece tratar-se, mais diretamente, de uma releitura do passado a partir do presente: se em 1994 a pesquisa acadêmica constituía o lugar privilegiado no espaço das relações empreendidas no campo universitário em geral e no campo da educação, especificamente, o mesmo não se poderia afirmar em relação a 1978, quando da fundação do CEDES e do início da publicação da Revista. Com a irrupção de inúmeros movimentos grevistas e, conseqüentemente, com as novas dimensões da organização dos trabalhadores, dos movimentos sociais populares e das forças políticas de oposição ao regime militar, as questões mais evidentes e prestigiadas no campo educacional se davam no âmbito da organização dos movimentos de professores e na discussão de alternativas às políticas educacionais implementadas desde 1964 no país.[12]

Nessa medida, não é de se estranhar que uma entidade como o CEDES, assim como, um pouco depois, a ANDE, se organizasse em razão, principalmente, de propostas de intervenção concreta quanto à discussão das políticas educacionais e à formulação de alternativas a serem implementadas num processo então percebido como de redemocratização da sociedade brasileira. É claro que, em 1994, com a democracia formal instituída e depois de várias mudanças político-institucionais, antes preconizadas, já terem sido efetivadas, as questões mais diretamente políticas ou de organização sindical já não eram aglutinadoras, nem portadoras de *status* tão pronunciado, no campo educacional, quanto a produção da pesquisa.

O exame da publicação revela que desde os primeiros números vão começar a se fixar algumas seções. As mais freqüentes são: *Editorial*, *Artigos*, *Debate*, *Resenha*, *Análise da Prática Pedagógica* e *Jornal da Educação*, além de outras, não publicadas regularmente. A existência de algumas dessas seções merece comentários nos editoriais da Revista, que procuram determinar as suas funções e, dessa forma, em certo sentido, orientar os leitores na apreensão "correta" dos textos. Assim, as seções *Resenhas* e *Jornal da Educação* são

---

12 Em relação a esse tema, muito já foi escrito, desde textos produzidos no calor da hora (cf. Munakata, 1980) até análises mais sociológicas dos movimentos sociais em geral (cf. Sader, 1988). Para uma aproximação do tema em relação à educação, cf. Cunha, 1995; Sposito, 1993; Peralva, 1992.

entendidas como forma de atualização do leitor e de "veicular um pouco do que acontece e do que se produz na área educacional" (Editorial, *Ed.Soc.*, n.26, p.4).

Já a seção *Debates* é a que merece maior destaque dos organizadores da Revista, sendo caracterizada como responsável pela criação de um espaço de circulação e discussão de importantes idéias educacionais: "'Debates' [é] a seção da Revista *Educação & Sociedade* onde se evidencia o maior movimento de construção para fortalecer (ou criar?) a 'sociedade do discurso' no campo da educação" (Editorial, *Ed.Soc.*, n.28, p.4). Dessa maneira, por meio da seção *Debates*, a Revista se afirma como espaço aberto à discussão de posições distintas a respeito das questões educacionais, como lugar de expressão de controvérsias. Tratar-se-ia, nessa seção, de apresentar "temas polêmicos que *Educação & Sociedade* propõe como provocativos na seção Debates, sempre no interesse de fortalecimento da crítica no campo educacional" (Editorial, *Ed.Soc.*, n.33, p.4).

No nº 5, de janeiro de 1980, a criação da seção *Movimento dos Trabalhadores em Educação*, aberta à publicação de textos de interesse das diversas associações de professores que então se multiplicavam, desde os movimentos grevistas de 1978-1979, era assim justificada:

> A partir das colocações acima, que estão a exigir de nós um aprofundamento, ao repensarmos a proposta da *Revista "Educação e Sociedade"* e o momento histórico da educação, resolvemos propor a abertura de uma seção às associações de professores dos diferentes níveis de ensino, desde que sejam representativas de suas bases. Este espaço se propõe a ser mais uma tribuna para a defesa das lutas dos professores, com o objetivo de ampliar os debates, informar sobre os movimentos das Associações dos trabalhadores em educação das diferentes regiões do país, servindo, mesmo, como mais um veículo de divulgação das posições que têm sido assumidas sobre problemas significativos da educação brasileira contemporânea. (Movimento dos trabalhadores em educação, *Ed.Soc.*, n.5, p.133)

Como exemplo de textos publicados nessa seção podem-se citar a "Carta de Princípios da ANDE", manifesto de lançamento daquela entidade, em 1979, e "O papel social da ANPEd", documento aprovado na 3ª Reunião dessa associação em novembro de 1979, entre outros. Desse modo, ao destacar a importância dessa multiplicação de associações de educadores e dar a elas espaço para divulgação de suas idéias, a Revista assume uma posição pluralista em relação a um dos seus temas mais caros, o da organização dos professores, a fim de promover a redefinição da categoria profissional e atuar no processo de redemocratização da sociedade brasileira. Tendo sido dedicadas 50 páginas a essa seção no nº 5 (um quarto do total de páginas da Revista), ela não voltaria, no entanto, a ser publicada nos números subseqüentes, embora o tipo de noticiário por ela pretendido tenha vindo a se incorporar, mais tarde, em parte, à seção *Jornal da Educação*.

A seção *Análise da Prática Pedagógica* surgida no nº 10 era saudada como possibilidade de a publicação se aproximar mais diretamente das questões da prática escolar e de oferecer subsídios para a superação da educação tecnicista, afirmada como dominante naquele momento. Assim era ela apresentada:

> A Revista *Educação & Sociedade* comprometeu-se, desde o seu aparecimento, com "a análise da realidade educacional brasileira". Nesse percurso, um grande espaço foi aberto para "propostas intelectuais", mas tem recebido pouca colaboração no que toca à análise da prática pedagógica. Assim, foi com muita satisfação que recebeu o texto "A paixão de conhecer o mundo" da professora Madalena Freire Weffort, da Pré-Escola e Centro de Estudos *Escola da Vila de São Paulo*. Por isso, resolveu abrir com esse "relatório de atividades" uma nova Seção *Análises da Prática Pedagógica*.
>
> Oxalá outros relatos possam nos chegar às mãos para que possam ser divulgados nesta Revista e, a partir desses testemunhos vividos, possamos fazer frente à educação tecnoburocrática que reduz o professor a um mero transmissor de conhecimentos acabados. COMITÊ DE REDAÇÃO. (*Ed.Soc.*, n.10, p.133)

Ao inaugurar essa seção, a Revista parece reconhecer, implicitamente, ter até então incidido mais sobre as questões teóricas e de política educacional do que sobre as questões pedagógicas mais concretas. Parece, também, apontar no sentido de cumprir as expectativas de um certo público imaginado ou projetado pelos organizadores do periódico, os professores de 1º e 2º graus.

Já no nº 38 inaugurava-se nova seção, *Crônica do Cotidiano Escolar*, também voltada para a análise das questões concretas da prática pedagógica, sem que houvesse menção à existência anterior da *Análise da Prática Pedagógica*. É como se, a cada seção inaugurada, se instaurasse uma novidade radical (Editorial, *Ed.Soc.*, n.38, p.8). É importante observar, também, que a seção *Crônica do Cotidiano Escolar* não voltaria a ser publicada nos números seguintes da Revista, sem que isso fosse objeto de comentários da equipe editorial.

Esse destaque dado nos editoriais às diversas seções da Revista pode corresponder a um desejo de diversificação dos papéis e do público destinatário da publicação, no sentido de que o que parece *principal* ou mais *importante*, ou, pelo menos, mais interessante ao público acadêmico da Revista é o que sai publicado na seção *Artigos*. O público a que se destina a publicação, aliás, nunca é explicitado com muita clareza. Apresentando-se de maneira muito genérica, *Educação & Sociedade*, ao contrário da *Revista da ANDE*, não se dirige explicitamente ao professorado, embora aponte seu interesse em contribuir para alterações concretas na prática pedagógica. No entanto, a contribuição projetada não aparentava ater-se a sugestões e orientações pragmáticas sobre o ensino das diversas disciplinas, mas operar muito mais no plano da reflexão e da crítica:

> EDUCAÇÃO & SOCIEDADE tem, antes de mais nada, um interesse: ajudar a prática da educação não importando o nível em que ela possa situar-se. Ela exige constante renovação dos conhecimentos e técnicas adquiridas. Para isso E&S pretende não só levar aos leitores reflexões e críticas sobre os temas que mais preocupam a todos, mas também oferecer documentação técnica e científica atualizada, sobre o desenvolvimento das ciências que, trabalhando em estreita colaboração interdisciplinar, fazem avançar o conhecimento e a prática da educação. (Editorial, *Ed.Soc.*, n.1, p.3)

Concretamente, a Revista parece dirigir-se preferencialmente aos meios acadêmicos, professores e estudantes universitários vinculados à educação, inserindo-se num campo ocupado, até aquele momento, por publicações como a *Revista Brasileira de Estudos Pedagógicos*, a *Revista da Faculdade de Educação* e os *Cadernos de*

Pesquisa da Fundação Carlos Chagas, embora, por vezes, mediante a apresentação de seções mais voltadas às questões concretas da prática pedagógica, pareça ter em vista atingir também o professorado do ensino de 1º e 2º graus.

Tendo solicitado, desde o número inicial, o envio de colaborações, diziam os animadores da Revista terem recebido tantas contribuições que isso acabava ensejando o lançamento de uma nova publicação, os *Cadernos do CEDES*, que continuam sendo editados até hoje. No anverso da capa do nº 7, de 1980, é anunciado o novo lançamento:

> Para atender o grande número de colaborações recebidas para publicação na Revista Educação & Sociedade, o CEDES lançou os CADERNOS, dentro do mesmo compromisso da Revista, o de "reanimar o debate e a crítica" da educação brasileira contemporânea. Cada CADERNO apresenta um tema único, resumindo, sempre que possível, diversas perspectivas. Como a Revista, os CADERNOS DO CEDES estão abertos à colaboração de sócios e não-sócios, destinam-se a educadores e não-educadores, para quem a educação é tema relevante na sua prática profissional e para quem está preocupado com o que acontece consigo próprio e com o que está reservado e/ou sendo feito para e pelos seus. (*Ed.Soc.*, n.7)

No final desse número há um cupom de solicitação de assinatura para *Educação & Sociedade*, quadrimestral, *Jornal da Educação*, trimestral e *Cadernos do CEDES*, quadrimestral. A própria seção *Jornal da Educação*, como se percebe, já havia passado, no mesmo ano de 1980, a ser editada separadamente, com preocupações mais voltadas para o noticiário dos eventos e movimentos ligados à área educacional. Essa publicação, no entanto, não prosperaria, tendo sido interrompida pouco depois.

Uma leitura atenta dos editoriais de *Educação & Sociedade* permite notar que os organizadores da Revista se ocupam, com insistência, em afirmar a importância, seja da publicação, seja da entidade que a preside (o CEDES), como organismos capazes de empreender as melhores análises e sugerir as ações corretas diante do quadro das questões educacionais que se iam propondo ao longo do tempo. Dessa maneira, empreendem um contínuo refazer da memória e uma constante reorientação do leitor diante do presente imediato de problemas e dificuldades inerentes à política e aos temas educacionais.

Num período marcado por intensas lutas sociais e grandes mudanças institucionais no campo mais amplo da política, conseguir impor uma visão orientada das questões educacionais pode conceder, ao grupo que conseguir fazê-lo, vantagens importantes nas disputas em torno das orientações da política educacional no período. Nesse sentido, o editorial do nº 1, de setembro de 1978, intitulado "Apresentando nosso compromisso", ao anunciar o lançamento da Revista, demarca a "dupla dimensão" que a deveria orientar. De um lado, o "compromisso de reanimar a audiência, o debate e a crítica em torno dos problemas educacionais brasileiros a fim de repensar a educação passo a passo com a reconstrução da sociedade, reconhecendo que é esta a grande tarefa atual das ciências da educação" (*Ed.Soc.*, n.1, p.3). De outro, uma preocupação com a prática: "E&S tem, antes de mais nada um interesse: ajudar a prática da educação não importando o nível em que ela possa situar-se. Ela exige constante renovação dos conhecimentos e técnicas adquiridas" (ibidem).

O nº 2, de janeiro de 1979, é marcado pelo esforço de ampliar o âmbito da Revista além das dimensões da Unicamp. Comentando a repercussão do lançamento da publicação entre os educadores e as instituições do campo, destaca-se a necessidade de aumentar o quadro de colaboradores, mediante a criação de uma entidade que congregasse os educadores interessados nas questões e linhas propostas no nº 1 da Revista (essa entidade viria a ser o CEDES). Formulando um apelo de adesão, aponta-se a necessidade de "consolidação de uma revista em nível nacional, portadora da produção e da reflexão-ação de um numeroso grupo de educadores [que] deverá prestar um serviço ainda maior para a educação brasileira" (Aos leitores, *Ed.Soc.*, n.2, p.3). Ainda no mesmo número, a Revista passa a defender uma estreita associação à organização sindical de educadores e professores, num contexto marcado pelo revigoramento das lutas trabalhistas, atingindo inclusive os professores dos vários níveis. Ressalta-se a disposição de organizar uma associação dos educadores que aderirem às propostas da Revista.

No nº 3, de maio de 1979, anuncia-se a criação do CEDES como forma de superar as dificuldades de prosseguimento das atividades do grupo animador da Revista, além de, a exemplo do que se mencionava nos dois editoriais anteriores, ressaltar a importância da realização do Seminário de Educação Brasileira, tanto o primeiro, já efetivado, quanto o segundo, já projetado (O CEDES: uma idéia que está caminhando, *Ed.Soc.*, n.3, p.3).

O editorial do nº 4, de setembro de 1979, intitulado "Ilusão política, desilusão pedagógica", aproveita a ocasião do retorno de Paulo Freire ao Brasil, após 15 anos de exílio, para comentar os problemas postos aos educadores naquele momento histórico. Insistindo na necessidade de encontrar soluções viáveis para esses problemas, aponta o editorial o risco de se considerar como separadas as esferas política e pedagógica, o que poderia inviabilizar tanto as mudanças políticas reivindicadas quanto as alterações pedagógicas possíveis (*Ed.Soc.*, n.4, p.4).

Tendo anunciado, no número anterior, a realização, em fevereiro de 1980, do II Seminário de Educação Brasileira, vem a Revista corrigir essa informação no editorial do nº 5, de janeiro de 1980. Destacando o crescimento do número de entidades de classe ou centros de estudos educacionais que se formaram desde 1978, os editorialistas afirmam a necessidade de conjugar esforços, o que deveria resultar na realização de uma grande Conferência Brasileira de Educação (editorial: A I Conferência Brasileira de Educação, *Ed.Soc.*, n.5, p.3). Para emprestar maior legitimidade à proposta, vai-se procurar associar a pretendida Conferência a um circuito de continuidade histórica, em relação a eventos similares do passado: "A I *Conferência Brasileira de Educação* pretende retomar, em novas bases, as Conferências Nacionais de Educação organizadas no passado pela Associação Brasileira de Educação em diversas cidades do país" (ibidem).

A realização tanto da I CBE quanto das outras voltaria a ser tema de vários outros editoriais da Revista – nº 6, nº 9 (II CBE),[13]

---

13 Nesse número publica-se um texto de Luiz Antonio Cunha (*Ed.Soc.*, n.9, p.5-48) que analisa historicamente as várias conferências de educação realizadas

n° 11, n° 17 (III CBE), n° 19 (III CBE), n° 25 (IV CBE), n° 28 (V CBE), n° 31, n° 36 (VI CBE), n° 38 (VI CBE), n° 39 (VI CBE) – tanto para divulgar a realização e conclamar a participação dos educadores quanto para emitir apreciações críticas e balanços dos resultados. De qualquer maneira, as Conferências sempre são entendidas como importantes realizações e como efetiva concretização dos ideais primeiros dos criadores da Revista.

Além do envolvimento da Revista e da sua entidade publicadora na organização, promoção e divulgação das Conferências Brasileiras de Educação, sempre destacadas como sua principal realização, os temas político-institucionais ligados à área da educação vão merecer bastante destaque nos editoriais de *Educação & Sociedade*. No primeiro momento, a atenção se concentra nos resultados eleitorais de 1982, que propiciaram a vitória de governadores de oposição ao regime militar em vários Estados. São esses resultados percebidos como oportunidade para a implementação de várias das propostas que vinham sendo formuladas pelos movimentos de educadores nos últimos anos (Editorial: Após as eleições, o debate continua, *Ed.Soc.*, n.13, p.3-6).

Pode-se perceber, nesse momento, no discurso da Revista, a constatação do aparecimento dos primeiros sinais de divisão do campo educacional. De um lado, no reconhecimento de legitimidade para participar do processo de mudanças apenas às "associações de professores com caráter mais sindical e às organizações populares representativas" (ibidem, p.4), implicando a reformulação daquela visão anterior que, embora não visse harmonia, reconhecia na multiplicidade de organizações sinal da vitalidade do movimento. De outro, uma tentativa de interferir, ainda que sutilmente, na escolha dos futuros ocupantes de cargos nas Secretarias Estaduais de Educação:

> Nessa conjuntura, quando começam a ser definidos os nomes dos Secretários da Educação nos estados, e quando se vive a corrida na luta pelos cargos, que haja clareza na escolha das pessoas que julgamos devam ser representativas e que acreditamos comprometidas com a

---

no país e interpreta a então recente I CBE como continuidade daquele movimento de organização do campo educacional.

luta democrática, não apenas pelo seu discurso, mas pela sua prática. (Editorial: Após as eleições, o debate continua, *Ed.Soc.*, n.13, p.5)

Mais tarde, a campanha pela reinstituição das eleições diretas para a Presidência da República viria a ser analisada e percebida como equivocada, já que não punha como tema a democratização da sociedade entendida em termos amplos, limitando-se a propor mera mudança institucional. Não se pondo contra as eleições diretas, afirma a Revista a importância de mudanças profundas na economia e, também, na educação, para concretizar a democracia no Brasil (Editorial, *Ed.Soc.*, n.16, p.3-4).

Outro tema político-institucional a merecer bastante destaque na Revista é a realização da Assembléia Nacional Constituinte, que será tema de vários dos editoriais (nº 26, nº 28, nº 30). Logo em seguida, inicia-se o debate de propostas para a elaboração da futura Lei de Diretrizes e Bases da Educação Nacional, cuja longa tramitação acabará ocupando boa parte das atenções da Revista, tanto nos editoriais quanto nas suas diversas seções, com a publicação de artigos, notícias e informações até o final do período pesquisado.[14]

Dividir os 43 números pesquisados da Revista em subperíodos que permitam melhor compreensão da trajetória de publicação do periódico é tarefa delicada, já que os marcos divisores não são muito explícitos. Com base, de um lado, na leitura dos editoriais e dos textos que comentam a atuação do CEDES, de outro, na periodização autotraçada pelos redatores da Revista e, por fim, mediante o cruzamento dessas informações com aquelas obtidas a respeito das mudanças nos organismos que administram e organizam a publicação, é possível propor o estabelecimento de 4 fases mais ou menos demarcadas:

- *1978-1981 (nºs 1 a 10): fase de organização e afirmação da Revista.* Período em que Moacir Gadotti exerce a coordenação do

---

[14] Em relação à LDB, cf. os seguintes artigos publicados em *Educação & Sociedade*: Abreu, n.42; Fórum Nacional em Defesa da Escola Pública na LDB, n.38; Cunha, n.31; Cury, n.41, p.186-201; Fernandes, n.36 e 43; Hage, n.36, 37 e 39; Haguetit, n.38; Picanço, n.32; Pino, n.35, 36, 37, 41 e 43; Velloso, n.42.

Comitê de Redação. Nessa fase, as marcas principais são: a afirmação da escola como lugar de lutas, o incentivo à organização dos professores e a organização e o balanço da I CBE;
- *1982 (n°s 11 e 12): fase de indefinição e reajustes.* Mais do que fase, pode-se dizer um intervalo em que não há coordenação editorial;
- *1982-1989 (n°s 13 a 34): fase de consolidação da Revista.* Extinguem-se o Conselho de Redação e o Conselho de Colaboradores. Amplia-se o Conselho Editorial no n° 21, mas não há mudanças significativas, já que os 8 membros anteriores permanecem. Momento de intensos debates sobre as CBEs, a Constituinte e a participação do CEDES nesse processo e no Fórum Nacional em Defesa da Escola Pública na LDB. Desde o n° 31, como sinal da consolidação da Revista no campo educacional, ela passa a receber financiamento das agências federais de fomento à pesquisa e às publicações científicas;
- *1989-1992 (n°s 35 a 43): fase de crise financeira e editorial.* A publicação passa a sofrer atrasos, o financiamento oficial é suspenso temporariamente no n° 35, a Revista muda de editora duas vezes. A ênfase dos editoriais passa a incidir sobre as críticas ao neoliberalismo e ao governo Collor. A Revista busca institucionalização mais concreta, com a criação do Conselho Editorial internacional e passa a ser indexada, obtendo maior reconhecimento do seu *status* de publicação científica. (Res)surge a preocupação com a instituição da pesquisa no interior do CEDES, indicando mudança do caráter da entidade e da sua Revista.

Quanto ao corpo de colaboradores, ele é muito extenso e composto, na sua maioria, por docentes das universidades brasileiras. Ao longo dos 43 números pesquisados, puderam ser identificados 450 autores diferentes, alguns dos quais publicando mais de uma vez na Revista. Apesar de existir um círculo de colaboradores mais constantes, *Educação & Sociedade* se abre para um grupo bastante extenso, permitindo a publicação de textos produzidos por autores de origens institucionais diversas. Ao contrário da *Revista da ANDE*, não parece haver um fechamento sistemático em torno de um conjunto mais ou menos delimitado de idéias e propostas, percebendo-se em *Educação & Sociedade* maior ênfase e maior espaço para polêmicas em torno de diversas questões educacionais, embora a Revista se alinhe, genericamente, com as propostas de associação entre escola, educação e democratização da sociedade.

No entanto, é possível apontar alguns autores que acabaram tendo mais textos publicados durante o período estudado.[15] Podem ser destacados: Luiz Antonio Cunha, Maurício Tragtenberg e Vanilda Paiva, com 10 artigos cada; Ivany Rodrigues Pino e Raquel P. C. Gandini, com 6; Dermeval Saviani, Evaldo Amaro Vieira, Fernando Prestes Motta e Luiz Carlos de Freitas, com 5. A maior parte desses autores mais publicados esteve constantemente presente na organização da Revista, seja no Comitê de Redação, seja no Conselho Editorial, seja ainda na diretoria do CEDES.

Pôde-se notar, também, mediante o cruzamento das informações obtidas a partir do exame das duas publicações, que apenas dois autores conseguem ser bem publicados tanto numa quanto na outra Revista: Dermeval Saviani, com 9 artigos na *Revista da ANDE* e 5 em *Educação & Sociedade* e Luiz Antonio Cunha, respectivamente com 4 e 10 artigos.[16] Levando-se essa observação em conta, é possível afirmar que se trata, no caso, de duas publicações, formuladas por dois grupos distintos, que dividem com outros grupos o campo educacional brasileiro e cujos periódicos acabam representando espaços alternativos, embora nem sempre opostos, de disputas e de confrontos a respeito das questões pertinentes ao campo.

O novo e o tradicional em *Educação & Sociedade*

Isso se torna mais evidente quando se examinam os textos relativos à discussão do *novo* e do *tradicional* na educação brasileira. Como já se mostrou, a produção veiculada na *Revista da ANDE* acaba inserindo essa discussão no âmbito da formulação e

---

15 Cf. anexos no final deste trabalho.
16 Trata-se de dois autores consagrados no campo e que parecem ter trânsito e prestígio entre vários grupos de educadores. Cf. anexos no final deste trabalho.

da defesa de uma proposta pedagógica específica, a chamada *pedagogia histórico-crítica* ou *crítico-social dos conteúdos*, abrindo pouco ou nenhum espaço para contestações. Já em *Educação & Sociedade*, não só não há opção declarada por uma determinada proposta pedagógica, como também se permitem espaços para a crítica daquela corrente defendida pelos principais colaboradores da *Revista da ANDE*.

Para efetivar o estudo a respeito das articulações do discurso pedagógico veiculado em *Educação & Sociedade* a respeito da oposição entre *novo* e *tradicional*, realizou-se um levantamento que possibilitou a seleção de 35 textos em que aparecia, de maneira direta ou indireta, aquela oposição. Essa percepção do advento do *novo* se dá de maneira bastante intensa nos textos selecionados, que sempre procuram definir o momento que se vivia como tempo da mudança, marcado pelas lutas pela democracia. É dessa maneira que é ressaltada a importância da democratização da sociedade e da educação brasileiras, vinculando-as à participação popular, num texto publicado na seção *Movimento dos Trabalhadores em Educação*:

> Somente a democratização das relações sociais e educacionais poderá criar as condições para as mudanças necessárias à educação brasileira. Somente a ampla participação popular, em todos os níveis de decisão e direção da política educacional e cultural brasileira poderá produzir mudanças significativas no interesse do povo brasileiro. (Anônimo, *Ed.Soc.*, n.5, p.145)

Essa percepção do momento histórico vivido como prenúncio de mudanças é constantemente reforçada:

> No caso brasileiro, vivemos, atualmente, uma fase mais aprofundada do capitalismo e a pressão popular por escolas já denota as possibilidades de transformação.
> O momento é rico e ambíguo. Isto enseja aos protagonistas da pedagogia escolar um cenário propício para sua opção-ação. (Linhares, *Ed.Soc.*, n.26, p.34)

Nessas versões, a mudança aparece associada à participação popular, mediante as lutas democráticas, e indica a capacidade de ação política dos educadores. Já noutros textos, a mudança aparece numa versão mais radical, apontando para um conflito mais decisivo, para uma revolução:

> Estamos vivendo hoje um tempo de redefinições. A sociedade se repensa. Surgem novas alianças políticas. O Estado autoritário manca. É um tempo bonito de ser vivido. Cheio de esperança, o *tempo da promessa*. Um tempo de despertar de consciências, de enfrentamento, tempo de luta, de denúncia, de combate. Em outras palavras, o *tempo da ruptura*, do *conflito*. (Gadotti, *Ed.Soc.*, n.8, p.31)

A consideração do campo educacional apenas especifica de que conflito ou ruptura se trata:

> Os educadores estão vivendo hoje o início de um conflito entre o projeto burguês de educação (que é o projeto vigente) e um projeto popular, eminentemente político. No centro desse conflito, situa-se a educação como espaço de luta. *A educação torna-se um instrumento de luta*. Porque a derrubada do atual bloco industrial-militar-burguês não se efetivará sem a educação (= consciência de classe) para a hegemonia das classes trabalhadoras. (ibidem, p.26)

Nem sempre, é claro, a versão da mudança delineada, entrevista ou desejada é a mesma de Gadotti, dependendo do alinhamento político de cada participante do debate. No entanto, há concordância generalizada quanto à iminência da mudança, mesmo que numa versão mais amena:

> Ao educador brasileiro, hoje, não basta apenas conhecer bem as teorias de fora ou analisar, mediante modelos bem estruturados, a nossa realidade educativa. A pedagogia brasileira está a exigir novas formas de organização e de ação onde os educadores, abandonando as posturas elitistas e rançosas que, embora, às vezes, aparentemente contestatórias, ajudam em muito a manter o que aí está. (Garcia, *Ed.Soc.*, n.3, p.132)

Nessa concepção, o novo e a mudança indicam a construção de um outro arranjo do campo pedagógico, mediante a instauração de "novas formas de organização e ação" dos educadores. Remete-se, portanto, para o campo da ação política. A produção do novo na educação é vista como dependente das mudanças mais amplas na sociedade, não podendo o pensamento pedagógico isolar-se do contexto das lutas sociais (Cury, *Ed.Soc.*, n.9).

No entanto, a maioria dos autores que publicam em *Educação & Sociedade* procura resguardar uma esfera de relativa autonomia para a ação pedagógica: "Não é possível mudar o papel da escola como instituição sem mudar o sistema. Há, no entanto, um espaço a ser preenchido pelo papel do professor com sua ação" (Caniato, *Ed.Soc.*, n.21, p.91).

Parte dos artigos examinados procura descrever a prática pedagógica a ser combatida nesse momento de mudança, prática essa que corresponderia ao tempo que se queria superar, carregado de negatividade. Algumas dessas descrições apelam inclusive para a caricatura:

> O professor agitado gesticula e fala. Ele bem sabe que os alunos pouco entendem do que diz, mas além de estar preocupado apenas com as qualidades expressivas do seu próprio desempenho, descansa sobre o acordo que entre ele e os alunos ninguém proclamou, mas todos observam. Os estudantes sonolentos representam o papel de atentos e, pelo menos nas primeiras filas de carteiras, até quem sabe o de deslumbrados. (Brandão, *Ed.Soc.*, n.3, p.15)

Outras descrições são menos "concretas", mas mesmo assim incisivas. Isso é o que se encontra, por exemplo, num texto que discute alternativas para o ensino de matemática:

> Convém salientar ainda que o ensino de matemática, por ser formal, teórico, totalmente alienante e desvinculado da realidade do aluno, leva professores de áreas afins a ensinar tópicos de matemática, porque esses ou não serão estudados em matemática ou serão estudados quando não é mais preciso. Além disso, nota-se que são feitas reformulações nos programas, mas conserva-se uma metodologia estanque, baseada na "transmissão de informações". Metodologia essa que mantém o aluno passivo e com o único dever de armazenar informações, memorizá-las e devolvê-las "corretamente" ao professor que cobra na prova a solução dos problemas conhecidos. (Beltrame, *Ed.Soc.*, n.20, p.135)

Mantém-se, aqui, o mesmo tipo de descrição do *ensino tradicional* que costuma aparecer, no período, e que concentra o peso da crítica na ênfase na transmissão de conteúdos, na memorização e no papel supostamente passivo do aluno.[17] É curioso, no entanto, notar que, quando se trata de texto que não lida diretamente com o ensino de uma determinada disciplina, a noção do *tradicional* aparece, normalmente, de maneira diferente, mais trabalhada. Examinando as idéias de Bourdieu e Passeron a respeito da reprodução, Luiz Antonio Cunha assim classifica o trabalho pedagógico em relação ao maior ou menor tradicionalismo:

> Esse novo contínuo permite posicionar os modos de inculcação segundo seu grau de tradicionalismo. Um trabalho pedagógico tem um modo de inculcação tão mais tradicional quanto é menos claramente delimitado como prática especializada. É o caso dos trabalhos pedagógicos exercidos por instâncias que abrangem vários campos, nos quais a inculcação consiste num processo de familiarização: o mestre transmite difusamente, pela conduta exemplar, princípios que ele não domina sistematicamente a um receptor que os interioriza difusamente. É, também, tradicional, o trabalho pedagógico cujo modo de inculcação está organizado para um público limitado de destinatários legítimos, apenas os que já estão dotados do *habitus* adequado, isto é, aqueles que dispõem do *ethos* e do capital cultural próprios dos grupos ou classes dos quais reproduz a cultura.
> Assim, os trabalhos pedagógicos podem ser posicionados segundo graus de tradicionalismo, não havendo uns tradicionais e outros, modernos. (*Ed.Soc.*, n.4, p.94-5)

Mediante esse tipo de análise, fundada nas concepções de Bourdieu e Passeron, não caberia falar num ensino novo ou moderno, oposto ao tradicional.

Muitas das formulações a respeito do tema, presentes nos artigos examinados, caminham para uma crítica do suposto *novo* na educação, insistindo numa perspectiva que, se não valoriza o *tradicional*, acaba resultando numa redefinição dos termos normalmente postos pelos que vêem a educação com a perspectiva de recusa da tradição. Comentando as mudanças que vinham sendo

---

17 Essa insistência da pedagogia moderna na crítica à memorização, como se daí proviessem os alegados males do ensino tradicional, é pertinentemente comentada por Hugo Lovisolo (1989) em artigo em que remonta essa crítica a Montaigne.

introduzidas nos livros didáticos de Biologia, Fracalanza prefere distinguir modernização de inovação, atribuindo a essa última um caráter positivo, já que nela a mudança da prática pedagógica seria pertinente à realidade, enquanto a modernização atuaria apenas mediante a importação de modelos externos. Nesse sentido, o autor é bastante crítico a respeito das modificações introduzidas, na época, no material didático pertinente à Biologia:

> Dentre todas as modernizações introduzidas nos currículos e conseqüentemente apresentadas nos livros didáticos brasileiros para o ensino de biologia no 2º grau, uma delas se reveste de particular interesse, porque inusitada. Trata-se da tendência generalizada em substituir a tradicional apresentação do conteúdo das obras por capítulos introdutórios contendo explicações sobre a origem da vida. (*Ed.Soc.*, n.22, p.141-2)[18]

Posição semelhante é apresentada por Milton José de Almeida, quando, ao comentar as preocupações das editoras com mudanças nos livros didáticos, afirma que essa pretensa modernização só tem vistas ao mercado, ao aumento das vendas, sem entrarem em questão as vantagens que essas mudanças possam trazer para o ensino das diversas disciplinas escolares (*Ed.Soc.*, n.1, p.185-7).

Discutindo as mudanças curriculares que então se operavam no Estado de São Paulo, Maria José P. M. de Almeida, em artigo publicado em 1987, examina a modernização do ensino de Física. Depois de citar as principais modificações ocorridas no ensino dessa disciplina desde a década de 1930, no Brasil, a autora mostra a dificuldade de as idéias tidas como mais modernas chegarem efetivamente aos professores, criticando a perspectiva daqueles que vêem nas mudanças dos guias curriculares necessariamente melhorias (*Ed.Soc.*, n.27, p.141-3).

Outras críticas a respeito da modernização pedagógica acabam sendo mais incisivas, chegando mesmo a questionar a validade de muitas inovações que então se desenvolviam e defendendo uma

---

18 Para uma crítica similar em relação aos livros didáticos de História, produzida na mesma época, cf. Glezer, 1984.

posição mais cautelosa quanto às mudanças na educação. Veja-se o trecho seguinte, de Vanilda Paiva:

> Um dos aspectos, portanto, que me parece importante abordar aqui diz respeito à tendência à assimilação pelo professorado – com toda a mitificação de que vem acompanhada, mitificação que impede a reflexão e a compreensão do real significado e conseqüências de tal processo – de idéias pedagógicas consideradas altamente progressistas e alternativas a um suposto autoritarismo inerente à escola e à própria existência do professor. Não que devamos negar os méritos da pedagogia que recupera princípios da velha "Escola Nova" ou que defende a motivação com base em temas ligados à existência e à importância da formação ético-política desde o 1º grau. Do mesmo modo como não podemos negar mérito a muitas inovações pedagógicas de nossos dias, muitas das quais são respostas ao avanço da tecnologia em geral e na área do ensino em particular. No entanto, é preciso ter bem presente que o modernismo pedagógico, conectado ou não à pedagogia de inspiração existencial, muito contribuiu nos últimos anos para a desorientação do professor.
> ...
> O modernismo pedagógico aliado à justificação, que lhe dá a sua associação a idéias políticas progressistas, torna mais complicada a discussão. Eu diria que, neste momento, o professor precisa de um grande bom senso em favor de seus alunos e do bom desempenho de sua tarefa. Não proponho aqui um conservadorismo metodológico, mas uma boa dose de prudência que ajude a resguardar aquilo que já foi anteriormente conquistado, preservar o professor e nossos estudantes. (*Ed.Soc.*, n.21, p.134-5)

Percebe-se, nesse tipo de análise, o surgimento de termos que, normalmente, não aparecem quando se fala do novo na educação, tais como "bom senso", "prudência" e preservação. Nota-se em *Educação & Sociedade*, assim como na *Revista da ANDE*, uma tendência à revisão do peso negativo costumeiramente atribuído ao ensino tradicional, embora mesmo aí os autores tenham o cuidado de se resguardarem quanto a possíveis críticas que os "incriminem" como defensores do *tradicional*. Pode-se notar isso, por exemplo, num texto de Newton César Balzan, em que se faz um exame do ensino de Estudos Sociais para indicar possibilidades de obtenção de bons resultados, para além das críticas extremamente agudas que se faziam à introdução dessa área de estudos em substituição ao ensino de História e de Geografia no ensino de 1º grau, na época:[19]

> Nossa argumentação não se constitui, absolutamente, numa defesa dos cursos chamados tradicionais, no sentido de engrossar a corrente daqueles que pretendem que tudo continue exatamente como vinha se apresentando desde há dez ou vinte anos atrás, em oposição aos atuais cursos de Estudos Sociais ... Ora, tais soluções não podem ser encontradas nem na manutenção radical de antigos modelos e nem tão pouco na aceitação de qualquer proposta que apareça, principalmente aquelas que se caracterizam muito mais pelo novo que pelo moderno. (*Ed.Soc.*, n.2, p.184)

Para essa distinção entre o novo e o moderno, o autor se vale das formulações de Pierre Furter (1970), já examinadas, e, com isso, coloca-se numa posição inversa à defendida por Fracalanza (*Ed.Soc.*, n.22), criticando o novo como mera novidade e valorizando o moderno como postura reflexiva em relação ao passado, mediante a qual se aponta no sentido do futuro, da mudança, da transformação.

No entanto, é em alguns textos que se ocupam de examinar as tendências então presentes no debate pedagógico brasileiro que se podem perceber as dimensões mais polêmicas do discurso sobre a educação veiculado em *Educação & Sociedade*. Ao longo da publicação da Revista são encontrados vários artigos que se ocupam de examinar e criticar diversas correntes pedagógicas. Um dos artigos que se ocupam dessa tarefa é publicado por Carlos Roberto Jamil Cury em 1986 (*Ed.Soc.*, n.25, p.44-54). O autor examina, aí, as diversas tendências pedagógicas presentes no ensino brasileiro, na época, associando-as a quatro posições políticas quanto ao momento que então se vivia, percebido como de transição, e que se teria iniciado em 1978. A primeira posição seria a reacionária, que procurava, a qualquer custo, manter a situação política e a educacional do modo como estavam organizadas até então. A segunda aceitaria algumas mudanças, mediante um processo de reformas

---
19 A respeito das polêmicas surgidas na época em relação aos Estudos Sociais, cf. Fenelon, 1984; Fonseca, 1994.

conduzido de cima para baixo, com base numa rearticulação conservadora das forças do poder. Na terceira versão, haveria uma proposta de ruptura com o regime militar, mediante um processo de negociação com o poder, que assegurasse a redemocratização da sociedade, a implementação de políticas sociais estatais favoráveis aos interesses populares e o fortalecimento da sociedade civil. Finalmente, a quarta versão, mais radical, insistiria numa ruptura que fosse além dos limites da democracia representativa e garantisse amplo atendimento aos interesses populares, mediante a ação dos movimentos sociais representativos da auto-organização do povo; nessa última versão estaria localizada a possibilidade da emergência do *novo*, seja na política, seja na educação: "E isto é realmente novo: como segmento da grande proletarização no Brasil, os educadores também pleiteiam a democratização do Estado como forma de socialização dos meios de poder" (ibidem, p.53).

Noutro tipo de análise das tendências pedagógicas, mais interessada nos aspectos especificamente educacionais, Elba Barreto, em artigo publicado em 1979, critica a chamada tradição empirista e pragmatista, ressaltando que, embora tenha estado presente no Brasil desde finais do século XIX, só mais recentemente ela vinha conquistando maior influência, tendo penetrado no país desde a criação dos primeiros colégios protestantes. Mais tarde, adquire maior prestígio mediante a influência da obra de John Dewey sobre os escolanovistas brasileiros, em especial sobre Anísio Teixeira. Nas últimas décadas, mediante a atuação de vários convênios com organismos internacionais, certas versões dessa tendência, em especial o chamado tecnicismo, vinham adquirindo cada vez mais importância. Esses convênios promoviam assistência técnica ao ensino, estímulos para a implementação de tecnologia educacional e a formação no exterior de professores e pesquisadores, que acabavam contribuindo para a disseminação de certas publicações que divulgavam essas idéias. A autora conclui questionando a eficiência dos cursos fundamentados no uso desses novos recursos tecnológicos, embora, mediante uma comparação com os chamados cursos tradicionais, eles possam parecer vantajosos. Para Barreto, deveria ser repensada a adesão dos educadores e dos formuladores de políticas educacionais a tais modelos, insistindo na "necessidade de redefinir o papel que devem assumir métodos e técnicas no ensino, restringindo sua importância, e, de reabilitar a questão substantiva da educação, que implica na recuperação da sua dimensão política" (*Ed.Soc.*, n.2, p.68).

Outro exemplo é encontrado em artigo de Dácio Tavares Lobo Jr., publicado em 1986, em que o autor se ocupa de examinar as relações entre as práticas populistas na educação e na política (*Ed.Soc.*, n.24, p.48-60). Acenando com a possibilidade de mudanças e de atendimento das necessidades das classes populares, o populismo associa educação e modernização, mediante "a dinâmica através da qual a educação enquanto símbolo de modernização, enquanto discurso pedagógico inovador e legitimador do voluntarismo articula-se com o poder de tipo populista, este também voluntarista, subjetivista e ambíguo" (ibidem, p.49).

O Estado populista termina incorporando o denominado "escolanovismo popular", representado por Paulo Freire e sua pedagogia libertadora, que não põe em questão as contradições de classe da sociedade capitalista. Tanto essa pedagogia quanto o populismo vêem a opressão de um ponto de vista subjetivo, só podendo ser superada pela conscientização do indivíduo. Por esse motivo, o autor critica a sedução que esse tipo de pedagogia obtém por parte dos educadores da rede pública brasileira. Fetichizando a capacidade da educação para promover a consciência, a pedagogia libertadora pode aparecer como capaz de promover as mudanças necessárias para se quebrar a opressão, expressando-se como discurso pedagógico renovador (ibidem, p.59).

No entanto, não é no exame do tecnicismo ou da pedagogia libertadora que se concentra a maior parte do debate em *Educação & Sociedade*, mas sim na discussão da chamada pedagogia histórico-crítica. Um primeiro confronto nesse caso se estabelece entre um artigo de Paolo Nosella, publicado no nº 14 e outro de Dermeval Saviani, publicado no nº 15. Nosella, em "Compromisso político como horizonte da competência técnica", examina e critica enfaticamente o livro de Guiomar Namo de Mello, *Magistério de 1º grau: da competência técnica ao compromisso político*. Lançada em 1982, a obra é considerada pelos defensores da *pedagogia histórico-crítica* como um dos principais marcos de referência para essa tendência.

Nesse livro, Mello (1982) parte do reconhecimento da importância e da repercussão no Brasil de *A reprodução*, de Bourdieu e Passeron, mas traça críticas às idéias desses autores, mostrando que elas levariam a educação a um impasse, já que, se a escola for mero mecanismo de discriminação social e de reprodução das estruturas da sociedade, nada restaria para a ação do professor que se pretendesse crítico do sistema. Defendendo as possibilidades práticas da ação pedagógica transformadora, a autora utiliza a categoria da competência técnica ou profissional como mediação fundamental da prática educativa.

De acordo com Nosella, "a tese em pauta [talvez] possa representar, na prática, uma volta a um novo e disfarçado tecnicismo pedagógico" (*Ed.Soc.*, n.14, p.91). O ponto central da discordância reside na restrição estabelecida pelo autor quanto à noção de competência como ela é trabalhada por Mello. De acordo com ele, não se pode falar abstratamente de competência, devendo esse termo ser referido a cada classe social. Afirmar, como faz Guiomar N. de Mello, a importância da competência técnica abstratamente significa, do ponto de vista dos dominados, assumir a cultura dominante. Seria necessário, portanto, inverter a perspectiva da autora, partindo do compromisso político com a transformação social para a construção de novas competências técnicas.

Em resposta ao artigo de Paolo Nosella, Saviani apresenta uma extensa análise do livro em questão, em artigo que tem um título bastante sugestivo: "Competência política e compromisso técnico (ou o pomo da discórdia e o fruto proibido)" (*Ed.Soc.*, n.15, p.111-43). Ressaltando ter sido orientador dos trabalhos de pós-graduação tanto de Nosella quanto de Mello, o autor se detém sobre a obra para esclarecer, explicar e, mesmo, justificar as posições defendidas por sua autora, interpretando a competência técnica como uma das mediações do compromisso político e eximindo a autora das acusações de elaboração de um neotecnicismo. Para Saviani, os intelectuais que criticam o uso e a defesa da noção de competência técnica no magistério são aqueles influenciados pelas teorias crítico-reprodutivistas, que dissolvem a especificidade da educação no complexo dos aparatos ideológicos e que não conseguem ver a escola como espaço de contradições. Nesse sentido, Saviani pensa que o artigo de Nosella, ao contrário de destruir os argumentos de Mello, vem apenas complementá-los, sendo necessário, no entanto, evitar a todo custo uma apropriação do livro por "tradicionalistas, conservadores e reacionários" (ibidem, p.125). Dessa maneira, os próprios defensores da pedagogia histórico-crítica reconhecem os riscos da sua postura, na medida em que, ao criticar incisivamente o escolanovismo, permitem uma associação das suas propostas às posições ditas tradicionais. Percebe-se, assim, a força, no imaginário pedagógico, do esquema explicativo que opõe novo e tradicional, que permite cindir o campo em duas únicas posições, de tal modo, que mesmo os que aparentemente criticam essa polarização acabam sendo absorvidos por ela.

Em seguida, Saviani analisa internamente o artigo de Nosella, mostrando que ele, apesar das críticas, não deixa de reconhecer a importância e a necessidade da existência de uma competência técnica no trabalho docente. Procurando anular o aparente conflito, Saviani busca estabelecer os pontos de convergência entre os dois autores examinados, insistindo na formulação de que não pode existir compromisso político sem competência técnica e vice-versa. Para ele, a razão da divergência estaria na falta de explicitação dos conceitos-chave usados pelos contendores: para Guiomar de Mello, a noção de saber escolar e para Nosella, a concepção histórico-proletária da cultura, conceitos esses que Saviani se encarrega de tentar conciliar:

> o que se convencionou chamar de saber escolar não é outra coisa senão a organização seqüencial e gradativa do saber objetivo disponível numa etapa histórica determinada para efeitos de sua transmissão/assimilação ao longo do processo de escolarização. (*Ed.Soc.*, n.15, p.141)

No entanto, a conciliação não parece ter sido bem-sucedida e o debate prossegue, sendo veiculado em *Educação & Sociedade*, enquanto na *Revista da ANDE* a *pedagogia histórico-crítica* aparecia como hegemônica. O próprio Nosella voltaria à carga, dessa vez diretamente contra Saviani, em artigo intitulado "Educação tradicional e educação moderna: debatendo com Saviani" (*Ed.Soc.*, n.23, p.106-35). Trata-se, nesse artigo, de uma crítica à proposta pedagógica formulada por Dermeval Saviani no livro *Escola e democracia*, publicado em 1983, e que reúne dois textos publicados anteriormente na *Revista da ANDE*. Após uma minuciosa exposição das idéias do livro, Nosella afirma que Saviani, em vez de propor uma síntese dialética entre a pedagogia nova e a tradicional, acaba optando por uma espécie de terceira via que não representa a superação das contradições presentes em ambas.

Para formular suas críticas, parte o autor das considerações de Paschoal Lemme quanto aos equívocos da análise histórica promovida pelos formuladores do *Manifesto dos pioneiros da educação nova*, de 1932, quando criticavam o denominado *ensino tradicional*. Para Nosella, enquanto Saviani atribui o fracasso da pedagogia nova apenas à questão metodológica, Lemme o atribui à prática político-econômica do país na época, mostrando os riscos em que incorre a perspectiva que abandona a análise histórica concreta (Nosella, *Ed.Soc.*, n.23, p.112). Utilizando-se das formulações de Gramsci, fonte explícita dos defensores da *pedagogia histórico-crítica*, Nosella (*Ed.Soc.*, n.23, p.114-6) insiste na necessidade de se descartar com toda a ênfase a chamada pedagogia tradicional, o que não seria feito por Saviani:

> Do meu ponto de vista, concordo plenamente com Saviani quando afirma o caráter revolucionário da pedagogia tradicional na fase de constituição do poder burguês; discordo, no entanto, que este caráter continue existindo ainda hoje, conforme se lê em seu texto.
> ...
> Surpreende, finalmente, a denominação "pedagogia revolucionária", pois estes procedimentos (afora certa sofisticação lingüística de sabor gramsciano) muito se parecem com os procedimentos metodológicos que, nos anos 60, foram utilizados no Brasil em termos de educação popular.

Desse modo, Nosella aproxima as formulações de Saviani tanto do chamado *ensino tradicional* quanto da *pedagogia renovada* na sua versão não elitista, justamente as posições de que os defensores da *pedagogia histórico-crítica* insistem em se afastar.[20] Tanto o

---

20 A classificação da pedagogia renovada em elitista e não elitista é formulada pelo próprio Saviani. Na última corrente, o autor inclui as propostas de educação popular de Paulo Freire (cf. Saviani, *RA*, n.11; *Cad.Pesq.*, n.42; 1995).

novo quanto o *tradicional* aparecem associados, aqui, como características a serem rejeitadas (nos adversários), situando-se como argumentos num confronto em torno da legitimidade diante das disputas no campo educacional brasileiro de então. Insistindo em que as diferenças entre as concepções pedagógicas só podem ser entendidas em relação às contradições de classes sociais na sociedade capitalista, entre burguesia e proletariado, mostra Nosella (p.132) a persistência do fascínio pelo *novo* na educação ante aquilo que é visto como velho, como *tradicional*:

> Aliás, se a proposta metodológica de Saviani não extrapolou o horizonte metodológico da pedagogia nova, isto indica que, de fato, os limites desta não serão superados enquanto suas possibilidades histórico-metodológicas não se esgotarem. Tudo isto parece-me importante ser discutido, porque sempre há de se temer o efeito negativo que criaria nos educadores a ilusão de "finalmente" possuírem, no método Saviani, um "novo" instrumento que, por virtude própria, consiga a eficácia educacional almejada.

A resposta a esse artigo viria no número seguinte, num texto de Paulo Ghiraldelli Jr. intitulado "A vara teimosa: debatendo com Paolo Nosella" (*Ed.Soc.*, n.24, p.116-45). Para ele, até a publicação do livro de Saviani, a pedagogia nova não havia sofrido críticas incisivas por parte dos educadores que "se auto-intitulavam democráticos, 'de esquerda'", que sempre manifestaram simpatias por aquela proposta pedagógica (p.116). Nesse sentido, afirma que o texto de Saviani, pela repercussão que obteve, "alcançou o objetivo de revigorar a discussão pedagógica brasileira" (ibidem).

Nesse artigo, as críticas a Nosella vão incidir sobre certas afirmações que Ghiraldelli considera insustentáveis do ponto de vista histórico, sendo a primeira delas a confusão entre pedagogia nova (que se refere a uma determinada concepção de educação) e pedagogia moderna (que se refere ao período histórico dominado pelas concepções burguesas):

> Portanto, a Pedagogia Moderna nasce com a burguesia, mais propriamente com Comênio, e tem seu apogeu com o sistema de Herbart. A Pedagogia Nova também tem suas origens na burguesia, pois nasce, essencialmente, com alguns escritos de Rousseau e, posteriormente, é retomada por pedagogos do século XX, principal-

mente Dewey. É a Pedagogia Nova que vai chamar a pedagogia herbartiana de "tradicional" e gerar, com isso, a polêmica Escola Nova *versus* Ensino Tradicional. (Ghiraldelli Júnior, *Ed.Soc.*, n.24, p.117)

De acordo com essa análise, Saviani e os demais defensores da sua proposta pedagógica estariam repondo o mesmo "otimismo pedagógico" de que fala Nagle (1974) em relação aos escolanovistas, ou seja, a crença nas possibilidades de modificações da sociedade por meio das mudanças na escola e de modificações no ensino escolar por meio de renovação dos instrumentos metodológicos. A pedagogia histórico-crítica não teria conseguido superar a oposição entre novo e tradicional na educação. Para Ghiraldelli, o texto de Saviani não foi suficientemente compreendido e isso se devia a uma espécie de bloqueio ideológico.

Continuando a sua crítica, o autor procede a um exame histórico da constituição da pedagogia moderna (burguesa) desde o século XVI. Durante esse exame, vai-se destacar a importância da pedagogia de Herbart, formulada no século XIX, como constituição de uma ciência da educação e, mesmo, pelo seu caráter político, já que, embora denominada "tradicional" pelos seus adversários no século XX, essa pedagogia estava sendo apropriada pelas classes populares, colocando em risco a dominação burguesa no campo educacional (*Ed.Soc.*, n.24, p.128). De acordo com Ghiraldelli, ao procurar destruir o método herbartiano, considerado tradicional, a burguesia "agiu de modo reacionário, pois combateu uma didática que, apesar das limitações elitistas, vinha dando bons resultados" (p.129). O autor prossegue sua análise, tecendo uma série de críticas à pedagogia renovada, depois de ter ressalvado algumas virtudes daquele ensino denominado *tradicional*.

Em dois artigos publicados anteriormente, Ghiraldelli já procurara elaborar uma defesa da pedagogia histórico-crítica. No primeiro deles (*Ed.Soc.*, n.23, p.136-47), procura dialogar com os elaboradores do que ele chama pedagogia crítico-social dos conteúdos, alertando para os riscos de ela, ao elaborar sua proposta didática, perder o contato com a realidade, ressaltando a necessidade de levar "em conta as experiências e lutas das camadas populares durante toda a história republicana do Brasil" (p.145).

No segundo artigo, Ghiraldelli (*Ed.Soc.*, n.26, p.85-104) apresenta uma síntese da mudança das idéias pedagógicas no Brasil no período republicano, para mostrar o surgimento da pedagogia crítico-social dos conteúdos como ponto culminante nesse processo, na medida em que essa tendência seria aquela que mais incorpora os interesses das camadas populares. Alinhando-se decididamente do lado dessa corrente, propõe o autor a necessidade de os seus defensores se inserirem no debate educacional para conquistar a hegemonia:

> Ora, na verdade, não se trata apenas de lutar por mais uma pedagogia, mas, sim, de exercer uma batalha pela hegemonia de uma concepção pedagógica democrática, e democrática justamente pelo fato de que corre no mesmo sentido dos interesses (de classe) da maioria da população, que são os trabalhadores. (*Ed.Soc.*, n.26, p.102)

Uma crítica bastante radical à *pedagogia histórico-crítica* pode ser encontrada num artigo de Maria Elizabete S. P. Xavier, que enxerga em algumas de suas postulações uma espécie de renascimento do tecnicismo, em outros termos. Caracterizada como uma tentativa de superar tanto o escolanovismo quanto as teorias reprodutivistas, aquela tendência estaria se tornando dominante, pelo menos nos meios acadêmicos:

> Ganhou força inicialmente aquela tendência que, partindo da concepção da importância da educação na luta política pela hegemonia, antepõe a competência técnica ao compromisso político da escola no rumo da emancipação do homem brasileiro, não apenas "revisitando" de forma sofisticada o nosso tradicional ideário educacional, como revelando um certo ranço do repudiado tecnicismo pedagógico dos anos 70. É uma tendência que, apoiada no pensamento de A. Gramsci, cuja leitura realizada numa ótica liberal alcança, como não poderia deixar de ser, grande sucesso nos meios universitários. (Xavier, *Ed.Soc.*, n.42, p.232)

Em oposição a essa proposta, que, embora criticada não chega a ser nomeada, defende a autora outra tendência, formulada por Moacir Gadotti e que "enfatiza o compromisso político da escola com o povo e com a construção de uma nova sociedade, suscitando a questão crucial da qualidade do saber escolar nesse processo" e apoiada por "movimentos e partidos políticos populares" (Xavier, *Ed.Soc.*, n.42, p.232).

Moacir Gadotti exerceu papel ativo na organização e publicação de *Educação & Sociedade* na sua primeira fase, tendo ocupado sua coordenação, de 1978 a 1981 (n°s 1 a 10). Nessa época, chega a publicar 3 artigos (n°s 1, 4 e 8), nos quais discute as possibilidades de transformação na sociedade brasileira, bem como na educação.

No texto publicado no n° 1, que aliás inaugura a Revista, sendo o primeiro artigo logo depois do editorial, pensando no problema da mudança, o autor define o momento histórico que se vivia como aquele "em que a educação brasileira precisa, urgentemente, pensar na reconstrução da educação brasileira, passo a passo com a reconstrução da sociedade brasileira" (Gadotti, *Ed.Soc.*, n.1, p.8). De acordo com ele, a educação dominante se constituía como "um dos grandes obstáculos a essa conscientização" (ibidem). Para Gadotti, as reformas educativas empreendidas durante o período militar estavam fundadas numa ideologia educacional baseada na escola ativa de Dewey, mas apenas serviam aos interesses econômicos do capitalismo. A fim de elaborar uma pedagogia alternativa à dominante, Gadotti parte da crítica das pedagogias não-diretivas – que inclusive haviam merecido seu apoio tempos antes – as quais apenas desviavam a educação do seu problema fundamental, o da relação entre educação e sociedade, transferindo-a para a relação professor-aluno. A pedagogia tradicional também é criticada:

> É ilusão da *pedagogia tradicional* sustentar que a educação pode ser desvinculada do poder, da ideologia, que é possível uma educação neutra, que só educação neutra ou desinteressada é a "verdadeira educação". (p.11)

De acordo com o autor, existe, no interior da educação e do sistema escolar, uma luta "entre a necessidade de *transmissão de uma cultura existente* (ciência, valores, ideologia), que é a tarefa conservadora da educação, e a necessidade de *criação de uma nova cultura*, que é a tarefa revolucionária da educação" (p.13). O papel da *nova* pedagogia, anunciada como "pedagogia do conflito", seria justamente favorecer essa "tarefa revolucionária", mediante o desvendamento das contradições da educação na sociedade de classes.

Embora não entre em detalhes a respeito de como funcionaria essa pedagogia do conflito, afirma o autor a necessidade de que ela conceda primazia ao conteúdo, em vez da ênfase nos métodos. Nessa concepção, o *novo* na educação deve surgir de dentro do velho, mediante a revelação e o aguçamento das contradições existentes na sociedade, a partir de uma concepção dialética, materialista. A possibilidade de irrupção do novo, portanto, aparece vinculada à instauração de uma também nova ação política, que deve iniciar-se imediatamente e não ficar esperando a realização da revolução (p.15).

Nos outros dois artigos, Moacir Gadotti prossegue nos seus esforços de defesa e fundamentação da sua proposta, embora não chegue a detalhá-la. Em "Ação pedagógica e prática social transformadora" (*Ed.Soc.*, n.4, p.5-14), o autor insiste na necessidade de "*politização* do conteúdo e do ensino" e de reforço da "*associação* entre docentes e alunos", no sentido da organização de suas atividades fora da escola e, por fim, na defesa da idéia da "*autonomia* relativa da escola", que permite instaurar uma dinâmica de contestação da educação dominante (p.12-3).

Já em "Concepção dialética da educação e educação brasileira contemporânea" (*Ed.Soc.*, n.8, p.5-32), o autor divide a pedagogia em duas concepções, que permitiriam englobar todas as outras: a burguesa e a dialética ou popular, afirmando que, desde 1975, com a ascensão dos movimentos populares, a concepção dialética passava a adquirir cada vez mais força. No âmbito dessa proposta, a educação aparece como instrumento de luta contra a dominação burguesa.

Por meio da análise dos textos de Gadotti, percebe-se que *Educação & Sociedade* ofereceu espaço para a divulgação e o debate de propostas pedagógicas divergentes, correspondentes a posições políticas e concepções históricas distintas, justamente aquelas que marcavam o espectro político da esquerda, naquele período, em relação às lutas pela democracia e contra o regime militar. Uma dessas posições insistia na obtenção de mudanças pela via institucional: partidos políticos, eleições, luta no Congresso. A outra incidia sobre o reforço dos movimentos sociais populares e da mobilização das massas com o objetivo de derrubada do regime militar. Essa última posição é a defendida por Miguel Arroyo em artigo publicado em 1980 (*Ed.Soc.*, n.5, p.5-23). Nesse texto, o autor afirma a identidade das lutas dos operários e dos trabalhadores do ensino, a partir da constituição de uma nova identidade profissional do professor. Na sua concepção, o novo na educação não viria por meio de mudanças metodológicas ou de novas teorias da aprendizagem, mas a partir das pressões populares:

> A renovação não virá, como sempre aconteceu, pela superação das teorias pedagógicas e sociais tradicionais e pela introdução de idéias sempre importadas e mal transplantadas e aclimatadas no modelo sócio-político brasileiro. As mudanças, desta vez, poderão vir de dentro da sociedade brasileira, das contradições e pressões existentes a nível dos interesses de classe, que chegam até o político, cultural e educacional. Se assim for, para nós educadores não será suficiente optar por ser mais ou menos a favor da última reforma educacional ou da última moda psicopedagógica nas teorias da aprendizagem. Nós educadores seremos obrigados a nos definir por uma escola a serviço de uma ou de outra classe, de uma ou de outra organização de trabalho. É este o maior desafio do atual contexto educacional brasileiro: redefinir a função da escola na reprodução da organização do trabalho no processo produtivo. (p.14)

Para além desse debate, alguns textos publicados em *Educação & Sociedade* sugerem alguma esterilidade na polarização de concepções pedagógicas distintas entre os educadores considerados populares ou progressistas, naquele momento e, no fundo, uma irrelevância da oposição entre *novo* e *tradicional* do ponto de vista da prática pedagógica. As teorias educacionais são acusadas de serem muito genéricas e pouco úteis para os educadores envolvidos nas tarefas escolares propriamente ditas. É o caso do artigo de Maria Rita Neto Sales Oliveira que, a partir do exame dos estudos de Dermeval Saviani e Moacir Gadotti sobre as teorias da educação, presentes no contexto brasileiro, afirma que a compreensão do fenômeno educativo, pela via da análise do ideário pedagógico, vem sendo dificultada nesses estudos, porque eles não se ocupam das articulações entre as teorias e a prática:

> Ao contrário do que se preconiza, a teoria, então, passa a ser vista como sobrepondo-se à prática e a ser o seu guia normatizador. Assim sendo, é comum professores levantarem questões sobre se estão sendo, ou não, tradicionais, escolanovistas, conteudistas etc., nos exercícios didáticos que propõem para seus alunos. A impressão é a de que buscam encaixar sua prática numa gaveta teórica, e, de preferência, na de mais *status* no momento, como se isto bastasse para garantir-lhes uma prática "crítica e revolucionária", objetivo este que não questionam. (Oliveira, *Ed.Soc.*, n.34, p.112)

As distinções entre *novo* e *tradicional*, de acordo com a autora, acabam tendo pouca importância do ponto de vista da prática pedagógica:

> Em meus estudos, venho identificando dois grandes fundamentos da prática pedagógica, que, para além das aparências, caracteriza-se muito menos por ser tradicional, tecnicista etc., e mais por defender a bandeira do mito da neutralidade científica e pedagógica, e daquilo que denomino de *hipótese da representação externa do conhecimento*. Com isto, o que quero dizer é que a prática pedagógica se articula às teorias da educação muito mais em relação a questões ideológico-epistemológicas do que didático-metodológicas. (p.115)

Em texto publicado no nº 32 (1989), Aparecida Jolly Gouveia alerta contra a excessiva pretensão dos membros da academia quando formulam e debatem teorias pedagógicas que, supostamente, deveriam dar conta dos problemas da educação e promover transformações significativas:

> Em certos momentos, o prestígio de determinada corrente de pensamento e, principalmente, sua difusão em cursos de preparação para o magistério, quando não até mesmo a participação de professores universitários na tecnoburocracia estatal, levam a supor que alguma modificação significativa venha a ocorrer no sistema educacional.
> Não se tem evidência de que isso ocorra, contudo, nem a curto nem a médio prazo. Tampouco nem a mais longo prazo, pois as teorias educacionais têm prestígio relativamente efêmero, substituídas ou modificadas que são quando novas preocupações surgem na academia ou diferentes aportes derivam de desenvolvimentos em áreas nas quais a educação se fundamenta.
> ...

Em tais circunstâncias, não é descabido supor que os debates sobre posições teóricas em círculos acadêmicos sejam no final das contas um exercício fútil. (p.24-5)

Examinando-se o discurso pedagógico veiculado em *Educação & Sociedade*, percebe-se que, ao contrário da *Revista da ANDE*, não há aqui uma direção programática tão evidente, pelo menos no que diz respeito às questões mais diretamente ligadas aos temas educacionais. Os organizadores da Revista não mostram esforços muito sistemáticos de apelo direto ao professorado das escolas de 1º e 2º graus, para a divulgação de matérias de caráter prescritivo, destinadas a orientar as práticas didáticas mais concretas, mas, pelas informações relativas à sua tiragem e circulação, percebe-se que a publicação alcança um público mais amplo do que o acadêmico.

Quanto às perspectivas do *novo* na educação, a Revista se institui como espaço que anuncia e propugna a mudança da escola, vinculada às mudanças mais amplas no campo social e político, seja na versão da mudança pelas vias institucionais de reforço da democracia, seja na versão mais radical, pela via do reforço e da defesa das organizações e mobilizações populares voltadas para a conquista da transformação da sociedade.

Embora, às vezes, apareçam textos que retomem o esquema interpretativo da educação que opõe o novo ao tradicional, o discurso veiculado na Revista vai além dele, abrindo espaço para a discussão de propostas pedagógicas alternativas, desde que voltadas para as perspectivas de mudança da sociedade brasileira, destacando-se, em especial, a chamada pedagogia dialética e a denominada pedagogia histórico-crítica.

Cadernos de Pesquisa

Ciclo de vida

Os *Cadernos de Pesquisa*, editados pela Fundação Carlos Chagas, constituem um periódico com trajetória histórica mais longa que a das duas revistas antes examinadas. Tendo-se lançado seu primeiro número em 1971, publicaram-se, até 1992 – período aqui examinado – 80 números, tendo mantido impressionante regularidade. Apresenta-se, nesse período, em formato vertical, tamanho grande, com 21 cm × 27,5 cm.

Os *Cadernos* são publicados sob a responsabilidade do Setor Editorial da Fundação Carlos Chagas. Seu lançamento é assim justificado na "Apresentação" do n° 1:

> Preocupação básica, dentro desse projeto, é a necessidade de desenvolver um sistema de comunicação eficiente entre as instituições, grupos ou pessoas que se dedicam à pesquisa educacional.
> Estes CADERNOS DE PESQUISA, que hoje se inauguram, pretendem ajudar a manter essa comunicação.
> Iniciando, hoje, com uma visão geral da situação da pesquisa educacional no Brasil, os CADERNOS DE PESQUISA deverão conter, em cada um de seus números seguintes, um trabalho original de pesquisa, procurando atender às várias áreas prioritárias no campo da educação. (Apresentação, *Cad.Pesq.*, n.1)

Esse primeiro número publica um único estudo, de Aparecida Joly Gouveia, "A pesquisa educacional no Brasil" (*Cad.Pesq.*, n.1), e essa mesma estrutura se mantém até o n° 3. Já no n° 4 são publicados dois estudos, além de resenhas e notas diversas. No n° 5, passa a haver maior diversificação, com a publicação de artigos menores, abrindo-se os *Cadernos* para maior número de autores. Desde o n° 2, no entanto, já se vinha anunciando que "Os Cadernos de Pesquisa aceitam, para publicação, artigos e noticiário sobre pesquisas em andamento no campo da educação", apresentando-se a seguir sucintas orientações sobre o formato e a maneira de encaminhamento das colaborações (*Cad.Pesq.*, n.2).

Os *Cadernos de Pesquisa* são apenas uma das publicações da Fundação, que na época também editava as séries *Pesquisas Educacionais* e *Profissões*. Entre 1980 e 1989, foi publicada a *Revista Educação e Seleção*, substituída em 1990 por *Estudos em Avaliação Educacional*. Além desta última revista e dos *Cadernos*, a Fundação Carlos Chagas edita, atualmente, os *Textos FCC*, dedicados à divulgação de pesquisas desenvolvidas no âmbito do Departamento de Pesquisas Educacionais.

Desde o n° 18, a Fundação Carlos Chagas, instituição responsável pela publicação da Revista, passa a ser apresentada dessa maneira:

> A Fundação Carlos Chagas é uma instituição privada, sem fins lucrativos, reconhecida como de utilidade pública pelo Decreto Estadual n° 4.500/74, dedicada a trabalhos na área de educação. Organizada, em 1964, por representantes de escolas superiores de área biomédica, em São Paulo, para a realização de seus exames vestibulares unificados e de pesquisas relativas às técnicas de seleção utilizadas, sua atividade expandiu-se rapidamente, tanto na área de seleção como na de pesquisa. Passou a realizar, em São Paulo e em outros Estados, exames vestibulares para diversas universidades e escolas superiores isoladas, e concursos públicos para grandes empresas e órgãos públicos municipais, estaduais e federais. Seu trabalho de pesquisa expandiu-se com a criação do Departamento de Pesquisas Educacionais que, a partir de 1971, vem desenvolvendo amplo programa de pesquisa em educação e de treinamento de pessoal e divulgação científica nesse campo de trabalho. Esse programa conta, desde sua instalação, com o valioso apoio financeiro da Fundação Ford, e tem recebido também auxílio de diversas agências financiadoras nacionais. (*Cad.Pesq.*, n.18)

Essa mesma explicação passa a ser repetida em cada edição, sendo, depois, um pouco alterada, já que, mais adiante, a Fundação passa a ser reconhecida como de utilidade pública também pelo governo federal e pelo Município de São Paulo. Além disso, desde o n° 31 (de dezembro de 1979), deixa de haver menção ao financiamento da Fundação Ford, e apenas desde o n° 61 (maio de 1987) passará a ser registrado, em cada número, o financiamento das agências normalmente encarregadas dessas atividades no Brasil (CNPq, Finep e, mais tarde, a Secretaria de Ciência e Tecnologia da Presidência da República). O n° 63, especial intitulado *Raça negra e educação*, teve financiamento também da Fundação Ford.

A equipe responsável pela publicação da Revista sofreu algumas alterações ao longo dos 80 números pesquisados, que correspondem a um período de quase 21 anos, de 1971 a 1992. A primeira equipe compunha-se do editor responsável, Lólio Lourenço de Oliveira, e de um Conselho Editorial formado por: Aparecida Joly Gouveia, Bernadete Angelina Gatti, Carmen Lúcia de

Melo Barrroso, Heraldo Marelim Vianna, Maria Amélia Azevêdo Goldberg e Nícia Maria Bessa, logo acrescidos de Adolpho Ribeiro Neto e Ana Maria Poppovic (n.3, março de 1972).

Desde o nº 9, o Conselho é substituído por uma Comissão Editorial, composta por: Ana Maria Poppovic, Aparecida Joly Gouveia, Carmen Lúcia de Melo Barroso, Maria Amélia Azevêdo Goldberg e Yara Lúcia Esposito, sendo conservado o mesmo editor. A Comissão é alterada no nº 15, de dezembro de 1975: Bernardete A. Gatti, Dante Moreira Leite, Fúlvia Rosemberg, Guiomar Namo de Mello e Marília Graciano. No nº 17, é acrescentado o nome de Dermeval Saviani. No nº 20, nova modificação: Dermeval Saviani, Fúlvia Rosemberg, Guiomar Namo de Mello, Maria M. Malta Campos e Marília Graciano. No nº 24, de março de 1978, altera-se novamente: Aparecida Joly Gouveia, Bernardete A. Gatti, Carmen Barroso, Elba S. de Sá Barreto, Vitor H. Paro. Essa Comissão permanece a mesma até o nº 28 (março de 1979), quando se acrescenta à equipe uma Editoria Executiva, ocupada por Maria M. Malta Campos e Lia Rosenberg. No número seguinte, de junho de 1979, muda novamente a Comissão Editorial: Fúlvia Rosemberg, Maria Cristina A. Bruschini, Miriam J. Warde, Vitor H. Paro. A Editoria Executiva é modificada no nº 31, com Maria M. Malta Campos e Marta Kohl de Oliveira.

Enquanto os editores permanecem os mesmos, a Comissão Editorial se altera mais uma vez no nº 39, de novembro de 1981, passando a contar com: Celso João Ferreti, Felícia Reicher Madeira, Guiomar Namo de Mello e Yara Lúcia Esposito.

Em maio de 1984 (nº 49), registra-se mudança mais ampla. Maria M. Malta Campos assume o cargo de editora responsável, acumulando a Editoria Executiva com Marta Kohl de Oliveira. Esta se desloca para a Comissão Editorial no nº 53, de maio de 1984, juntando-se a Celso de Rui Beisiegel, Elba Siqueira de Sá Barreto, Lia Garcia de Freitas Fukui, Maria Helena Souza Patto e Maria Laura P. B. Franco – que estavam nessa função desde o nº 49.

Desde o nº 60 até o nº 63, mantém-se a seguinte formação da Comissão Editorial: Evaldo Amaro Vieira, Marilia Pontes Sposito, Silvia Leser de Mello, Vitor Henrique Paro, Zeila de Brito Fabri Demartini e Albertina Gordo de Oliveira Costa. Esta última é substituída por Esmeralda Vaialatti Negrão no n° 65, permanecendo os restantes até o n° 78. No n° 79, aparece outra Comissão Editorial, com: Aparecida Joly Gouveia, Claudia Davis, Elba Siqueira de Sá Barreto, Esmeralda Vaialatti Negrão, Mary Júlia Dietzsch e Vitor Henrique Paro.

Já no n° 64, a Editoria Executiva houvera sido assumida por Albertina Gordo de Oliveira Costa e Fúlvia Rosemberg. No n° 68, Fúlvia Rosemberg substitui Maria M. Malta Campos como editora responsável, ficando a Editoria Executiva a cargo de Albertina Gordo de Oliveira Costa.

Apesar desse grande número de mudanças, é possível notar que nos cargos mais importantes a equipe quase não muda ao longo dos 80 números estudados. Somente três pessoas exerceram o cargo de editor responsável: Lólio Lourenço de Oliveira, entre 1971 e 1984 (n°s 1 a 48), Maria M. Malta Campos, de 1984 a 1988 (n°s 49 a 67) e Fúlvia Rosemberg, desde 1989 até 1992 (n°s 68 a 80). Como editores executivos, houve as seguintes composições: Maria M. Malta Campos e Lia Rosenberg, entre 1979 e 1984 (n°s 28 a 48), Maria M. Malta Campos e Marta Kohl de Oliveira, entre 1984 e 1985 (n°s 49 a 52), Maria M. Malta Campos, entre 1985 e 1987 (n°s 53 a 63), quando acumula com o cargo de editora responsável, Fúlvia Rosemberg e Albertina Gordo de Oliveira Costa, de fevereiro a novembro de 1988 (n°s 64 a 67) e, por fim, Albertina Gordo de Oliveira Costa, de 1989 a 1992 (n°s 68 a 80).

Mesmo no Conselho e, depois, Comissão Editorial, percebe-se que vários dos seus integrantes permanecem muito tempo, ou voltam a ocupar posições depois de algum tempo de afastamento. Desde o n° 68, de fevereiro de 1989, a Revista passa a publicar a relação dos componentes da Diretoria da Fundação Carlos Chagas.

As principais seções ao longo dos 80 números pesquisados são as seguintes: *Artigos, Temas em Debate, Planejamento Educacional, Resenhas, Livros em Destaque, Destaque Editorial, Publicações Recebidas, Comunicações sobre Pesquisas, Notas e Comentários, Relatos de Experiências.*

Em *Artigos* é publicada a maioria das matérias, normalmente resultados de pesquisas empíricas e/ou reflexões teóricas a respeito das temáticas preferenciais da Revista. Já a seção *Temas em Debate* dedica-se à discussão de temas polêmicos, constando, quase sempre, da apresentação de textos de autores diferentes, expressando pontos de vista diversos a respeito das questões em pauta.

Planejamento Educacional foi uma seção quase sempre constante até o nº 43, de novembro de 1982, não voltando a ser publicada depois disso. Como o título indica, dedicava-se à divulgação de pesquisas e artigos teóricos a respeito das questões de planejamento no âmbito da escola e do sistema educacional e recebia grande destaque nos *Cadernos* durante os anos 70.

Resenhas, Livros em Destaque – depois substituída por *Destaque Editorial*, no nº 68 – e *Publicações Recebidas* são seções destinadas à análise ou à divulgação de obras a respeito da temática educacional editadas no Brasil. Esporadicamente, publicou-se a seção *Revistas*, encarregada de divulgar e noticiar o lançamento dos periódicos especializados em educação em todo o país.

Comunicações sobre Pesquisas e *Relatos de Experiências* não são seções permanentes, aparecendo eventualmente na Revista, com matérias curtas de divulgação de resultados de pesquisas empíricas ou de experiências didáticas implementadas em uma ou mais escolas.

Notas e Comentários ocupa-se da divulgação de notícias relativas a eventos da área educacional, principalmente os encontros de educadores e/ou pesquisadores, mobilizações em torno de temas emergentes, como os debates na Constituinte de 1987-1988 e, posteriormente, as discussões da nova LDB, entre outros assuntos.

Quanto às pesquisas divulgadas na Revista, é importante assinalar que elas procuram examinar a realidade educacional de todo o país, não se limitando a São Paulo, local de publicação dos *Cadernos*. Além das matérias propriamente relacionadas à educação, um tema que merece bastante atenção ao longo do percurso da Revista são as assim chamadas questões de gênero, tendo havido, inclusive, a edição de um número especial sobre o assunto – nº 54, de 1985. É importante assinalar que, dentro desse tema, as pesquisas sobre mulher, em especial, recebem bastante ênfase no âmbito da Fundação Carlos Chagas, que, desde 1978, vem promovendo concursos de dotação para pesquisas sobre essa problemática, com financiamento da Fundação Ford. Os *Cadernos* acabam funcionando como espaço de divulgação desses trabalhos e de estímulo aos debates sobre o assunto. A importância desse tema em relação ao conjunto de pesquisas desenvolvidas pela instituição e divulgadas na Revista é reconhecida pelos próprios organizadores do periódico como a sua grande contribuição à pesquisa acadêmica no país. Em artigo de Albertina de Oliveira Costa e Cristina Bruschini, intitulado "Uma contribuição ímpar: os *Cadernos de Pesquisa* e a consolidação dos estudos de gênero", é afirmado esse caráter pioneiro e de vanguarda (Costa & Bruschini, *Cad.Pesq.*, n.80, p.97).

Desde o nº 74, os *Cadernos de Pesquisa* passam a constar como indexados em:

- BBE – Bibliografia Brasileira de Educação (Brasília, Inep);
- SIBE – Sistema de Informações Bibliográficas em Educação (Brasília, Inep);
- BIBE – Boletín Internacional de Bibliografías sobre Educación (Madrid, Unesco);
- CLASE – Citas Latinoamericanas en Ciencias Sociales y Humanidades (México, Univ. Nac. Autónoma de México);
- IRESIE – Índice de Revistas de Educación Superior y Investigación Educativa (México, Univ. Nac. Autónoma de México);
- LILACS – (São Paulo/ Buenos Aires, BIREME/OPAS).

Isso vem indicar a preocupação dos organizadores da Revista com a sua divulgação e incorporação no campo educacional para além das fronteiras do país, procurando se afirmar e consolidar como periódico de referência internacional, reforçando sua importância e legitimidade no âmbito brasileiro.

O nº 80, comemorativo dos vinte anos de publicação dos *Cadernos*, é todo dedicado a promover um balanço da produção divulgada na Revista durante aquele período. Além de uma "Carta da Presidência", de uma "Apresentação" (redigida pela editora responsável, Fúlvia Rosemberg) e de uma "Introdução" feita por Aparecida Joly Gouveia (autora do primeiro trabalho publicado na Revista, no nº 1, de 1971), há 12 estudos escritos por pesquisadores da própria Fundação Carlos Chagas, que se detêm sobre os 79 números iniciais, realizando análises e balanços sobre o que eles definem como os principais temas que mereceram a atenção dos artigos e relatos publicados até então. São os seguintes os assuntos analisados: educação infantil, alfabetização, ensino fundamental, relações entre raça e educação, municipalização do ensino fundamental, ensino médio, relações entre educação e trabalho, vestibular e ensino superior, avaliação educacional, pesquisa em educação, além de dois estudos dedicados a "Mulheres na escola" e estudos de gênero. É pertinente observar que nessa recomposição da memória, como é costumeiro, ocorrem algumas omissões. Nesse caso, a mais evidente é o "esquecimento" do tema do *planejamento educacional* que merecera grande destaque na Revista durante vários anos, tendo sido, depois, praticamente abandonado, inclusive com o encerramento da seção que se dedicava ao problema.

Todos os textos publicados nesse número têm caráter nitidamente comemorativo e de exaltação das qualidades e da importância dos *Cadernos* no panorama da produção teórica e da pesquisa em educação no Brasil. Vejam-se, por exemplo, alguns trechos da "Carta da Presidência":

> Para uma publicação do teor dos Cadernos de Pesquisa, atingir vinte anos de existência já constitui significativo, e raro êxito editorial.
> Aos olhos daqueles que, como nós, puderam acompanhar de perto a evolução dos Cadernos ao longo desses vinte anos, esse êxito afigura-se incomparavelmente maior e mais deslumbrante. (Marques, Cad.Pesq., n.80, p.5)

Prossegue o presidente da Fundação enfatizando o papel dos *Cadernos* na estruturação do campo educacional brasileiro naquele período e revelando nítidas pretensões de estabelecer hegemonia no campo:

> São vinte anos de divulgação regular, de uma produção ininterrupta, de incontestável qualidade, integrada, na sua maior parte, por trabalhos de natureza interdisciplinar, focalizando temas direta ou indiretamente ligados à educação, numa tentativa de delinear um quadro amplo, claro e preciso da realidade educacional brasileira, com o fito de instruir e orientar formas de atuação capazes de promover o aprimoramento daquele mesmo quadro. (ibidem)

Na continuidade, destaca-se a influência da Revista sobre a pesquisa na área, bem como o seu pioneirismo e a sua importância como instrumento de renovação das pesquisas educacionais no Brasil: "São vinte anos de contribuições, algumas de caráter pioneiro, envolvendo aspectos teóricos, metodológicos e operacionais da pesquisa educacional" (ibidem).

Procurando ressaltar a continuidade da orientação da Revista ao longo dos vinte anos, a editora Fúlvia Rosemberg assim se manifesta, no nº 80, homenageando seus antecessores:

> Num momento de comemoração como este, os Cadernos de Pesquisa não podem deixar de homenagear seu primeiro editor. O Professor Lólio Lourenço de Oliveira foi a alma da revista desde sua criação, em julho de 1971, até 1984, quando se aposentou da Fundação Carlos Chagas e foi sucedido por Maria Malta Campos. Ambos imprimiram a marca de qualidade, rigor e inovação que continuamos buscando honrar. (Apresentação, *Cad.Pesq.*, n.80, p.5)

Nesse trecho, é apenas velada a menção ao momento histórico que se vivia quando da inauguração dos *Cadernos*. A Revista aparenta estar acima dos acontecimentos do período. As vinculações da Fundação aos projetos de reforma educacional que então se implementavam, tanto no plano federal quanto no âmbito dos sistemas estaduais de ensino, não são abordadas.

Já a "Introdução", escrita por Aparecida Joly Gouveia, constitui uma rememoração que busca situar as origens da publicação e a trajetória por ela percorrida, além de uma reflexão a respeito das mudanças de orientação nas pesquisas e nas temáticas preferencialmente publicadas na Revista. Nesse sentido, o momento de início da edição dos *Cadernos* é relembrado como de incertezas e dúvidas a respeito das possibilidades de efetivação do projeto:

> Não tanto pelo teor desse primeiro número, mas sobretudo pelo que se passara com as duas principais revistas brasileiras sobre educação – *Educação e Ciências Sociais*, extinta por decisão do grupo que assumiu o poder em 1964, e *Revista Brasileira de Estudos Pedagógicos*, que sofreu prolongada interrupção – o futuro dos nascentes *Cadernos* parecia incerto. (Apresentação, *Cad.Pesq.*, n.80, p.5)

A afirmação da estabilidade e da relevância da Revista é assinalada pela constatação da manutenção da periodicidade, pela qualidade das matérias publicadas e pela abertura a pesquisadores de fora da Fundação Carlos Chagas. Apesar de destacar essa abertura, Gouveia reconhece a predominância, no periódico, das temáticas vinculadas aos interesses dos grupos de pesquisadores da própria Fundação:

> Observa-se, entretanto, que os temas objeto das matérias divulgadas relacionam-se com interesses dos grupos de pesquisadores que, ao longo do tempo, têm-se constituído no interior da Fundação. Este fato pode refletir tanto certo encorajamento, de parte desses grupos, a pesquisadores externos que trabalham com os mesmos assuntos quanto uma tendência inversa, qual seja, a de tais pesquisadores preverem boas chances de terem seus artigos acolhidos pela revista. (ibidem)

No mesmo texto, os *Cadernos de Pesquisa* são destacados como amostra significativa da produção acadêmica brasileira nas áreas neles divulgadas, ou, mais do que isso, como fonte indispensável para todos os que se ocupam daqueles temas (Apresentação, *Cad.Pesq.*, n.80, p.15).

O caráter endógeno da escolha dos temas, da produção e da divulgação das pesquisas na Fundação e na Revista volta a ser ressaltado em alguns dos estudos que analisam, nesse mesmo nº 80, a produção veiculada nos *Cadernos* ao longo desses vinte anos. No exame da produção sobre educação infantil, assim se manifestam as autoras:

> A ligação pessoal de uma das editoras da revista[21] com o tema da educação da criança pequena certamente desempenhou um papel no acesso que pesquisadores da área tiveram a esta publicação. Assim, da mesma forma que para outros temas, a existência de um grupo de pesquisas da própria instituição explica tanto a produção interna que é divulgada na revista, como, até certo ponto, a produção de fora que nela encontra espaço. Isto pode ocorrer de maneira indireta, sensibilizando autores que trabalham sobre temas próximos

---

21 Refere-se a Maria M. Malta Campos, uma das autoras desse artigo.

a publicar nos *Cadernos*, mas também diretamente, no caso de matérias recolhidas ou encomendadas para números especiais. (Campos & Haddad, *Cad.Pesq.*, n.80, p.11)

Vão sendo assim revelados alguns dos critérios de seleção das matérias publicadas na Revista durante esses anos. É nítida a predominância dos temas e autores ligados aos grupos de pesquisa internos à própria Fundação Carlos Chagas e os *Cadernos* aparentam, de certa maneira, querer induzir uma produção correlata em outras instituições, garantindo-lhe espaço para publicação. Isso se torna ainda mais claro quando se examina a lista dos autores que mais publicam na Revista durante esses 80 números e se constata que as 12 autoras mais presentes eram pesquisadoras dos quadros da Fundação e estiveram, quase todas, envolvidas, em algum momento, na equipe responsável pela publicação do periódico: Carmen Barroso, Guiomar Namo de Mello e Maria Amélia Azevêdo Goldberg, com 16 matérias publicadas; Bernardete A. Gatti e Fúlvia Rosemberg, com 15; Maria M. Malta Campos, com 13; Elba Siqueira de Sá Barreto, Maria Laura P. B. Franco e Teresa Roserley Neubauer da Silva, com 12; Ana Maria Poppovic e Yara Lúcia Esposito, com 10; e Cristina Bruschini, com 9.[22]

É importante também ressaltar que a ligação dos pesquisadores aos quadros da Fundação Carlos Chagas cria um vínculo, mais ou menos permanente, que garante a continuidade dos grupos de pesquisa da instituição e a manutenção relativamente inalterada da linha editorial da Revista. Basta notar que, das 12 autoras mais publicadas, citadas acima, 9 delas continuam fazendo parte dos quadros da instituição nos dias de hoje.[23]

Constatada essa continuidade da linha editorial, complica-se a tarefa de traçar uma periodização da trajetória de publicação da Revista. Tendo, porém, em vista as afirmações já feitas a respeito da íntima vinculação dos *Cadernos* aos temas das pesquisas desenvolvidas no âmbito da Fundação e a respeito da influência, mais ou menos consciente, das posições teóricas e preferências temáticas

---

22 Cf. anexos no final deste trabalho.
23 Para informações atuais sobre a Fundação Carlos Chagas, foi consultada a página da instituição na Internet – http://www.fcc.org.br.

dos editores sobre a aceitação de colaborações externas, pode-se propor uma divisão em períodos baseada nas mudanças na Editoria do periódico. Dessa maneira, pode-se dividir a publicação em três grandes períodos, com algumas subdivisões:

- *1971-1984 – n°ˢ 1 a 48*: 1ª fase, sob a direção de Lólio Lourenço de Oliveira. Nessa fase define-se a estrutura da publicação, instituem-se as seções e abre-se a Revista para colaboradores externos. De 1979 a 1984 (n°ˢ 28 a 48), passa a haver a Editoria Executiva, ocupada por Maria M. Malta Campos e Lia Rosenberg;
- *1984-1988 – n°ˢ 49 a 67*: 2ª fase, sob o comando de Maria M. Malta Campos. A Revista se afirma como importante organismo de divulgação de pesquisas educacionais no Brasil. De 1984 a 1985 (n°ˢ 49 a 52), a editora responsável ocupa, além desse cargo, também a Editoria Executiva, com Marta Kohl de Oliveira. De 1985 a 1987 (n°ˢ 53 a 63), há centralização maior, sendo a Editoria Executiva ocupada pela editora responsável, sem colaboração. Já em 1988 (n°ˢ 64 a 67), a Editoria Executiva é assumida por Fúlvia Rosemberg e Albertina Gordo de Oliveira Costa, que se encarregariam dos principais postos da Revista na fase seguinte;
- *1989-1992 – n°ˢ 68 a 80*: 3ª fase, em que a editora responsável é Fúlvia Rosemberg e a editora executiva é Albertina Gordo de Oliveira Costa. A publicação completa vinte anos e produz uma edição comemorativa – o n° 80 – que se ocupa de ressaltar a importância e o prestígio dos *Cadernos de Pesquisa* no campo educacional brasileiro.

Essa legitimidade e esse prestígio procuram ser marcados, ao longo da trajetória de publicação dos *Cadernos*, com base na referência à estreita vinculação da Revista e da própria Fundação Carlos Chagas à pesquisa educacional. Ao contrário da *Revista da ANDE* ou de *Educação & Sociedade*, que vão destacar suas ligações à política e às perspectivas de redemocratização da sociedade brasileira, os *Cadernos de Pesquisa* desde o início vão se afirmar como revista científica destinada à publicação e à discussão de pesquisas científicas.

Não se trata, portanto, de uma publicação voltada para os professores do ensino fundamental e médio, havendo pouca preocupação, ao longo do percurso da Revista, com a orientação das práticas pedagógicas concretas. Os *Cadernos* vão se dirigir preferencialmente ao público acadêmico, funcionando como orientadores e estimuladores de determinadas linhas de pesquisa, na medida em que oferecem um espaço, dotado de prestígio no campo, para a divulgação e a legitimação dessas pesquisas. Vão funcionar além disso, fundamentalmente, como local de expressão das posições teóricas, linhas e metodologias de pesquisa e de afirmação de prestígio do grupo de pesquisadores da própria Fundação Carlos Chagas, que se vai encarregar, durante o período, da formulação, da assessoria e da avaliação de vários projetos educacionais implementados nos diversos níveis do sistema educacional brasileiro. Alguns dos membros da equipe de pesquisadores da instituição acabam assumindo postos de destaque na administração pública, exercendo, durante algum tempo, posições de poder no campo educacional no país. É o caso, por exemplo, de Guiomar Namo de Mello, que ocupou a Secretaria Municipal de Educação de São Paulo entre 1983 e 1988, e de Teresa Roserley Neubauer da Silva, que, além de ter sido assessora de Mello nesse período, ocupa, desde 1995, a Secretaria de Estado da Educação de São Paulo.

A preocupação dos *Cadernos de Pesquisa* com a afirmação e a consolidação da pesquisa educacional no Brasil pode ser constatada mediante a consulta da produção veiculada na Revista nos 80 números pesquisados. Além da grande quantidade de resultados de pesquisas aí publicados, destacam-se pelo menos 24 artigos dedicados especificamente à discussão teórica e metodológica da pesquisa em si.[24]

---

[24] Cf. os seguintes artigos dos *Cadernos de Pesquisa*: André, n.49; Barroso, n.13 e 46; Bruschini & Amado, n.64; Dutra, n.45; Esteves, n.50; Fazenda, n.60; Franco & Goldberg, n.16; Franco, n.51; Gatti, n.44; Goldberg, n.17; Gouveia, n.1 e 19; Izquierdo, n.5; Lüdke, n.64; Mello, n.46 e 53; Ribeiro Netto, n.16; Salm, n.55; Schiefelbein & Simmons, n.35; Schiefelbein, n.5; Thiollent, n.49; Vianna, n.16; Vieira, n.67.

Já no primeiro número da Revista, de julho de 1971, é publicado o estudo de Aparecida Joly Gouveia, "A pesquisa educacional no Brasil", índice em si suficiente da relevância do tema para os organizadores dos *Cadernos* desde a sua formulação inicial. O artigo constitui um balanço dos trabalhos publicados no Brasil nos cinco anos anteriores à publicação, que levanta as condições de realização e as principais linhas de pesquisa então empreendidas. A autora destaca a pouca participação das universidades e a importância, no campo educacional, de outros tipos de instituições, governamentais ou não, inclusive a Fundação Carlos Chagas:

> Em condições institucionalizadas, estudos relacionados com a educação realizam-se nos seis centros que integram a rede do Instituto Nacional de Estudos Pedagógicos, do Ministério da Educação e Cultura, em centros de pesquisa inseridos em algumas Secretarias Estaduais, no Instituto de Pesquisas Econômicas Aplicadas, do Ministério do Planejamento (IPEA), em núcleos de pesquisa de algumas entidades particulares que mantêm programas educacionais (SENAC, SESI), no Centro de Estudos e Treinamento em Recursos Humanos da Fundação Getúlio Vargas, na Fundação Carlos Chagas, e em institutos de pesquisa econômica e/ou social que funcionam em algumas universidades. A maior parte, porém, dos trabalhos realizados por professores universitários resulta de esforços individuais relacionados com interesses intelectuais ou acadêmicos. A pesquisa é praticamente negligenciada nos orçamentos das universidades e, em geral, desempenha papel secundário na carreira do professor universitário. (Gouveia, *Cad.Pesq.*, n.1, p.10)

Depois de comentar os problemas da realização da pesquisa educacional no Brasil, a autora declina o desejo de incentivar o maior envolvimento das universidades brasileiras nesse tipo de atividade, com a institucionalização da pós-graduação nesse setor, em estreita colaboração com pesquisadores de outras áreas, parecendo haver o desejo de indução e moldagem da pesquisa universitária pelos parâmetros da pesquisa realizada fora desse tipo de instituição (ibidem, p.19).

Novo balanço é efetivado pela mesma autora cinco anos depois em "A pesquisa sobre educação no Brasil: de 1970 para cá", publicado no nº 19, de dezembro de 1976. Depois de afirmar ter havido poucos avanços da situação da pesquisa em relação ao balanço anterior, Gouveia (*Cad.Pesq.*, n.19, p.77) destaca o papel exercido durante aqueles cinco anos pelos *Cadernos* para impulsionar a pesquisa sobre educação no país.

Maria Laura P. B. Franco e Maria Amélia Azevêdo Goldberg, em artigo publicado um pouco antes desse estudo de Gouveia ("Prioridades em pesquisa educacional, prós e contras", *Cad.Pesq.*, n.16), destacam o problema da incipiência e da falta de relevância da maioria dos projetos de pesquisa até então efetivados no país:

> Portanto, embora nossas análises não possam ser conclusivas, elas nos sugerem que o trabalho ainda incipiente de pesquisa educacional parece padecer de uma falta de relevância, tanto teórica quanto social. Nosso pesquisador em educação parece incorrer em dois pecados: o pecado de inocência científica e o pecado de indiferença para com os problemas da educação brasileira de hoje. Certamente, esses pecados derivam de condições de formação do próprio pesquisador, ou de condições de insuficiente institucionalização da pesquisa educacional entre nós. (p.79)

A vinculação da Revista ao desenvolvimento da pesquisa em educação se põe como a sua marca distintiva no panorama da imprensa periódica educacional da época: os *Cadernos* procuram afirmar-se, recorrentemente, como espaço privilegiado para a divulgação de pesquisas e, com base nos mecanismos de seleção das matérias publicadas, procuram legitimar certo tipo de pesquisa e privilegiar determinadas temáticas.

O novo e o tradicional nos *Cadernos de Pesquisa*

Quanto ao tema específico deste trabalho pôde-se constatar a presença, nos *Cadernos de Pesquisa*, de alguns artigos que, ao examinar as questões educacionais, acabam se valendo, de algum modo, da oposição entre *novo* e *tradicional* como recurso explicativo. Podem ser citados os seguintes textos: Barreto & Menezes, n.11; Mello, n.36 e 45; Luna, n.36; Garcia & Azevedo, n.48; Ruiz & Faria, n.49; Cruz et al., n.53; Davis et al., n.71; Andrade, n.73; Mazzotti, n.76.

Além desses artigos, que abordam a oposição *novo* × *tradicional*, puderam ser selecionados alguns outros que, embora não diretamente, acabam construindo explicações e modos de enunciar os problemas educacionais que de certa maneira remetem a formulações discursivas semelhantes. Assim, há um conjunto de textos publicados nos *Cadernos* que se ocupa do tema da inovação e da mudança em educação e que merece ser examinado por permitir observar abordagens diferentes do problema do *novo*: Poppovic, n.21; Candau, n.28; Goldberg, n.32 e 35; Covre, n.33; Barreto, n.34; Cury, n.35; Mello et al., n.45; Gonçalves, n.49; Felix, n.59; Oliveira, n.63.

Outro tema correlato, mediante o qual se podem apreender determinadas formulações discursivas a respeito do *novo* na educação, pode ser percebido em alguns poucos artigos que abordam a chamada pedagogia histórico-crítica ou pedagogia dos conteúdos, problemática extensamente tratada e debatida em *Educação & Sociedade* e na *Revista da ANDE* e que também aparece nos *Cadernos de Pesquisa*: Cury, n.40; Saviani, n.42; Ghiraldelli Jr., n.60; Carvalho, n.70; T. R. Silva, n.70; T. T. Silva, n.73.

Nesse conjunto de textos, às vezes a oposição entre novo e tradicional aparece de modo bastante simplificado, sem preocupação com comentários. O novo é entendido diretamente como melhor. É o caso, por exemplo, do texto de Teresinha Rosa Cruz e outros autores, publicado em maio de 1985. Apresentando um relato de experiência com o ensino de Geometria Descritiva na Universidade de Brasília, os autores defendem as vantagens do seu método, visto como novo, em relação ao tradicional:

> O primeiro experimento foi realizado em 1980. Os resultados comprovaram que o método dos IOs [instrumentos operacionais] foi mais importante que o método tradicional, porque os alunos deste último método revelaram-se mais dependentes do seu potencial original de raciocínio espacial que os alunos do método novo. (Cruz et al., *Cad.Pesq.*, n.53, p.54)

Nessa mesma linha, no artigo de Antonio dos Santos de Andrade, de maio de 1990, a mera posse de "recursos alternativos à didática tradicional" parece garantir, em si, maiores recursos ao professor, tanto na efetivação do trabalho docente quanto na conquista de maior grau de consciência profissional e capacidade de resistência contra o autoritarismo:

> Algumas professoras não se subordinavam facilmente e tivemos a oportunidade de acompanhar a trajetória de uma delas. Professora muito jovem, recém-egressa do curso de pedagogia, tinha apenas um ano de experiência no ensino, adquirida em outra instituição. Havia desenvolvido um trabalho com uma turma de pré-escola que era considerada a pior daquela instituição. No entanto, através de um trabalho com recursos alternativos à didática tradicional, conseguira um resultado surpreendente com a turma. No final do ano, sua turma foi considerada como a de melhor desempenho dentre todas. Esta experiência desenvolveu na professora uma crença em propostas dessa natureza. (Andrade, *Cad.Pesq.*, n.73, p.28)

Outras vezes, já há maior preocupação com o detalhamento e a descrição, tanto do tradicional quanto do novo. É o que se percebe no artigo de Regina Leite Garcia e Joanir Gomes de Azevedo, de fevereiro de 1984, que trata do papel do orientador educacional. Esse texto propõe a discussão das diferenças entre métodos pedagógicos em termos um tanto diferentes dos costumeiros, mas no final retoma o mesmo esquema explicativo "novo *versus* tradicional". Nesse sentido, o ensino normalmente denominado tradicional é aqui enquadrado no âmbito da análise de uma corrente denominada "racionalismo acadêmico", na qual:

> Cabe ao aluno uma insignificante participação nas decisões de um conjunto de verdades que compõem o currículo, organizado em disciplinas estanques não articuladas entre si. O processo educacional visa fornecer conceitos e critérios para o desenvolvimento da função intelectual do aluno.
> O ponto de partida é o já conhecido, ou seja, a lição anterior, o conteúdo já dominado. Em seguida, é apresentado o novo conhecimento que deve ser aprendido, apreensão que se dá através da comparação do conhecimento novo com o conhecimento velho. Na incorporação do conhecimento novo, é extraído [*sic*] dos elementos apresentados uma lei, havendo, portanto, a integração do elemento novo a determinada classe de fenômenos. É o momento da generalização, ao qual sucede a aplicação, uma forma de verificação da aprendizagem. (Garcia & Azevedo, *Cad.Pesq.*, n.48, p.29-30)

Nessa tendência, ou corrente, o conteúdo seria definido de acordo com uma ordem lógica, com a intenção de "formar o homem erudito, intelectualmente capacitado, apto a grandes generalizações, herdeiro da tradição ocidental, conhecedor da produção literária, científica e artística do ocidente" (ibidem, p.30). Nessa formação, o professor deveria exercer um papel essencial:

> O professor detém o poder do saber e o aluno é o receptor deste saber. Como se estrutura no método expositivo, o bom professor é o que domina o conhecimento e o transmite com talento. (ibidem)

Além do chamado "racionalismo acadêmico", são citados, como enfoques metodológicos utilizados no ensino, o "processo cognitivo", em que se desloca o centro do ensino do conteúdo para os processos de aquisição do conhecimento por parte do aluno; a "auto-atualização", que enfatiza a liberdade, devendo o currículo girar em torno dos interesses, propósitos e aptidões do educando; a "tecnologia do ensino", que enfatiza o planejamento do ensino por técnicos especializados, neutros e objetivos, sendo o professor e o aluno meros executores desse processo; e, por fim, a "reconstrução social", que destaca o papel político da educação na mudança da sociedade:

> Na verdade, o que distingue a reconstrução social dos demais enfoques é o pressuposto de uma postura política norteando toda a prática pedagógica. A metodologia passa a ser definitivamente "meio" para, o que através da história foi se transformando num fim, um fim em si mesmo. (ibidem, p.34-5)

Há uma nítida opção dos autores por essa última proposta, mediante a qual definem, dessa maneira, o papel do orientador educacional, tema do artigo:

> Percebendo criticamente a realidade e optando por uma educação libertadora para as classes subalternas, o orientador-educador vai, coletivamente, buscando caminhos que respondam a uma nova concepção de educação, que definem outros fins e que exigem novas metodologias. Nesta nova postura, o currículo tem outro sentido,

partindo do aluno real, que vive numa sociedade real. Os fins últimos são a instrumentalização do aluno para a modificação da sociedade. Os meios surgem da investigação participante da realidade, em que, agentes educativos, alunos, família, buscam novos caminhos, que levam a uma nova qualidade, que responda efetivamente aos interesses dos alunos. (p.36)

O *novo* na educação, aqui, não se opõe apenas a um *tradicional* estabelecido e único; definido de outra maneira, o *novo* se põe como alternativa a todos os outros enfoques teóricos e metodológicos do currículo e do ensino, apontando para mudança da sociedade.

A mesma preocupação com o detalhamento do novo e do tradicional aparece no artigo de Claudia Davis e outras autoras, publicado em novembro de 1989. O texto discute o conceito de interações sociais no contexto escolar, em relação às chamadas pedagogias ativas, com base nas concepções de Vygotsky. Depois de examinar teoricamente a importância do conceito de interações sociais, as autoras vão dividir a pedagogia em dois modelos opostos: de um lado, as pedagogias sociointeracionistas, entendidas como o novo em educação; de outro, todas as demais pedagogias, rotuladas como tradicionais (Davis et al., *Cad.Pesq.*, n.71, p.53). Há nesse texto claro esforço de tornar mais preciso o que se considera tradicional em relação a uma perspectiva dita sociointeracionista:

> As pedagogias tradicionais parecem suscitar no professorado muitas críticas. Entre elas, destaca-se a idéia de que nestas abordagens se conta com uma classe onde alunos trabalham de maneira disciplinada e concentrada, sob as mãos férreas do professor. Desta maneira, cria-se a falsa certeza de que as pedagogias tradicionais desprezam a interação social, sem maiores reflexões a respeito do assunto. De fato, o que nelas acontece é que se privilegia uma modalidade específica de interação social: aquela que se dá entre professor e aluno. Esta valorização da relação professor/aluno decorre da noção de que a transmissão cultural se dá sempre do mais sábio ao menos sábio, do mais experiente ao menos experiente, do mais competente ao menos competente. Assim sendo, o modelo de ensino das pedagogias tradicionais repousa em uma concepção da interação que, se no início é assimétrica, deve tornar-se paulatinamente simétrica, à medida que os alunos se apropriem dos conhecimentos do profes-

sor. Dentro desta ótica, a simetria é (ao menos do ponto de vista teórico), a um só tempo, objetivo e ponto de chegada da interação. (Davis et al., *Cad.Pesq.*, n.71, p.53)

Em todos os casos até aqui examinados predomina a noção do novo como necessariamente melhor do que o tradicional, que deveria, por essa razão, ser abandonado pelos educadores. Nem todos os autores, porém, defendem essa posição. Embora muitas vezes as propostas metodológicas alternativas sejam apresentadas como expressões do novo em oposição a tudo que as antecedeu, que é rotulado como tradicional, nem sempre esse passado tradicional é visto como simplesmente descartável por ser, em princípio, negativo. É nesse sentido, por exemplo, que Elba Siqueira de Sá Barreto e Sônia Maria Carvalho de Menezes examinam, em artigo de dezembro de 1974, as vantagens e os riscos dos chamados "cursos programados individualizados (CPIs)". Embora defendendo a metodologia proposta, as autoras alertam contra o perigo da adoção de novas técnicas sem o devido preparo, ressaltando que isso pode trazer maiores danos que os métodos ditos tradicionais (Barreto & Menezes, *Cad.Pesq.*, n.11, p.70).

Outro modo semelhante de tratar a oposição entre novo e tradicional é considerar as metodologias tradicionais como mais um dos recursos à disposição do professor, que pode ou não utilizá-las, dependendo dos seus objetivos e do tipo de curso pretendido. É o que defendem Edvirges R. L. Ruiz e Leci Maranhão Faria, em artigo publicado em maio de 1984. Ao descrever uma experiência de uso de técnicas de ensino integrado num curso superior de Psicologia, as autoras mostram que é possível alternar entre os novos métodos e a metodologia tradicional, aqui associada às aulas expositivas (Ruiz & Faria, *Cad.Pesq.*, n.49).

A pura oposição entre novo e tradicional é criticada em artigo de Guiomar Namo de Mello, de fevereiro de 1981. O texto começa apresentando certa idéia a respeito da democratização da escola, corrente naquele momento nos debates a respeito do tema:

> Quando esse erro acontece, é quase automático concluir que se democratizarmos as relações professor-aluno este último viverá uma experiência democrática que poderá ser transferida para a sociedade

como um todo. Uma escola democrática seria principalmente aquela que se efetua por meio de um processo internamente democrático e, desse modo, seria possível contribuir para uma sociedade mais justa, num movimento a partir da escola. (Mello, *Cad.Pesq.*, n.36, p.87)

Essa posição a respeito da democratização das relações dentro da escola é, no entanto, criticada pela autora:

> Trocando em miúdos, diria que, se a escola for internamente democrática, mas com isso apenas beneficiar os filhos das classes que detêm o controle econômico e cultural da sociedade, não será a vivência da democracia intra-escolar que os levará a abrir mão de seus privilégios futuros. Portanto, não se constrói a democracia num movimento que vai da escola para o social. (ibidem)

Com base nessas críticas, os métodos designados como novos, aqui englobados como métodos não-diretivos, são também criticados por acabarem apenas beneficiando uma pequena minoria de alunos provenientes de classes sociais privilegiadas:

> O que acabei de afirmar creio que pode ser ilustrado pelo fato de que tem sido nas escolas particulares, freqüentadas pelas crianças privilegiadas, que os métodos chamados "não-diretivos" vêm sendo empregados com maior sucesso. São essas escolas as que possuem as melhores condições materiais, humanas e de tempo e espaço para a utilização dos métodos ativos, supostamente mais democráticos que os tradicionais. Todavia, esse fato, por si só, não está levando a maior democratização do ensino para a grande maioria. (ibidem, p.88)

Mello aponta, a partir da crítica da chamada escola tradicional e da adoção dos métodos ativos, que a escola abandona a sua especificidade e perde seu compromisso com a maioria da população. No entanto, diz a autora, há sinais de resistência contra isso, que se manifestam exatamente na conservação, pelos professores, de alguns aspectos do chamado ensino tradicional: "Felizmente, certo bom senso intuitivo da prática escolar ainda reteve um mínimo do conteúdo chamado 'tradicional' para transmitir" (*Cad.Pesq.*, n.36, p.91).

O novo na educação é aqui redefinido, não em razão das diferenças metodológicas ou teórico-pedagógicas, mas em relação ao papel político da escola. Além disso, o novo só se pode efetivar, nessa concepção, a partir da incorporação do já estabelecido:

> Uma escola democrática é, para mim, aquela comprometida com as aspirações da grande maioria de construção de uma sociedade mais justa. A contribuição que ela, escola, tem a dar para isso, diz respeito principalmente à transmissão e apropriação do conhecimento por uma parcela cada vez mais expressiva dessa maioria constituída pelas classes subalternas. O saber a ser apropriado não é algo que brota facilmente no solo inédito da imaginação. É o saber já existente na sociedade, a partir do qual o "fazer" do dominado poderá construir um saber novo, uma vez que o novo passa pela incorporação e superação do conhecido. Afirmo neste caso, com relativa segurança, que para *ultrapassar* é preciso *passar por*. (p.88)

Outra maneira de abordar a questão do novo na educação aparece no conjunto de textos que se ocupam do problema da mudança e da inovação educacional. Em artigo publicado em março de 1979, Vera Candau propõe uma associação entre tecnologia educacional e o tema da inovação em educação, muito em voga na Revista durante seus primeiros anos de publicação. Na sua análise, a autora adverte contra os riscos da sedução que a idéia do novo sempre carrega na sociedade contemporânea:

> Esta concepção da Tecnologia Educacional se centra no tema da inovação em educação. A palavra inovação, como tantas outras, é ambígua, ao mesmo tempo atraente e equívoca. Freqüentemente, o termo inovação se relaciona com as idéias de mudança e novidade. Em nosso mundo, caracterizado como época de aceleração do processo de mudança, estas palavras – inovação, novidade, mudança – estão carregadas de valores sedutores para o homem. Uma primeira distinção é preciso fazer: toda inovação supõe um processo de mudança, mas nem todo processo de mudança é inovador. A inovação supõe um processo deliberado, intencional e planificado e não algo que ocorre espontaneamente. (Candau, *Cad.Pesq.*, n.28, p.64)

A autora critica a busca do novo pelo novo e a associação da inovação à pura novidade. O novo em educação não deve ser valorizado em si, mas analisado em relação às suas reais contribuições para a concretização de transformações qualitativas no ensino: "A busca acrítica do novo em educação vai freqüentemente acompanhada do tecnicismo, da supervalorização dos métodos e técnicas que é uma outra forma de transformação dos meios em fins" (Candau, *Cad.Pesq.*, n.28, p.64-5).

As possibilidades de mudanças na educação vão ser defendidas, em vários textos, contra certo tipo de análises críticas provenientes do campo da sociologia da educação que insistiam nos aspectos ideológicos e reprodutores da estrutura social presentes na instituição escolar. Um exemplo pode ser buscado no artigo de Maria Amélia Azevêdo Goldberg, de fevereiro de 1980. A autora defende, nesse texto, as possibilidades de inovações na educação contra as críticas que incidem puramente sobre os seus limites ideológicos e que reduzem a escola a instrumento de reprodução e dominação social:

> A principal miséria da ideologia consiste aqui em negar existência a inovações inspiradas na *eficiência* do processo educacional. Sob essa rubrica se incluiriam todas aquelas inovações preocupadas explicitamente com a racionalidade dos meios pedagógicos de modo a assegurar maior rendimento ao processo ensino-aprendizagem e através dele, assegurar o pleno desenvolvimento do *indivíduo*. Em nome de um verdadeiro racismo ideológico proscreve-se [sic] do mapa as chamadas "pseudo-inovações", assim caracterizadas por serem de inspiração tecnocrática, e por desconsiderarem, como tal, as implicações sociais e políticas da ação educativa. (Goldberg, *Cad.Pesq.*, n.32, p.61)

De acordo com a autora, essas críticas praticamente inviabilizariam a efetiva realização de mudanças ou inovações no sistema escolar, condenadas a ser meras aparências ideológicas e simples mecanismos de reprodução social. Com esse tipo de restrições críticas, de acordo com a autora:

> risca-se [sic] da história da inovação educacional aquelas experiências escolares inspiradas, por exemplo, no movimento da Escola Nova, já que este, sendo filho do humanismo cientificista, nada mais teria feito que contribuir para aumentar a "eficiência do Sistema", na reprodução das desigualdades sociais; proscreve-se a própria Tecnologia Educacional, enquanto exercício fútil de "consciências ingênuas"; desqualificam-se, como inovação, programas de iniciativa governamental que visam ao desenvolvimento de novas metodologias de

ensino-aprendizagem, na medida em que – provindo do Governo – eles só poderiam criar ilusões de *mudanças contigentes* em vez de produzir *"a" mudança substantiva*. (p.61-2)

Esse artigo provocou debate que se prolongaria durante alguns números da Revista. A primeira resposta foi elaborada por Maria de Lourdes Manzini Covre, cujo texto é publicado em maio de 1980. Aí, Covre debate o texto de Goldberg, fazendo-lhe crítica ideológica. Propõe que a única possibilidade de "inovação real" na escola se dá por meio do aproveitamento das "brechas" oferecidas pelas contradições do sistema:

> É imprescindível que os intelectuais (os educadores no caso) percebam essas fissuras, elaborando teorias que tenham vinculações com o real. Estarão, então, propiciando inovações educacionais reais. Finalmente, as "misérias" da ideologia, ou seja da ideologia dominante, podem ser rebatidas pelos educadores com a posse de instrumentos conceituais afinados que lhe permitam analisar e propor modificações na realidade histórica. (Covre, *Cad.Pesq.*, n.33, p.80)

A simples inovação, entendida como mudança técnica ou metodológica nas formas de ensinar, é descartada, pois não seria mecanismo capaz de provocar transformações efetivas na escola e na sociedade.

No nº 35, de novembro de 1980, viria a ser publicada a tréplica de Goldberg (*Cad.Pesq.*, n.35, p.77-9) que, numa contestação quase emocional, reafirma suas posições. No mesmo número dos *Cadernos* é publicado um artigo de Carlos Roberto Jamil Cury, em que se dá seqüência ao debate anterior. O autor insiste nas possibilidades de mudança na educação, embora reconheça o caráter de aparelho ideológico exercido pela escola:

> O artigo de M. Lourdes Manzini Covre, ao situar os suportes econômico-sociais da educação, levanta com precisão os limites do artigo anterior, cujas coordenadas pretende recolocar. No entanto, embora por vias diferentes, ambos os artigos convergem num ponto: há um espaço, dentro do educacional, aberto à ação inovadora no contexto dos conflitos sociais. (*Cad.Pesq.*, n.35, p.80)

De acordo com o autor, a própria luta de classes permitiria o surgimento de contradições que possibilitariam as mudanças na educação (p.83).

A crítica às análises que insistem apenas nos aspectos ideológicos e reprodutivos da educação pode ser observada em outros textos, como o de Elba Siqueira de Sá Barreto, publicado no n° 34, de agosto de 1980, no qual a autora defende as possibilidades de intervenção e de mudança no campo educacional:

> Via de regra, tais estudos partem de premissas lógico-dedutivas que os levam, seja qual for o objeto de análise em que se detenham, invariavelmente às mesmas conclusões, quais sejam, as de que o aparelho educacional do Estado está posto a serviço das classes dominantes. Tão inflacionado fica o caráter ideológico da educação em interpretações como estas que acaba por perder o poder explicativo. (Barreto, *Cad. Pesq.*, n.34, p.85)

Algumas formas de inovação educacional são apresentadas na Revista e defendidas como maneiras de melhorar a eficiência do funcionamento do sistema escolar. Ana Maria Poppovic, em artigo de junho de 1974, expõe e defende o chamado Programa Alfa, elaborado por um grupo de pesquisadores da Fundação Carlos Chagas e implementado em vários Estados da Federação com apoio do governo federal durante a década de 1970. Tal programa é apresentado como alternativa metodológica para a alfabetização que, supostamente, melhoraria sua eficiência. Vista a proposta como "nova", não há preocupação no texto de criticar o tradicional, o já estabelecido. Entram em conta as evidências da ineficiência do modelo de alfabetização até então empregado e a suposta superioridade científica da metodologia proposta (cf. Poppovic, *Cad.Pesq.*, n.21).[25]

Tratando ainda do problema da mudança em educação, encontram-se nos *Cadernos* alguns textos sobre mudança curricular. Comentando sobre as dificuldades de incorporação de mudanças curriculares nas escolas, Obéd Gonçalves, em artigo de 1984, indica

---

25 Sobre o Programa Alfa foram publicados alguns artigos nos *Cadernos de Pesquisa* além desse: Silva, n.34; Santos, n.39; Poppovic, n.43.

uma explicação para a sempre apontada resistência à mudança das instituições escolares:

> Porque a estrutura e a atividade da escola não são congruentes, as escolas incorporam, em sua estrutura formal, as pressões pela mudança, sem que, contudo, tais mudanças penetrem até a atividade central da escola. (Cad.Pesq., n.49, p.56)

Rachel de Oliveira (Cad.Pesq., n.63), então membro do Conselho de Participação e Desenvolvimento da Comunidade Negra de São Paulo, examina as possibilidades de mudança curricular do ponto de vista do atendimento às reivindicações da comunidade negra, em artigo publicado em 1987. O texto comenta o processo de alteração curricular que se vivia no Estado de São Paulo desde 1986, partindo da constatação da existência de um "currículo escolar inadequado à criança negra". Diante dessa constatação, no entanto, um *novo* currículo não deveria resultar da substituição do conhecimento dominante por outro conhecimento, supostamente mais "adequado" à criança negra. O novo, nesse caso, suporia a incorporação do currículo anterior, numa outra perspectiva:

> É neste sentido que a introdução do estudo da cultura negra nas escolas merece uma reflexão mais cuidadosa para não cairmos na postura ingênua, partilhada inclusive por muitos de nós negros, de que esta medida resolverá os problemas educacionais do aluno negro. A cultura negra é imprescindível, ela é o referencial histórico para a identidade do aluno negro, o elemento chave para o início da ruptura da dominação. Mas o conhecimento elaborado não pode continuar sendo propriedade da burguesia. Portanto, um currículo que contemple a classe popular e respeite as diversidades culturais, deve se basear no conhecimento dos alunos dessa classe, respeitar suas informações e ampliar esse conhecimento a fim de que eles possam ter acesso ao acervo de conhecimentos científicos, articulá-lo de forma dialética, dar-lhe novas interpretações e criar novos valores. (Oliveira, Cad.Pesq., n.63, p.64)

No caso dessa última autora, já se está próximo das maneiras de formulação do problema do novo e da mudança em educação dos propositores da denominada pedagogia histórico-crítica ou crítico-social dos conteúdos. Essa corrente alcançaria, nos anos

80, bastante repercussão nos meios educacionais brasileiros, como já se viu anteriormente, no exame tanto da *Revista da ANDE* quanto de *Educação & Sociedade*. Nos *Cadernos de Pesquisa* também seriam publicados alguns artigos a respeito dessa tendência pedagógica, tanto escritos por seus defensores quanto por seus críticos.

Sem examinar esses textos na seqüência cronológica de sua produção e publicação nos *Cadernos*, pode-se começar da maneira como a corrente é apresentada por Teresa Roserley Neubauer da Silva, em artigo publicado em 1989, intitulado "Influências teóricas no ensino e currículo no Brasil" (*Cad.Pesq.*, n.70, p.5-19). Em artigo que faz um "inventário das principais influências teóricas sobre a organização do ensino e do currículo", a autora examina várias correntes, dentre as quais cita a influência de vertentes críticas sobre dois grupos de educadores brasileiros:

> O sistema educacional, considerado tradicionalmente apolítico, transforma-se num espaço de conflito de classes. Para superar e enfrentar o problema da mudança em educação, alguns marxistas introduzem em suas análises o conceito de contradição, num esforço de fornecer uma explicação teórica adequada ao papel simultaneamente reprodutor e transformador da educação escolar.
> A concordância de educadores brasileiros, tais como Dermeval Saviani, Guiomar Namo de Mello, Vanilda Paiva, Carlos Roberto Cury, Neidson Rodrigues, com essa linha de análise teórica – que resulta numa valorização da escola e de seus conteúdos como espaço de luta importante ao questionamento e superação das desigualdades de classe – teve decisiva influência na política educacional no início dos anos 80. Por outro lado, como resultante do empiricismo metodológico e dos trabalhos crítico-reprodutivistas (Bourdieu, Establet), surge também entre nós, nesse período, um grupo de educadores que questiona radicalmente a existência da escola, associando-a à reprodução do sistema desigual de produção capitalista. Foram representantes desta linha Moacir Gadotti e Maurício Tragtenberg, entre outros. (p.17)

A autora reconhece, dessa maneira, a existência de um conflito, dentro de certo setor do campo educacional brasileiro, tido como "crítico" ou "de esquerda", entre pelo menos dois grupos de educadores. No entanto, sem manifestar adesão a nenhum dos lados, propõe uma espécie de conciliação entre ambos, sugerindo a necessidade de incorporar todas as suas contribuições (p.19).

Outro artigo que trata da pedagogia histórico-crítica é o de Carlos Roberto Jamil Cury, publicado em 1982. Nesse texto, o autor procura justificar ou legitimar "filosoficamente" a pedagogia histórico-crítica. Ele parte das críticas então em voga ao saber divulgado no ensino, que insistiam sobre o caráter exercido pela instituição escolar como reprodutor da dominação e da "visão de mundo da classe dominante" (*Cad.Pesq.*, n.40, p.58).

O autor procura refutar, ou, pelo menos, amenizar esse caráter de classe do saber transmitido pela e na escola:

> A produção do saber se dá em função da *relação* entre as classes e não de uma separação irredutível entre elas. Ou seja, o saber *em produção* não é um saber de classe, mas um saber que nasce da relação antagônica entre as classes. Este saber *em produção*, uma vez *produzido*, será objeto de uma apropriação unilateral. Unilateral porque apenas um dos pólos da relação é que se apropria, o que quer dizer que esse pólo *expropria* o seu oposto do saber, que só na relação foi possível de ser produzido.
>
> Nesse momento, o saber apropriado torna-se saber privatizado de classe. Daí ser importante afirmar a expropriação do saber como momento necessário para sua *dissimulação*, já que a expropriação faz parte da lógica da reprodução do capital. (p.59)

A escola é afirmada como espaço onde ocorre também a luta de classes e não apenas a reprodução das estruturas da sociedade: "No meu ponto de vista, a luta pela competência técnica, pelo saber fazer, é uma das faces mais importantes da luta de classes na escola de hoje. E, para que ela seja mais 'inventariada', necessita passar pela mediação da organização social do trabalho" (p.59).

Depois de tecer uma crítica aos métodos da Escola Nova, que teriam apenas legitimado a exclusão das classes populares do acesso à escola, Cury indica a necessidade de criar um *novo* saber e associa a luta do professor à luta do operário no interior da empresa capitalista:

> Esse saber fazer não será, decerto, a reprodução do saber-conteúdo, cuja vitalidade em parte já se esvaía e nem será a idealização do saber-conteúdo por isso. Por essa razão, o saber fazer deve ser, no seu vir-a-ser, a incorporação de algo de novo, cuja vitalidade bem ou mal já está no próprio movimento social. O *saber fazer* implica a

dialética entre o saber fazer existente e um novo saber fazer que não ignore igualmente a tensão entre o saber existente parcelarizado e a busca de um saber mais global.

A mediação da organização social do trabalho permite ver melhor, portanto, que caminhos são possíveis nessa reapropriação do saber fazer. Lutar pelo saber fazer é uma luta homóloga, pois, àquela que o operário trava para recuperar o seu meio de trabalho. (p.60)

O *novo*, aqui, portanto, se define fora da escola, no movimento social, mas penetra no próprio trabalho do professor, por meio da instituição de um novo saber fazer docente que se expressa numa nova competência técnica, num novo modo de transmissão do conteúdo e, portanto, de uma nova ênfase nos métodos de ensino, que devem ser apropriados às necessidades dessa transmissão.

Outro texto em que aparece uma clara defesa da pedagogia histórico-crítica é o artigo de Dermeval Saviani, "As teorias da educação e o problema da marginalidade na América Latina", publicado em 1982 (*Cad.Pesq.*, n.42, p.8-18). Para entender as relações que se estabelecem entre marginalidade e sistema educativo, o autor, como faz em vários dos seus trabalhos publicados nesse mesmo período, parte de uma classificação das teorias ou tendências pedagógicas que, neste caso específico, são agrupadas em "teorias não-críticas" – que entendem a educação como fator de equalização social – e "teorias críticas" – que, pelo contrário, compreendem a educação como fator de discriminação social. No primeiro grupo, o autor classifica a pedagogia tradicional, a pedagogia nova e a pedagogia tecnicista. No caso da primeira, a tradicional, a escola é voltada para a formação do cidadão e é vista como "instrumento para equacionar o problema da marginalidade" (p.9). Propõe o autor a seguinte descrição dessa escola:

Seu papel é difundir a instrução, transmitir os conhecimentos acumulados pela humanidade e sistematizados logicamente. O mestre-escola será o artífice dessa grande obra. A escola se organiza, pois, como uma agência centrada no professor, o qual transmite, segundo uma gradação lógica, o acervo cultural aos alunos. A estes cabe assimilar os conhecimentos que lhes são transmitidos.

À teoria pedagógica acima indicada correspondia determinada maneira de organizar a escola. Como as iniciativas cabiam ao professor, o essencial era contar com um professor razoavelmente bem preparado. Assim, as escolas eram organizadas na forma de classes, cada uma contando com um professor que expunha as lições que os alunos seguiam atentamente e aplicava os exercícios que os alunos deveriam realizar disciplinadamente. (p.9)

A chamada pedagogia nova vai surgir justamente das críticas a essa maneira de conceber a escola:

> As críticas à pedagogia tradicional formuladas a partir do final do século passado foram, aos poucos, dando origem a uma outra teoria da educação. Esta teoria mantinha a crença no poder da escola e em sua função de equalização social ... Toma corpo, então, um amplo movimento de reforma cuja expressão mais típica ficou conhecida sob o nome de "escolanovismo". Tal movimento tem como ponto de partida a escola tradicional já implantada segundo as diretrizes consubstanciadas na teoria da educação que ficou conhecida como pedagogia tradicional. A pedagogia nova começa, pois, por efetuar a crítica da pedagogia tradicional, esboçando uma nova maneira de interpretar a educação e ensaiando implantá-la, primeiro, através de experiências restritas; depois, advogando sua generalização no âmbito dos sistemas escolares. (ibidem)

Percebe-se que, dessa maneira, de acordo com o autor, é a própria escola nova que institui a imagem do ensino tradicional como negativo e danoso às crianças. Já a pedagogia tecnicista surge com as tentativas de reordenação do processo educativo com base na organização racional dos meios de ensino.

De outro lado, colocam-se as chamadas teorias crítico-reprodutivistas nas suas três vertentes principais: a da violência simbólica, a dos aparelhos ideológicos de Estado e a da escola dualista. Tais teorias têm em comum, de acordo com Saviani, a idéia de que a escola tem a função básica de efetivar ou, pelo menos, contribuir para a reprodução da estrutura social da sociedade capitalista.

É com base nas conseqüências da influência das teorias crítico-reprodutivistas na América Latina nos anos 70 que Saviani vai propor a necessidade de elaboração de outra teoria crítica da educação que pudesse superar os limites determinados pelas primeiras (p.16). Pelo fato de as teorias crítico-reprodutivistas conceberem o funcionamento da escola na sociedade capitalista em termos de reprodução, de acordo com Saviani, elas não contêm e não podem conter uma proposta de ação pedagógica, já que esta, qualquer que fosse sua intenção, recairia no mecanismo de reprodução social. Para Saviani, o *novo* na educação consistiria justamente na instituição de uma teoria crítica que desse conta de uma ação pedagógica comprometida com os interesses dos dominados:

> Do ponto de vista prático, trata-se de retomar vigorosamente a luta contra a seletividade, a discriminação e o rebaixamento do ensino das camadas populares. Lutar contra a marginalidade através da escola significa engajar-se no esforço para garantir aos trabalhadores um ensino da melhor qualidade possível nas condições históricas atuais. O papel de uma teoria crítica da educação é dar substância concreta a essa bandeira de luta de modo a evitar que ela seja apropriada e articulada com os interesses dominantes. (p.16-7)

Paulo Ghiraldelli Júnior, em artigo publicado no nº 60, aborda a evolução das tendências pedagógicas no período republicano no Brasil, operando com periodização similar à formulada por Nagle em *Educação e sociedade na Primeira República* (1974) em relação a esse período inicial, complementando-a para o período posterior (*Cad. Pesq.*, n.60, p.28-37). O autor mostra a existência, durante o período analisado, das seguintes tendências: pedagogia tradicional, libertária, nova, libertadora, tecnicista, não-diretiva, teorias da desescolarização e crítico-reprodutivista e pedagogia histórico-crítica ou crítico-social dos conteúdos. Insistindo não ter havido, necessariamente, substituição de uma tendência por outra, mas, em vários momentos, convivência e disputa entre elas, o autor se põe claramente do lado da pedagogia histórico-crítica que, de acordo com ele, corresponderia às necessidades do momento histórico que então se vivia, marcado pelas lutas a favor da redemocratização do país. Para Ghiraldelli, essa proposta representaria a "explicitação de uma formulação pedagógica que absorve e supera as concepções pedagógicas de esquerda dos anos 60 e 70 representadas, principalmente, pela Pedagogia Libertadora e pelas Teorias Crítico-Reprodutivistas" (p.36). No entanto, mesmo defendendo a última corrente, o autor reconhece que o trabalho pedagógico efetivado pelos professores não se prendia a uma única vertente, representando o "resultado do amálgama de diversas tendências pedagógicas" (ibidem).

Mas a pedagogia histórico-crítica não é abordada nos *Cadernos de Pesquisa* apenas por seus defensores. Um dos textos que se propõem como crítica a essa proposta teórico-pedagógica é o artigo de Marília Pinto de Carvalho, "Um invisível cordão de isolamento: escola e participação popular", de 1989. Ao discutir o silêncio a respeito das relações entre escola e movimentos sociais populares nos estudos sobre a educação brasileira contemporânea, a autora formula um conjunto de críticas às proposições de Saviani, Cury e, em especial, Guiomar Namo de Mello. Incidindo especificamente sobre o tema da competência técnica, da maneira como fora suscitado por Mello (1982) e reforçado pelos outros propositores da pedagogia histórico-crítica, Carvalho critica o fato de, nesses autores, o saber fazer do professor acabar sendo desvinculado da temática mais ampla da transformação das relações de poder no interior da escola:

> O pressuposto de que apenas a escola e seus agentes dispõem do saber e têm uma missão "civilizadora" diante do povo inculto ainda prevalece, não apenas nas teorias tecnicistas e tradicionais, mas também em algumas versões da assim chamada "pedagogia crítico-social dos conteúdos", com seu apelo à transmissão de um saber aparentemente neutro e à competência técnica dos educadores. (Carvalho, *Cad.Pesq.*, n.70, p.69)

A autora defende a idéia de que a transformação da escola – o novo – só poderia advir da íntima associação entre o saber transmitido na escola e o conhecimento elaborado nas lutas populares (ibidem).

Numa crítica direta às formulações de Guiomar Namo de Mello, afirma Carvalho que aquela autora despreza a capacidade de autonomia das classes populares na formulação de projetos políticos de contestação do poder estabelecido:

> Um outro viés dessa interpretação da gestão colegiada é o de colocar o Estado como protetor das classes trabalhadoras. É o que parece propor Guiomar Namo de Mello.
> ... É mais ou menos como entregar as ovelhas para o lobo pastorear. Só que neste caso – ao contrário do que afirma Guiomar Namo de Mello – as "ovelhas" estão cada vez mais conscientes e

organizadas em associações, sindicatos e partidos, e sabem muito bem defender seus próprios interesses, inclusive no que tange à escola, como têm demonstrado largamente os estudos sobre os movimentos populares por educação.

Quanto ao papel reservado por estas propostas aos educadores – o de defensores do bem comum, acima dos conflitos sociais – ele se torna cada vez mais incongruente frente à polarização crescente da sociedade brasileira, com o avanço das relações capitalistas em todos os setores. (p.71)

Críticas ainda mais incisivas à pedagogia histórico-crítica e às suas pretensões de aparecer como o *novo* na educação brasileira nos anos 80 são formuladas em artigo de Tomaz Tadeu da Silva, publicado em 1990 (*Cad.Pesq.*, n.73, p.59-66). O autor examina os temas centrais e as contribuições teóricas de vinte anos de pesquisas no campo do currículo e a situação dessa área de estudos no Brasil naquele momento. Tratando do tema da mudança na educação de maneira mais ampla, Silva não se vale do esquema "novo × tradicional" e critica severamente a chamada pedagogia dos conteúdos, que num certo momento se anunciava como o *novo* na educação:

> *Não têm sentido as tentativas de se construir um currículo crítico, universal, abstrato, o mesmo podendo-se dizer das tentativas de se construir uma pedagogia crítica, "dialética", universalmente válida.*
>
> As tentativas de se construir uma pedagogia crítica (ou "dialética", no jargão vago e vazio da moda), abstratamente, deduzida de modo lógico e formal, e universalmente válida, tendem a ignorar o caráter histórico e concreto das várias práticas educacionais e suas conexões com importantes movimentos sociais. Pelos mesmos motivos, essa busca frenética daquela que constituiria, finalmente, a grande pedagogia crítica, delineada em torno de alguns poucos princípios aparentemente lógicos e simples e inclusive com a antecipação de alguns "passos" a serem seguidos (cinco, seis?), faz tábula rasa de toda tradição progressista e socialista em educação. (p.64-5)

Ou ainda, numa crítica mais corrosiva:

> Sob pena de fazermos como a chamada "pedagogia do conteúdo", determinada a ir pesquisar no passado uma linha de evolução que, por etapas gradativas, vai desembocar, adivinhem onde?, exata-

mente na sua pedagogia, estágio final de uma história construída por encomenda e sob medida para fazer encaixar como o ápice dessa evolução sua visão educacional, apenas por decreto declarada "dialética" e encarnando, finalmente, todas as virtudes de que careciam as pedagogias anteriores. Exultemos! (p.65)

Mediante o estudo efetivado, pode-se afirmar que os *Cadernos de Pesquisa* se instituem como espaço privilegiado para a divulgação dos trabalhos dos pesquisadores da própria Fundação Carlos Chagas e, mesmo quando se abrem à participação de outros autores, provenientes de outras instituições de pesquisa, acabam, quase sempre, privilegiando temas sugeridos internamente, de acordo com as pesquisas realizadas pelos grupos instituídos na Fundação.

Quanto ao problema do *novo* e do *tradicional* na educação, com base nos textos que se puderam selecionar, constata-se que o tema aparece sob diversas abordagens, não havendo, ao longo da trajetória da Revista, preocupação sistemática com ele. Como os *Cadernos* voltam explicitamente a maior parte dos seus esforços para a divulgação e a consolidação da pesquisa na área educacional no Brasil, há pouca intenção expressa com a prescrição das melhores maneiras de ensinar, bem como pouca preocupação mais direta com as questões políticas mais emergentes, que acabam recebendo tratamento secundário no âmbito da publicação – embora a Revista dedique alguma atenção, pelo menos em algumas seções secundárias, às questões mais diretamente ligadas à organização do campo educacional, tais como a realização das Conferências Brasileiras de Educação e, mesmo, os debates constituintes e relativos à Lei de Diretrizes e Bases da Educação Nacional.

3 AS DISPOSIÇÕES DISCURSIVAS E OS CONFRONTOS NO CAMPO EDUCACIONAL

As formulações discursivas divulgadas nos três periódicos especializados da área educativa, aqui estudados, marcadas pela discussão do *novo* e do *tradicional* na educação, terminam criando representações da realidade existente nas escolas que, ao mesmo tempo, ao ganhar força e prestígio, passam a ser partes constitutivas dessa mesma realidade, não podendo ser dela separadas.

Essas disposições discursivas produzem, como seu efeito, um duplo resultado. De um lado, ao elaborar determinadas concepções acerca da escola, do papel dos professores e da função da mudança ante o já estabelecido no ensino, permitem a constituição de saberes pedagógicos voltados para a orientação das práticas educativas concretamente efetivadas nas escolas. De outro, no mesmo movimento, instituem diferentes estratégias de legitimação dos autores das diversas propostas nas lutas então travadas no âmbito do campo educacional e que incluíam, entre outras, a disputa da autoridade de prescrever os rumos das mudanças no sistema escolar, além de adicionar prestígio e poder, que se expressa na obtenção de verbas, no predomínio de certos temas e linhas de pesquisa, na sagração de certas personagens, por exemplo.

É compreensível que, dessa dupla dimensão, possa ter sido mais claramente apanhada e descrita, neste trabalho, a primeira, que procura recuperar a diversidade de concepções e projetar a pluralidade de saberes pedagógicos aí implicados, já que a pesquisa empreendida se deteve especificamente sobre alguns aspectos do discurso pedagógico veiculado nas revistas. Sem um exaustivo trabalho de levantamento e determinação das diferentes posições ocupadas, nas relações de força travadas no campo educacional, por todos os atores envolvidos nessa produção discursiva, trabalho esse que não se pôde efetivar, o empreendimento de esclarecer o conjunto das estratégias utilizadas nesses confrontos seria inevitavelmente incipiente. No entanto, é possível, mediante o exame acurado da primeira dimensão, oferecer um conjunto de indicações a respeito da segunda, que, eventualmente, possa vir a ter algum valor para outros pesquisadores do tema.

A fim de procurar cumprir essa dupla tarefa, pode-se empreender um cruzamento entre as formulações discursivas veiculadas nas três revistas, bem como indicar as características gerais de cada um dos periódicos e das ações dos seus grupos organizadores. As três revistas, *Cadernos de Pesquisa*, *Educação & Sociedade* e *Revista da ANDE*, aparecem ao leitor como expressões distintas de um discurso pedagógico que inclui, como uma de suas idéias centrais, a perspectiva de mudança na educação e de que essa mudança possa contribuir para a transformação da sociedade. Evidentemente, podem ser encontradas, nessas práticas discursivas, as marcas do momento histórico que então se vivia no Brasil, o chamado período da redemocratização ou da transição política. Mas é claro, também, que algumas dessas marcas acabaram sendo compostas exatamente no âmbito dos embates que se travavam no campo educacional, de que aquelas práticas discursivas são expressão, e não "reflexo", e que se afirmavam justamente em torno das perspectivas de mudança no ensino e no sistema escolar do país, em especial, na escola pública.

Assim, não teria sentido tentar adaptar os acontecimentos do campo educacional e as formulações presentes no seu discurso a uma periodização exterior a esse mesmo campo, que os fizesse caber, à força se preciso, dentro do quadro dos acontecimentos sociopolíticos mais evidentes da época. Preferiu-se, dessa maneira, procurar estabelecer periodizações internas às próprias revistas e aos debates ali travados e apenas indicar alguns eventos mais diretamente relacionados às questões sugeridas pela leitura do material das revistas. Dessa maneira, é importante repetir que o período estudado cobre desde 1971 – com a publicação do primeiro número dos *Cadernos de Pesquisa* – até 1992, que nas três revistas parece indicar algumas mudanças de rumos: nos *Cadernos*, o balanço dos vinte anos sugere retomada do fôlego da publicação; em *Educação & Sociedade*, o reconhecimento de uma mudança de orientação, mais voltada, agora, para a pesquisa e, um pouco menos, para as ações políticas mais concretas; e na *Revista da ANDE*, uma diminuição das atividades, com o início de um período de grande irregularidade da sua publicação.

Do mesmo modo, não parecerá forçado recordar alguns eventos políticos da época, que, direta ou indiretamente, acabaram tendo repercussões *no* e *do* campo educacional e influindo nos debates travados nas revistas: a emergência dos movimentos sociais populares desde a segunda metade da década de 1970, as conquistas eleitorais de 1982, com a vitória de governadores oposicionistas, o que traz conseqüências para o campo, em especial em São Paulo, com a ocupação da Secretaria Municipal de Educação da Capital por Guiomar Namo de Mello, além dos vários projetos de mudança na rede pública de ensino empreendidos pelo governo estadual, na gestão Montoro, bem como, já no final do período, a gestão Luiza Erundina na Prefeitura de São Paulo, entre 1989 e 1992, que põe à frente da pasta da Educação um ícone dos educadores brasileiros, Paulo Freire. Curiosamente, as reformas empreendidas nessa gestão causaram pouco impacto nas revistas, pelo menos no período estudado. No plano federal, as discussões da Assembléia Nacional Constituinte, que mobilizaram várias entidades representativas de educadores e, posteriormente, os debates em torno dos projetos de uma nova Lei de Diretrizes e Bases da Educação Nacional, prevista na Constituição de 1988; ambos, eventos que mobilizaram, em maior ou menor medida, as atenções e os esforços das revistas estudadas.

Com base nos textos veiculados nas revistas e nas trajetórias por elas percorridas, é possível apreender matizes diversos da inserção de cada uma delas no campo educacional. Em *Educação & Sociedade* e na *Revista da ANDE* é possível notar a vinculação direta, dos veículos e dos discursos, com os acontecimentos que se davam naquele momento histórico, com a emergência das questões políticas ligadas à redemocratização do país e à organização e atuação dos movimentos sociais populares, em especial aqueles ligados aos problemas educacionais. Aliás, o próprio surgimento dessas duas revistas e das entidades que as dirigem é expressão daquele movimento. Com esse tipo de vinculação, acabam-se compondo determinadas noções de mudança na sociedade e na escola que incidem ora sobre as perspectivas de intervenção direta dos educadores nas políticas estatais para o setor escolar, ora sobre a defesa do fortalecimento das organizações representativas da população e dos educadores, para garantir a concretização das mudanças desejadas. Já nos *Cadernos de Pesquisa*, nota-se uma perspectiva de ação aparentemente alheia aos acontecimentos políticos, voltada para a concretização e a defesa de certos padrões de excelência no setor da pesquisa científica em educação, que seria o caminho mais eficiente e legítimo para a efetivação de mudanças na educação.

Mas é possível traçar outros cruzamentos e alinhamentos entre as três publicações. Nesse sentido, seria possível aproximar a *Revista da ANDE* e os *Cadernos de Pesquisa*, tanto pela circulação de pessoas entre as duas publicações – como autores de artigos, ou participando das equipes responsáveis pelas edições – quanto por certa proximidade de perspectivas em relação à intervenção dos educadores nas mudanças educacionais, que deveriam, nessa ótica, atuar diretamente no aparelho estatal, promovendo reformas. De outro lado, estaria *Educação & Sociedade*, com sua defesa mais clara das estratégias da organização popular, fundada na afirmação da identidade das lutas e dos objetivos de intelectuais, professores e proletários – isso, em termos de tendências gerais, já que em *Educação & Sociedade* há espaço para polêmicas e divergências, coerentemente com o seu propósito inicial, de "reanimar o debate".

Em relação a essa circulação de pessoas, é importante citar a presença, em mais de uma dessas revistas, de algumas das personagens formuladoras das práticas discursivas aqui estudadas. Nesse sentido, cabe observar os seguintes cruzamentos:

a) Dermeval Saviani, tendo sido professor da PUC-SP e, depois, da Unicamp, além de um dos fundadores do CEDES e da ANDE, participa, em momentos diversos, das equipes editoriais das três revistas, com presença mais constante na *Revista da ANDE*, na qual exerce a coordenação, mas também em *Educação & Sociedade*, em que participa do Comitê de Redação e do Conselho Editorial, e nos *Cadernos de Pesquisa*, em que ocupa, durante um período, uma posição na Comissão Editorial. Além disso, publica, durante o período estudado, artigos nos três periódicos: 9 na *Revista da ANDE*, 5 em *Educação & Sociedade*, 2 nos *Cadernos de Pesquisa*;

b) Guiomar Namo de Mello, pesquisadora contratada da Fundação Carlos Chagas, ocupa no periódico dessa instituição posições de destaque, além de publicar, no período, 16 artigos. Professora, também, da PUC-SP, fundadora e primeira presidente da ANDE, participa, em diversos momentos, da Equipe Editorial da *Revista da ANDE*, ali publicando 7 artigos. Por fim, com menor destaque, tem alguma participação em *Educação & Sociedade*, constando durante a fase inicial do Conselho de Colaboradores e publicando 1 artigo;

c) Elba Siqueira de Sá Barreto, pesquisadora da Fundação Carlos Chagas, participa das equipes editoriais dos *Cadernos de Pesquisa* e da *Revista da ANDE*. Publica nas três revistas, durante o período: 5 textos na *Revista da ANDE*, 1 em *Educação & Sociedade* e 12 nos *Cadernos*;

d) Lia Rosenberg, da Fundação Carlos Chagas, participa durante algum tempo da equipe da *Revista da ANDE* e, entre 1979 e 1984, da equipe dos *Cadernos de Pesquisa*, além de publicar, na primeira revista, 4 artigos e, na segunda, 1;

e) Teresa Roserley Neubauer da Silva, durante o período, é pesquisadora da Fundação Carlos Chagas e professora da FEUSP. Tendo participação nas equipes da *Revista da ANDE* e dos *Cadernos de Pesquisa*, publica, na primeira, 1 artigo e, na segunda, 12;

f) Maria Laura P. Barbosa Franco ocupa posições nas equipes dos periódicos da ANDE e da Fundação Carlos Chagas, da qual é contratada como pesquisadora, sendo professora da

PUC e da Unicamp. Publica textos nas três revistas: 3 na *Revista da ANDE*, 3 em *Educação & Sociedade* e 12 nos *Cadernos de Pesquisa*;

g) Yara Lúcia Esposito, da Fundação Carlos Chagas, também participa das equipes da *Revista da ANDE*, onde publica 1 artigo, e dos *Cadernos*, onde publica 10 textos;

h) Luiz Antonio Cunha, no início, professor da Unicamp, da Fundação Getúlio Vargas, e, depois, da Universidade Federal Fluminense, participa da equipe de *Educação & Sociedade* e publica nas três revistas: 4 textos na *Revista da ANDE*, 10 em *Educação & Sociedade* e 2 nos *Cadernos de Pesquisa*;

i) Miguel González Arroyo, professor da UFMG, publica 1 artigo na *Revista da ANDE*, 3 em *Educação & Sociedade* e 2 nos *Cadernos de Pesquisa*;

j) Sonia Kramer, da PUC-RJ, publica 2 textos na *Revista da ANDE*, 2 em *Educação & Sociedade* e 5 nos *Cadernos*;

k) Carlos Roberto Jamil Cury, da UFMG, publica dois artigos na *Revista da ANDE*, 4 em *Educação & Sociedade* e 2 nos *Cadernos de Pesquisa*.

Por meio dessas indicações, percebe-se que, apesar de serem espaços distintos, com características diversas, as três revistas recebem a influência de um pequeno grupo de educadores, quase todos provenientes do programa de pós-graduação da PUC-SP.[1] Mesmo levando-se em conta as diferenças de perspectiva dos três periódicos, percebe-se um conjunto de estratégias de ocupação de posições de destaque no campo educacional naquele período, por parte desse pequeno grupo, e parte dessas estratégias parecia passar pela ocupação de espaços nessas revistas, que se tornam poderosos e prestigiosos veículos de divulgação das idéias pedagógicas naquele momento.

Apesar das diferenças já assinaladas, quanto ao tratamento dado à questão da mudança na educação, é possível constatar uma consciência, disseminada nas três revistas, de que não basta a

---

1 Nesse caso, incluem-se: Dermeval Saviani, Guiomar Namo de Mello, Lia Rosenberg, Teresa Roserley Neubauer da Silva, Carlos Roberto Jamil Cury, Luiz Antonio Cunha.

modernização pedagógica, entendida como mera substituição de métodos e técnicas, para obter mudanças significativas no quadro educacional, disputando-se, portanto, os próprios sentidos desse *novo*.

Nas três publicações, também, para além dos diferentes enfoques, há uma certa defesa, mais ou menos incisiva, das possibilidades de intervenção na realidade escolar, na busca de mudanças significativas. Nas três revistas, essa defesa se combina, em alguma medida, com a crítica de teorias educacionais provenientes do campo da sociologia, e que apontavam sérios limites para a atuação no sistema escolar dos educadores interessados na transformação da sociedade de classes, em especial as formulações de Bourdieu e Passeron, Althusser e Baudelot e Establet, que alcançaram razoável repercussão, no Brasil, nos anos 70.

Podem ser citados alguns textos em que essas teorias sociológicas são, de alguma maneira, criticadas: Beisiegel, *RA*, n.1; Mello, *RA*, n.6; Saviani, *RA*, n.11; Ghiraldelli, *Ed.Soc.*, n.26; Goldberg, *Cad.Pesq.*, n.32; Cury, *Cad.Pesq.*, n.35; Barreto, *Cad.Pesq.*, n.34; Saviani, *Cad.Pesq.*, n.42; Ghiraldelli, *Cad.Pesq.*, n.60. Em certos artigos, no entanto, essas teorias encontram acolhida favorável: Cunha, *Ed.Soc.*, n.4; Covre, *Cad.Pesq.*, n.33; Silva, *Cad.Pesq.*, n.73. Esse tipo de restrição às teorias críticas e de defesa das possibilidades de intervenção concreta na escola está mais presente, como se percebe, na *Revista da ANDE* e nos *Cadernos de Pesquisa*, sendo menos freqüente em *Educação & Sociedade*, onde se publicam artigos que utilizam as teorias críticas como perspectivas de análise da educação brasileira, tal como se pode ver nos trabalhos de Luiz Antonio Cunha, Vanilda Paiva e Moacir Gadotti ali publicados.

Em relação a essas teorias, Luiz Antonio Cunha, em texto publicado em 1994, critica a sua unificação por meio da categoria "crítico-reprodutivistas", operada por Dermeval Saviani em vários dos seus textos, inclusive em alguns divulgados nas revistas aqui estudadas.[2] De acordo com Cunha, essa unificação promovida por Saviani entre a teoria da violência simbólica, a dos aparelhos ideológicos de Estado e a da escola capitalista não considera as diferenças entre elas, além de atribuir-lhes a origem de um sentimento de

---

2 Para os textos de Saviani, cf. 1991; *RA*, n.11; *Cad.Pesq.*, n.42.

impotência nos educadores, que não se justifica, já que nem Bourdieu e Passeron nem Baudelot e Establet suprimem as possibilidades de mudança na escola e na sociedade. Por meio desse procedimento de Saviani, para Cunha (1994, p.50):

> A categoria "teorias crítico-reprodutivistas" trouxe mais confusão do que esclarecimentos aos educadores, cujo conhecimento de teoria já é tão precário. Enquadradas na mesma categoria teorias tão diversas como a da violência simbólica e a da escola capitalista, e mais, mostrada sua insuficiência em dar conta do fenômeno educacional, o entendimento fica bastante simplificado e facilitado, pois não se precisaria mais estudar tais teorias. Bastaria dizer que elas só se propõem a explicar a reprodução da sociedade, o que é inadmissível, pois todas podem *constatar* a mobilização dos educadores e as conquistas democráticas que estão à vista.

Quanto ao uso das noções do novo e do tradicional na educação, percebe-se, em alguma medida, nas práticas discursivas veiculadas nas revistas, a reprodução daquele esquema interpretativo que opõe as duas expressões, atribuindo ao tradicional o caráter negativo, mesmo naqueles textos em que parece haver uma espécie de reabilitação das chamadas formas tradicionais de ensino. O discurso formulado nas revistas mostra atração pelo *novo*, divisando amplas possibilidades de mudança na escola e na sociedade brasileiras. Embora seja mantido o esquema interpretativo formulado nos anos 30 e tornado dominante desde então, ou, pelo menos, desde a publicação de *A cultura brasileira*, de Fernando de Azevedo, nos anos 40, de certa maneira ele é amenizado, já que não há homogeneidade nos textos quanto à atribuição de qualidades ao novo ou ao tradicional, além de se constatarem algumas tentativas de romper esse esquema, que cinde radicalmente o campo educacional em dois blocos, entre os defensores do novo e os defensores do tradicional.

A mais vigorosa – ou pelo menos a mais visível – dessas tentativas se expressa no esforço empreendido, por vários autores, de elaboração de uma proposta didática alternativa aos chamados métodos novos e tradicionais, a pedagogia histórico-crítica, ou crítico-social dos conteúdos. Tais autores e tal proposta conseguem penetrar nas três revistas e alcançar grande divulgação.

Em relação a essa proposta, a *Revista da ANDE* se institui como seu centro irradiador, sendo a pedagogia histórico-crítica o tema mais recorrentemente divulgado nesse periódico. Nesse sentido é importante lembrar que seus principais formuladores ocupam, durante boa parte do período, também, as posições mais importantes na equipe editorial e na entidade dirigente da publicação. A *Revista* devota à divulgação dessa proposta a maior parte dos seus esforços, bastando, para comprová-lo, verificar a quantidade de artigos, aí publicados, que defendem, direta ou indiretamente, essa tendência, entendida como a maneira mais efetiva de contribuir para a democratização da escola e da sociedade – principais objetivos proclamados pela *Revista* (cf. Candau, n.11; Equipe..., n.10; Libâneo, n.4, 6, 8 e 11; Luckesi, n.10; Mello, n.2; Nogueira, n.4; Pimenta, n.9; Ribeiro, n.12; Saviani, n.1, 3, 7, 9 e 11).

Em *Educação & Sociedade*, a pedagogia histórico-crítica obtém certo espaço de divulgação, mediante o prestígio de alguns autores da proposta e as suas ligações com a estrutura diretiva da Revista, sendo publicados alguns artigos simpáticos àquela corrente (cf. Cury, n.25; Ghiraldelli, n.23, 24 e 26; Saviani, n.15). No entanto, nessa Revista, também são oferecidos espaços, tanto para a divulgação de outras concepções pedagógicas que também propõem mudanças na educação quanto para textos que efetivam críticas diretas à pedagogia histórico-crítica, defendida incondicionalmente na *Revista da ANDE* (cf. Arroyo, n.5; Brandão, n.3; Cunha, n.4; Gadotti, n.1, 4 e 8; Gouveia, n.32; Höfling, n.16; Nosella, n.14 e 23; Oliveira, n.34; Xavier, n.42).

Também nos *Cadernos de Pesquisa* a pedagogia histórico-crítica consegue divulgação, tendo sido publicados alguns artigos de seus defensores (cf. Cury, n.40; Saviani, n.42; Ghiraldelli, n.60), embora seus críticos, da mesma maneira, encontrem espaço nos *Cadernos* (cf. Carvalho, n.70, Silva, n.73). Tanto os pesquisadores da Fundação Carlos Chagas quanto os formuladores da proposta pedagógica em questão defendem uma perspectiva de ação dos educadores na educação, mediante um certo tipo de intervenção concreta nas práticas escolares, que acaba privilegiando a dimensão metodológica, o que contribui, em alguma medida, para aproximá-los. Além disso, como já se mostrou, há um certo trânsito de pessoas entre as equipes responsáveis pelos *Cadernos de Pesquisa* e pela *Revista da ANDE*.

A pedagogia histórico-crítica é, no período, e em termos de divulgação, a mais bem-sucedida formulação discursiva que opera sobre a tensão entre novo e tradicional, que permeia a educação brasileira. Como já foi assinalado na análise dos artigos publicados nas revistas, essa concepção pedagógica aponta para a síntese entre métodos novos e tradicionais, a partir de uma reflexão crítica sobre eles. Reconhecendo nas proposições escolanovistas grande força no ideário pedagógico dominante entre o professorado brasileiro, Saviani e seus seguidores incidem justamente sobre as idéias da escola renovada a maior parte de suas críticas, procurando, no entanto, por vezes, resguardar-se das possíveis imputações de tradicionalismo feitas às suas próprias propostas.

Nessa perspectiva de ir além do novo e do tradicional, no sentido da elaboração de uma pedagogia que possa contribuir, de fato, para as mudanças, a denominada pedagogia histórico-crítica formula um discurso muito próximo das idéias defendidas por Georges Snyders, na França, mais ou menos na mesma época (cf. Snyders, 1974 e 1977). Embora citado sem grande destaque nos artigos de Saviani, Libâneo e seus seguidores, Snyders deve ser a principal fonte de inspiração dessa proposta.

Georges Snyders, em *Escola, classe e luta de classes*, publicado na França em 1976 e traduzido para o português no ano seguinte, promove uma extensa análise das teorias sociológicas que insistem no caráter da escola como aparelho ideológico e facilitador da reprodução das relações sociais. De acordo com ele, é possível afirmar que os leitores de Bourdieu e Passeron, Baudelot e Establet e Ilich costumam entendê-los de maneira homogênea: nessa leitura, percebe-se que todos esses autores "transmitem a sensação de uma escola onde nada de válido se passa", "como puro e simples instrumento de reprodução social" (Snyders, 1977, p.10).

Snyders, dessa maneira, está enunciando um certo sentido para a leitura desses autores, sentido esse recuperado por Saviani, ao denominar essas teorias como "crítico-reprodutivistas". Dialogando com o pensamento examinado, Snyders pretende responder a ele de um ponto de vista marxista, a partir do conceito de luta de classes. Depois de destacar os pontos positivos das denúncias do caráter reprodutor e classista da educação, empreendidas por aqueles autores, Snyders afirma que o marxismo já houvera procedido a essas críticas muito tempo antes (p.30).

Insistindo na possibilidade de rompimento da divisão entre trabalho manual e trabalho intelectual, o autor usa a idéia de "progresso parcial" para justificar a pertinência de ações imediatas no âmbito do sistema escolar, a fim de promover mudanças:

> Negar o progresso parcial, é negar a história, não o querer situar no interior de uma evolução histórica. Os nossos autores[3] instalam-nos num universo imóvel, sem referências ao passado – e paralelamente sem perspectivas de futuro. (p.66)

Contra a noção de que a escola tem um papel decisivo na reprodução das divisões sociais de classes, Snyders prefere entendê-la como local de lutas e, portanto, espaço de conflitos. Afirmando a autonomia relativa do pedagógico na sociedade capitalista, o autor insiste em preservar espaço para modificações no processo de ensino, na busca de uma "pedagogia progressista":

> A autonomia do ensino pedagógico não é o ajustamento de tal processo, de tal objectivo parcial, mas a busca de uma pedagogia progressista e o esforço para deixar avançar, num dado momento, tendo em conta as forças em presença, tudo quanto possa avançar de pedagogia progressista. (p.110)

Indo contra a rejeição completa de toda a pedagogia promovida pelos autores analisados, Snyders procura resguardar os aspectos positivos que tanto o ensino tradicional quanto a escola nova possam ter (p.147).

O autor vai tomar as análises de Gramsci sobre a escola como antídoto às idéias daqueles outros autores, absorvendo do pensador italiano a noção da existência de uma continuidade e de um enriquecimento recíproco entre cultura popular e cultura elaborada, cabendo, nessa mediação, o papel do "novo intelectual" – no caso, o professor – de garantir a continuidade entre o senso co-

---
3 Nesse trecho, refere-se a Baudelot & Establet (1971).

mum e as grandes obras. Com base nessas formulações, vai Snyders afirmar a viabilidade de uma escola progressista, dentro ainda da sociedade de classes. Defendendo essa possibilidade, assim define, o autor, a escola progressista e seus limites:

> A escola não é um agente de renovação, não será ela a libertadora; unicamente a pressão do proletariado pode transformar a escola; a escola avançará na medida em que, no interior da sociedade global, o proletariado atacar a divisão em classes.
> E contudo, há tarefas pedagógicas que são possíveis e necessárias na sociedade actual: não aguardaremos o dia imediato à revolução para tirar da escola o máximo que ela possa dar. (p.391)

Tornam-se evidentes as semelhanças entre as proposições de Snyders e as formulações de Saviani e seu grupo: as críticas ao caráter reprodutivista das teorias sociológicas da escola, a formulação de uma pedagogia situada no campo da esquerda, a perspectiva de luta contra o capitalismo no âmbito da escola, a leitura gramsciana do papel do professor como intelectual orgânico das classes dominadas, a perspectiva de ir além do *novo* e do *tradicional* no plano dos métodos de ensino, todas essas são características que aproximam a pedagogia histórico-crítica das propostas de Georges Snyders. Porém, enquanto esse autor aponta para a constituição de uma pedagogia progressista que contribua, por meio da ação especificamente didática, para o desvendamento das contradições do sistema e para a constituição da consciência de classe dos grupos sociais dominados, na perspectiva de se atingir, no futuro, uma revolução socialista, nos textos dos propositores da pedagogia histórico-crítica concede-se espaço privilegiado para a discussão metodológica, que acaba praticamente se esgotando na tarefa da transmissão dos chamados "conteúdos clássicos da cultura". Mesmo que os textos da pedagogia histórico-crítica insistam no combate à ênfase escolanovista na dimensão metodológica do ensino, eles acabam incidindo numa atitude semelhante, próxima de um novo tipo do mesmo "otimismo pedagógico" imputado por Jorge Nagle (1974) aos escolanovistas.

Embora Snyders reconheça a impossibilidade de efetivar-se uma revolução no curto prazo, a utopia é mantida como horizonte possível, virtual. Nesse sentido, a atuação do professor na escola poderia contribuir para o desenvolvimento de algumas condições necessárias para a sua efetivação. Já nos textos de Saviani e seus seguidores, preocupados com a crítica do escolanovismo e do chamado "reprodutivismo", a idéia de revolução não entra em consideração, pelo menos diretamente. À escola cabe o papel de instrumentar os dominados com conteúdos culturais que lhes permitam participar da sociedade burguesa, ampliando o espaço da democracia (cf. Saviani, 1984, *RA*, n.3 e 7; Mello, *RA*, n.2 e 6). Talvez seja por conta dessa ausência do horizonte utópico mais amplo que Maria Elizabete S. P. Xavier (*Ed.Soc.*, n.42, p.232) tenha identificado na pedagogia histórico-crítica uma leitura gramsciana feita numa "ótica liberal".

A tentativa de instituir a pedagogia histórico-crítica como única alternativa válida e viável está presente no discurso formulado por seus propositores, nas três revistas. Vários desses textos assumem um caráter de exame das várias tendências pedagógicas presentes no campo educativo brasileiro (cf. Libâneo, *RA*, n.6; Saviani, *RA*, n.11; Saviani, *Cad.Pesq.*, n.42; Saviani, 1991; Ghiraldelli, *Ed.Soc.*, n.26; Ghiraldelli, *Cad.Pesq.*, n.60). Tratando-se de discursos que se ocupam de classificar e definir, valendo-se do que Scheffler (1974) denomina definições estipulativas, esses artigos caminham, invariavelmente, para a apresentação de uma espécie de linha evolutiva, cujo ápice é a própria pedagogia histórico-crítica, como assinalou Tomaz Tadeu da Silva (*Cad.Pesq.*, n.73) em artigo já citado. Construídos dessa maneira, esses textos acabam assumindo forte caráter prescritivo, praticamente conduzindo o leitor a aceitar a proposta pedagógica oferecida como a mais bem fundamentada cientificamente e como a única suficientemente capaz de proceder à síntese entre o *novo* e o *tradicional* na educação.

Valendo-se do que foi até aqui exposto, é possível vislumbrar algumas das estratégias mediante as quais os grupos dirigentes das três revistas procuram interferir na organização do campo educacional naquele momento. Como já se apontou, essas revistas mantêm fortes vínculos com importantes instituições de pesquisa na área de educação (a *Revista da ANDE* com a PUC-SP, *Educação & Sociedade* com a Unicamp e os *Cadernos de Pesquisa* com a Fundação Carlos Chagas), existindo, além do mais, circulação de pessoas entre os grupos, por conta das afinidades pessoais e políticas e pelas ligações, às vezes concomitantes, a mais de uma das instituições de pesquisa.

Esse quadro permite constatar pelo menos uma ausência em relação ao panorama do campo educacional paulista: não está presente nesse debate a Faculdade de Educação da Universidade de São Paulo (FEUSP), outro importante centro de pesquisa científica na área e que veicula, desde 1975, a *Revista da Faculdade de Educação*. No caso, porém, a omissão não deve ser atribuída ao pesquisador, mas à própria instituição e à sua Revista, que, aparentemente, de forma deliberada ou casual, praticamente ignora a discussão da época a respeito das perspectivas de mudança na educação e na sociedade brasileiras, excetuando-se alguns poucos artigos ali publicados (cf. Azanha, v.5, n.1/2; Nadai, v.9, n.1/2; Mitrullis, v.9, n.1/2; Nadai, v.11, n.1/2; Oliveira, v.15, n.1; Favaretto, v.17, n.1/2; Oliveira, v.18, n.1).

Sem evidenciar a existência de uma direção programática, a *Revista da Faculdade de Educação* abre-se para uma produção muito diversificada, abrangendo os temas mais variados. Além disso, a Revista abre bastante espaço, ao longo de sua publicação, para a discussão de questões internas da própria faculdade ou da universidade: currículos, questões referentes a disciplinas específicas, projetos de reestruturação de cursos etc. (cf. Antunha, v.1, n.1; Antunha & Antunha, v.2, n.1; Villalobos, v.2, n.1; Andréllo, v.2, n.2; Fuvest, v.4, n.1; Carvalho, v.6, n.1; Azanha, v.9, n.1/2 (a); Azanha, v.9, n.1/2 (b); Melchior, v.9, n.1/2 (a); Melchior, v.9, n.1/2 (b); Centro Acadêmico..., v.9, n.1/2; Parra, v.10, n.2; Mokrejs, v.10, n.2; Peralva et al., v.12, n.1/2; Barros, v.13, n.1; Fernandes Netto, v.14, n.2; Comissão Interdepartamental..., v.15, n.2; Bueno, v.17, n.1/2; Carvalho, v.18, n.2). Isso evidencia a presença de um forte caráter autocentrado da Revista, bastante voltada para a reflexão a respeito da própria instituição – a FEUSP – e para a divulgação de trabalhos e temas provenientes das preocupações dos docentes da Faculdade – embora a Revista não exclua colaborações vindas de fora dos quadros da instituição.

Em 1995, é editado um número especial, por ocasião dos 20 anos da Revista, que, além do índice geral do periódico, apresenta a relação dos membros de todas as Comissões de Publicação até aquele momento e alguns pequenos textos, que procuram reconstruir as origens da iniciativa editorial, entendida como sucessora da *Revista de Pedagogia*, publicada entre 1955 e 1967. Com base nesses textos introdutórios, pode-se observar que a *Revista da Faculdade de Educação* funcionou, durante boa parte do período, por conta de iniciativas individuais de seus organizadores, sem grande estrutura material, sem preocupação mais evidente com orientação temática ou programática e tendo sempre que enfrentar grandes dificuldades para ser publicada:

> Na época, a quantidade de artigos encaminhados à Comissão variava muito. Quando tínhamos dinheiro para publicar, não havia artigos ou, quando tínhamos artigos, não havia dinheiro. Havia outra variante, artigos muito fracos e com muitos erros de português. Para as redações ruins, costumava-se devolver o texto ao autor, para que ele fizesse uma auto-correção. Isso nem sempre dava certo. Se quisesse publicar o trabalho, a própria Comissão é que tinha que corrigi-lo.
> Nós procurávamos sempre não podar ninguém; democraticamente, em vez de não aceitar, solicitar artigos, mandar para leitores críticos, esperar devolver e mendigar verba para poder editar. (Marote, Índice..., p. 16)

Por meio de sua Revista, os educadores da FEUSP, na sua maioria, não se envolvem nas discussões da época em relação às possibilidades de mudança na educação e na sociedade. Nesse periódico, dessa maneira, a formulação em torno das noções do *novo* e do *tradicional* na educação brasileira não aparece.

As disposições discursivas, formuladas nas três revistas pesquisadas, expressam diversas estratégias de ocupação do campo educacional no período. Mediante a disputa em torno das melhores maneiras de intervir nos projetos de mudança na educação, procura-se afirmar a legitimidade de cada grupo envolvido. Nesse sentido, podem-se identificar três tipos de investimento estratégico empreendidos nesse período:

- Um que se faz mediante a formulação de uma certa representação do professor – ativo, mobilizado, interessado na mudança, organizado – e da escola – lugar de uma possível mudança rumo à redemocratização do país;
- Outro, que cria uma representação da sociedade brasileira e das lutas que se travavam, calcada na atuação das organizações de base, dos movimentos sindicais – imagem de uma sociedade mobilizada e organizada, pronta a instituir transformações radicais na estrutura sociopolítica do país;
- Por fim, uma formulação que investe, de um lado, no prestígio advindo da pesquisa acadêmica na área educacional, de outro, em algumas formas de intervenção prática no sistema escolar, fundamentadas justamente na qualidade científica da pesquisa realizada.

Esse último projeto, expresso com clareza nos *Cadernos de Pesquisa*, resulta vitorioso a longo prazo, na medida em que o campo universitário, cada vez mais, passa a organizar-se de acordo com as necessidades, estruturas, demandas e pressões da pesquisa científica no país, com seus mecanismos de financiamento, carreiras, avaliações etc. O prestígio da pesquisa como fator de organização do campo pode ser notado, por exemplo, na mudança das estratégias adotadas pelo CEDES e por sua revista, *Educação & Sociedade*, que, no início dos anos 90, com a desmobilização ou mudança de perspectivas dos movimentos sociais e das lutas no campo educacional, voltam decididamente seus esforços para a institucionalização da pesquisa científica no âmbito da entidade.

Os grupos da *Revista da ANDE* e dos *Cadernos de Pesquisa* obtêm consagração, na medida em que conquistam espaços importantes na administração pública dos problemas educativos, mediante a ocupação de cargos em governos estaduais e municipais desde 1983. Além do mais, o grupo da *Revista da ANDE*, se não consegue a afirmação da pedagogia histórico-crítica como hegemônica nas escolas, obtém, pelo menos, a sagração de sua principal personagem, Dermeval Saviani, a ponto de ter sido organizado, em maio de 1994, um simpósio especificamente dedicado ao estudo da sua obra e da sua ação institucional, realizado no

Campus da UNESP de Marília, de que resultou a publicação de um livro intitulado *Dermeval Saviani e a educação brasileira: o simpósio de Marília* (Severino et al., 1994).

Esse livro se compõe, além de estudos sobre o pensamento e a ação de Saviani no contexto da educação brasileira, de um conjunto de depoimentos, não apenas sobre a obra, mas sobre dimensões pessoais do autor em questão, quase todos muito elogiosos e reverentes. A exceção fica por conta do trabalho de Luiz Antonio Cunha, já citado, em que esse autor se dedica a um esforço de situação histórica da obra de Saviani, além de tecer críticas a algumas de suas concepções teóricas sobre a educação. No entanto, mesmo Cunha (1994) propõe uma divisão da história recente do campo educacional brasileiro entre um antes e um depois de Saviani. Trata-se, no livro e no simpósio, de um tipo de homenagem e consagração que não parece ser muito costumeira no campo educacional, pelo menos em relação a autores ainda vivos e atuantes.

A partir da análise dos textos publicados nas três revistas aqui estudadas, pode-se afirmar que o campo educacional brasileiro esteve fortemente marcado, nos anos 70 e 80, pela perspectiva da instauração do novo, da mudança. Esse tipo de orientação extrapola, é claro, o âmbito das revistas, abarcando outros espaços e outros movimentos do campo. Marilda da Silva (1995), por exemplo, registra e examina um amplo movimento de revisão da Didática nesse período, chamado "Didática em questão", de que ressalta o esforço de um grupo de educadores de construção de uma "didática fundamental", que pudesse ir além, tanto da didática nomeada tradicional quanto da escolanovista, as quais, de acordo com esse grupo, estariam, ambas, marcadas por excessivo formalismo.

SABERES PEDAGÓGICOS E TRADIÇÃO

Esse discurso pedagógico do *novo*, da mudança, ao instituir a idéia de ensino tradicional, ou melhor, ao se apropriar dela e reformulá-la, acaba criando uma representação da realidade escolar que ignora as tradições pedagógicas efetivamente existentes e que constituem e informam as ações educativas concretas dos professores nas escolas. Nesse sentido seria pertinente a realização de um esforço de apreensão das maneiras pelas quais esses saberes pedagógicos, produzidos por esses educadores e veiculados nas revistas, chegam – se chegam – aos professores do ensino fundamental e médio. Tal tarefa transcende a proposta desta pesquisa, mas seria interessante para melhor dimensionar o público realmente atingido pelos periódicos, além de permitir uma avaliação mais concreta das relações efetivas que se travam, no campo, entre a produção discursiva e a prática escolar.

De acordo com Denice Catani, tal esforço de apreensão dessas dimensões dos chamados saberes pedagógicos contribuiria decisivamente para se poder repensar as imagens cristalizadas da escola e a própria cultura escolar. Para ela, "a história da educação, e em especial a *história e memória da cultura escolar*, ao fazer algo como a memória da *invenção das tradições* pedagógicas ou didáticas, favorece a compreensão de modos específicos de lidar com a vida escolar e as situações de ensino" (1994, p.17). Nesse sentido, a autora justifica a adoção do termo *saberes pedagógicos*:

> Considera-se o termo fértil para abrigar, ao mesmo tempo, normas e práticas peculiares da situação escolar de formação dos professores. Os saberes pedagógicos constituiriam, assim, uma parte da cultura escolar que seria específica dessas situações de formação. E poderiam ser identificáveis aos conhecimentos produzidos sobre questões educacionais e de ensino que *constituem*, *refletem* e/ou *propõem* práticas e traduzem-se nos discursos das disciplinas pedagógicas, dentre elas, a *didática*. Tais discursos constituem "textos" que participam da realidade da vida escolar que é por eles orientada. (p.19)

Levando-se em conta esse sentido atribuído ao termo, pode-se afirmar que parte expressiva da produção veiculada, nas revistas aqui estudadas, constitui-se de tentativas de reflexão sobre questões educacionais e de orientações para a prática dos professores, expressando-se como efetivos saberes pedagógicos. É claro, também, pela análise empreendida no capítulo anterior, que essa perspectiva de orientação da prática está mais presente na *Revista da ANDE* e naqueles textos das outras revistas em que existe a exposição e a defesa das propostas da chamada pedagogia histórico-crítica.

Essas propostas teóricas, veiculadas nas revistas, partem de determinadas representações, sobre a escola, o professor e a prática pedagógica, que terminam por ter força de realidade, na medida em que passam a comandar os discursos que se podem fazer sobre essa realidade. No entanto, quando transpostas para a prática, essas representações, apresentadas como saberes pedagógicos, capazes de orientar os professores nas suas tarefas diárias, têm que se haver com outras representações, sobre esses mesmos temas, já presentes, ali, nas escolas. Não se trata de afirmar a sempre reiterada cisão entre teoria e prática, mas de constatar o conflito entre teorias-práticas distintas.

Esse conflito, bem como seus resultados históricos, tem sido investigado, principalmente por autores norte-americanos, em relação ao caso dos Estados Unidos. Já foram citadas, anteriormente, neste trabalho, algumas dessas investigações: Popkewitz, 1995 e 1997, Tyack, 1995, Tyack & Cuban, 1997, abordando períodos distintos, mostram como as sucessivas propostas de reformas sempre tiveram que se enfrentar com tradições já estabelecidas e com identidades profissionais já firmadas, de tal maneira que os resultados das reformas nunca foram exatamente aqueles propostos pelos seus formuladores, instituindo-se uma dinâmica entre permanência e mudança que, de acordo com Popkewitz (1997), pode constituir a própria definição da educação na modernidade.

Monica Gather Thurler (1994), tratando do contexto europeu, também reflete sobre essa dinâmica que se estabelece entre a proposição de inovações e as suas parciais aceitações e/ou rejeições pelos professores. De acordo com a autora, quando há resistências ou rejeição das mudanças, isso não se deve a uma suposta formação deficiente dos professores, ou a um conservadorismo atávico. Pelo contrário, as resistências e recusas são posições conscientemente assumidas:

> A resistência à mudança não tem, nesse caso, nada de irracional: tem a ver, pelo contrário, com uma lógica do actor que, do seu ponto de vista, claro, pesa os prós e os contras. (p.37)

Com o propósito de indicar alguns pontos sugestivos a respeito dessas relações entre as práticas discursivas formuladas nas revistas e as práticas didáticas efetivadas nas escolas, vai-se tomar apenas um exemplo, a partir do trabalho realizado por Rosa Elisa Mirra Barone (1992). Essa autora examina a proposta educacional da Secretaria Municipal de Educação de São Paulo, no período de 1983 a 1985, na gestão de Guiomar Namo de Mello, o que torna o exemplo bastante proveitoso no âmbito da investigação que aqui se opera. No seu estudo, Barone se vale dos documentos produzidos pela secretaria na época, de depoimentos de membros da equipe técnica e da própria secretária, além de depoimentos de professores, funcionários, componentes da direção e pais de alunos de uma escola da rede municipal paulistana, com o objetivo explícito de verificar de que maneira a proposta da secretaria chegou, naquele período, à escola.

De acordo com a autora, ao assumirem a secretaria, tanto Mello quanto seu grupo de assessoras elaboram documentos contendo críticas radicais aos princípios que até então orientavam a estrutura da rede municipal de ensino, o que gera uma série de enfrentamentos. Além do mais:

> Junto a essa crítica, havia a preocupação de moldar uma pedagogia que fosse ao encontro da postura teórica que havia sido buscada para referendar a proposta de educação. Era assim, uma tentativa de fazer a concepção histórico-crítica chegar a uma prática histórico-crítica. (Barone, 1992, p.46)

Barone suspeita que, na elaboração do projeto educacional, o grupo de intelectuais dela encarregado não levou em consideração as dificuldades que, necessariamente, viriam, das relações complexas estabelecidas no cotidiano da escola. De acordo com ela:

> é preciso lembrar que o novo, entendendo aqui por novo a proposta de educação, tende a gerar não apenas adesão, mas principalmente resistência e, essa resistência pode ser forte a ponto de abalar todo um projeto. (p.57)

Cabe observar que, com base no que se afirmou antes, pode-se pensar que essas resistências talvez não sejam o único e, nem mesmo, o mais difícil obstáculo; trata-se de considerar as distâncias entre os dois tipos de teorias-práticas que se enfrentam ou se encontram nas reformas, a dos especialistas, de fora da escola, e a dos professores e membros da chamada comunidade escolar.

Barone (p.59 ss.) consegue mostrar, mediante uma série de depoimentos dos membros da equipe técnica da secretaria, que o grupo dirigente, ao assumir a tarefa de reformar o ensino da rede municipal, insiste na perspectiva de serem os portadores do "caminho correto", chegando às escolas com um projeto fechado, pronto para ser implantado. Fundamentando sua proposta nas formulações da pedagogia histórico-crítica, o projeto da secretaria criticava a pedagogia tradicional, mas insistia no papel central a ser desempenhado no ensino pelos conteúdos. Além do mais, coerentemente com as propostas daquela corrente pedagógica, insistia na questão da competência técnica do professor, do saber fazer, indispensável para o estabelecimento de mudanças efetivas e de qualidade. A autora discorda da proposta, na medida em que esta não se punha como tarefa alcançar transformações estruturais na sociedade, ficando num plano reformista, dentro dos parâmetros da sociedade burguesa (p.68).[4]

Examinando as maneiras como se efetivou a recepção das idéias nas práticas escolares, mediante o exame dos depoimentos dos professores e da equipe da escola, a autora ressalta uma contradição das opiniões a respeito do caráter inovador do projeto. Boa parte desses entrevistados, apesar de reconhecer a inovação presente no projeto da secretaria, desqualifica esse caráter, já que o assimila a práticas que, de acordo com eles, já se praticavam na escola há muito tempo. Nesse sentido, de acordo com Barone (p.138-40), ocorre uma aceitação parcial da proposta, precedida de sua reformulação e adequação a práticas e concepções que já estavam estabelecidas. Oscilando entre inversão do significado da proposta, ou sua apropriação de modo bastante particular, sempre ocorre

---

4 Pode-se acrescentar que, dessa maneira, o próprio texto de Barone poderia ser classificado como parte desse discurso pedagógico que se constrói no período, calcado na noção de mudança e de instauração do novo na educação e na disputa dos sentidos desse novo e do tradicional.

uma adaptação prévia do seu conteúdo às práticas costumeiras da escola. Em outros casos, ocorre a rejeição da proposta, embora se manifeste a sua aceitação parcial, no discurso. Para a autora, o que entra em colapso, nessa contradição de opiniões, é o próprio significado da idéia do novo:

> Enquanto o projeto se dispunha a resgatar na escola o "ensinar bem" e democratizar o conhecimento universal, nossos atores se apropriaram deste princípio de outra forma, entendendo aí, um "ensinar para a vida", tentando tornar o ensino em algo "prático" e voltado para o dia-a-dia imediato, ou ainda, "orientar alunos". Isto nos leva a dizer que perpassa esses depoimentos um desconhecimento dos princípios norteadores do projeto.
> Aquilo que do ponto de vista dos atores foi considerado inovador tem sua lógica própria e liga-se às mudanças, ao novo, ao diferente. Este "novo", entretanto, para a SME é o específico da escola e não tem qualquer caráter de inovação, na acepção da palavra. Os atores se referem em geral ... mais à discussão proposta acerca das relações internas e quando se referem ao aspecto pedagógico eles, na realidade, descaracterizam a proposta como um todo. (p.152-3)

Para a autora, o próprio cotidiano escolar impõe uma série de entraves à concretização das mudanças, exigindo atividades de caráter muito pragmático. Além do mais, as ações da maioria dos professores são caracterizadas como voluntaristas, alheias às propostas pedagógicas estabelecidas formalmente, ou, por outro lado, marcadas pelo destaque excessivo a uma dimensão afetiva das relações professor-aluno. Esse conjunto de questões, de acordo com Barone, explicaria as resistências ao projeto e as dificuldades de implantação de uma proposta que não levou em consideração os problemas concretos das escolas.

No entanto, talvez fosse necessário inverter um pouco a perspectiva da autora e tomar alguns desses pontos que ela considera negativos como marcas inevitáveis do trabalho pedagógico nas escolas, constituidoras, mesmo, da própria definição do ofício do professor. Esse profissional tem, necessariamente, que se haver, diariamente, com questões pragmáticas sob pena de não realizar seu trabalho. A dimensão afetiva talvez seja, também, uma das marcas do ofício docente, como sugere Georges Gusdorf (1995). Outra marca talvez seja exatamente o esforço cotidianamente empreendido pelos professores para resguardar alguma esfera de autonomia individual no seu trabalho.

Nesse sentido, pode-se imaginar que o discurso dos especialistas não "chega" à prática, não por ser mal formulado, ou por compreensão deficiente dos professores, mas porque os dois lados operam em contextos e com ordens diferentes de legitimação: enquanto a prática discursiva do especialista, do pedagogo, se move em relação ao *status* da Pedagogia no campo universitário e científico e em relação a uma certa percepção da importância e da "modernidade" do seu discurso, os professores operam no contexto do cotidiano escolar, marcado pelas relações que aí estabelecem com superiores hierárquicos, alunos, pais, e principalmente com seus colegas de profissão – em relação aos quais estabelecem sua identidade profissional –, além da necessidade de levar em conta as exigências pragmáticas do trabalho docente: trata-se de ensinar e de fazer que os alunos aprendam.

Ao longo do percurso desta pesquisa, procurou-se entender como as diferentes maneiras – duas noções, as de *novo* e de *tradicional* na educação – foram mobilizadas num conjunto de práticas discursivas, mediante o exame de três revistas pedagógicas bastante significativas no período estudado – os *Cadernos de Pesquisa*, *Educação & Sociedade* e a *Revista da ANDE*. Espera-se que o trabalho possa ter contribuído para esclarecer algumas dimensões desse conjunto de práticas discursivas, bem como para oferecer algum acréscimo ao entendimento do estado de organização do campo educacional brasileiro naquela época. Para o pesquisador, resta a sensação de ter aprendido muito, mesmo que não tenha podido realizar tudo aquilo que projetara.

BIBLIOGRAFIA

FONTES

Artigos da *Revista da* ANDE

BARRETO, E. S. de S. Professora e aluno na escola básica: encontros e desencontros. *Revista da ANDE*, n.2, p.42-5, 1981.
BEISIEGEL, C. de R. Relações entre a quantidade e a qualidade no ensino comum. *Revista da ANDE*, n.1, p.49-56, 1981.
CANDAU, V. M. Didática: a relação forma/conteúdo. *Revista da ANDE*, n.11, p.24-8, 1986.
DIAS, M. I. P. de F. O cavaleiro da triste figura. *Revista da ANDE*, n.4, p.4-7, 1982.
EQUIPE da Secretaria Municipal de Educação de São Paulo 1983-1985, gestão Guiomar N. de Mello. A escola que queremos. *Revista da ANDE*, n.10, p.11-5, 1986.
FUSARI, J. C. O planejamento educacional e a prática dos educadores. *Revista da ANDE*, n.8, p.33-5, 1984.
KRAMER, S. Diferentes significados da alfabetização. *Revista da ANDE*, n.10, p.35-40, 1986.
LIBÂNEO, J. C. Saber, saber ser, saber fazer: o conteúdo do fazer pedagógico. *Revista da ANDE*, n.4, p.40-4, 1982.
_____. Tendências pedagógicas na prática escolar. *Revista da ANDE*, n.6, p.11-20, 1983.

LIBÂNEO, J. C. Didática e prática histórico-social. *Revista da ANDE*, n.8, p.23-31, 1984.

_____. Os conteúdos escolares e sua dimensão crítico-social. *Revista da ANDE*, n.11, p.5-13, 1986.

LUCKESI, C. C. Avaliação educacional escolar: para além do autoritarismo. *Revista da ANDE*, n.10, p.47-51, 1986.

MELLO, G. N. de. Educação do educador: ou o difícil equilíbrio entre o reboquismo e o vanguardismo. *Revista da ANDE*, n.2, p.4-5, 1981.

_____. Educação escolar e classes populares: uma reflexão sobre o atual momento educacional e político do Brasil. *Revista da ANDE*, n.6, p.5-9, 1983.

NOGUEIRA, M. J. Seis professores à procura de um caminho. *Revista da ANDE*, n.4, p.45-51, 1982.

PICANÇO, I. S. O professor frente à realidade da escola pública. *Revista da ANDE*, n.5, p.30-5, 1982.

PIMENTA, S. G. Orientador educacional ou pedagogo: da importância do fazer pedagógico para a democratização do ensino. *Revista da ANDE*, n.9, p.29-37, 1985.

POPPOVIC, A. M. Enfrentando o fracasso escolar. *Revista da ANDE*, n.2, p.17-21, 1981.

RIBEIRO, M. L. S. A importância política da realização da especificidade da educação. *Revista da ANDE*, n.12, p.22-6, 1987.

SALGADO, M. U. C. O papel da Didática na formação do professor. *Revista da ANDE*, n.4, p.8-18, 1982.

SAVIANI, D. Escola e democracia ou a teoria da curvatura da vara. *Revista da ANDE*, n.1, p.23-33, 1981.

_____. Escola e democracia: além da "teoria da curvatura da vara". *Revista da ANDE*, n.3, p.57-64, 1982.

_____. O ensino básico e o processo de democratização da sociedade brasileira. *Revista da ANDE*, n.7, p.9-13, 1984.

_____. Sentido da pedagogia e papel do pedagogo. *Revista da ANDE*, n.9, p.27-8, 1985.

_____. A pedagogia histórico-crítica no quadro das tendências críticas da educação brasileira. *Revista da ANDE*, n.11, p.15-23, 1986.

SCHEIBE, L. O saber fazer na escola: novos caminhos para a didática. *Revista da ANDE*, n.5, p.39-41, 1982.

Editoriais

Carta aos educadores. *Revista da ANDE*, n.1, p.2-3, 1981.
Prática docente de cada dia. *Revista da ANDE*, n.1, p.34-5, 1981.

Carta de Princípios. *Revista da ANDE*, n.1, p.57-9, 1981.
Aos colegas educadores. *Revista da ANDE*, n.2, p.2-3, 1981.
Aos colegas educadores. *Revista da ANDE*, n.3, p.2-3, 1982.
Aos colegas educadores. *Revista da ANDE*, n.4, p.2-3, 1982.
Aos colegas educadores. *Revista da ANDE*, n.5, p.2-3, 1982.
Aos colegas educadores. *Revista da ANDE*, n.6, p.2-3, 1983.
Aos colegas educadores. *Revista da ANDE*, n.7, p.2-3, 1984.
Aos colegas educadores. *Revista da ANDE*, n.8, p.2-3, 1984.
Aos colegas educadores. *Revista da ANDE*, n.9, p.2-3, 1985.
Aos colegas educadores. *Revista da ANDE*, n.10, p.2-3, 1986.
Aos colegas educadores. *Revista da ANDE*, n.11, p.2-3, 1986.
Aos colegas educadores. *Revista da ANDE*, n.12, p.3, 1987.
Aos colegas educadores. *Revista da ANDE*, n.13, p.2-3, 1988.
Revista da ANDE, n.14, p.2-3, 1989 – editorial sem título.
Editorial. *Revista da ANDE*, n.15, p.2-3, 1990.
Revista da ANDE, n.16, p.2, 1990 – editorial sem título.
Editorial. *Revista da ANDE*, n.17, p.2-3, 1991.

Artigos de *Educação & Sociedade*

ALMEIDA, M. J. P. M. de. Guia curricular – contribuição à prática docente ou documento oficial? Reflexões sobre o ensino de física. *Educação & Sociedade*, n.27, p.141-3, 1987.

ALMEIDA, M. J. de. Educação e mercado editorial. *Educação & Sociedade*, n.1, p.185-7, 1978.

ANÔNIMO. Por uma política democrática e popular na educação. *Educação & Sociedade*, n.3, p.141-54, 1980.

ARROYO, M. G. Operários e educadores se identificam: que rumos tomará a educação brasileira? *Educação & Sociedade*, n.5, p.3, 1980.

BALZAN, N. C. É possível obter resultados satisfatórios em Estudos Sociais? *Educação & Sociedade*, n.2, p.177-85, 1979.

_____. Sete asserções inaceitáveis sobre a inovação educacional. *Educação & Sociedade*, n.6, p.119-39, 1980.

BARRETO, E. S. de S. Tradição tecnológica e sistema de ensino no Brasil. *Educação & Sociedade*, n.2, p.60-9, 1979.

BELTRAME, A. M. et al. Uma proposta política de ensino de Matemática. *Educação & Sociedade*, n.20, p.133-40, 1985.

BRANDÃO, C. R. Eva viu a luta. Algumas anotações sobre a pedagogia do oprimido e a educação do colonizador. *Educação & Sociedade*, n.3, p.15-23, 1979.

CANIATO, R. Ato de fé ou conquista do conhecimento? *Educação & Sociedade*, n.21, p.83-91, 1985.

CHAUÍ, M. de S. Ideologia e educação. *Educação & Sociedade*, n.5, p.24-46, 1980.

CUNHA, L. A. Notas para uma leitura da teoria da violência simbólica. *Educação & Sociedade*, n.4, p.79-110, 1979.

CUNHA, R. M. de M. Ensino de biologia no 2° grau: da competência "satisfatória" à nova competência. *Educação & Sociedade*, n.30, p.134-53, 1988.

CURY, C. R. J. A propósito de "Educação e Desenvolvimento Social no Brasil". *Educação & Sociedade*, n.9, p.155-63, 1981.

_____. Tendências do ensino no Brasil hoje. *Educação & Sociedade*, n.25, p.44-54, 1986.

FRACALANZA, H. Ciência e livros didáticos de Biologia. *Educação & Sociedade*, n.22, p.138-50, 1985.

FREITAS, L. C. de. Notas sobre a especificidade do pedagogo e sua responsabilidade no estudo da teoria e prática pedagógicas. *Educação & Sociedade*, n.22, p.12-9, 1985.

GADOTTI, M. Revisão crítica do papel do pedagogo na atual sociedade brasileira (introdução a uma pedagogia do conflito). *Educação & Sociedade*, n.1, p.5-16, 1978.

_____. Ação pedagógica e prática social transformadora. *Educação & Sociedade*, n.4, p.5-14, 1979.

_____. Concepção dialética da educação e educação brasileira contemporânea. *Educação & Sociedade*, n.8, p.5-32, 1981.

GARCIA, W. E. Pedagogia e antipedagogia: pontos para discussão. *Educação & Sociedade*, n.3, p.129-33, 1979.

GHIRALDELLI JÚNIOR, P. A vara teimosa: debatendo com Paolo Nosella. *Educação & Sociedade*, n.24, p.116-45, 1986.

_____. Reelaboração da didática e história concreta. *Educação & Sociedade*, n.23, p.136-47, 1986.

_____. Introdução à evolução das idéias pedagógicas no Brasil. *Educação & Sociedade*, n.26, p.85-104, 1987.

GOUVEIA, A. J. Educação: território livre ou ocupado? *Educação & Sociedade*, n.32, p.23-6, 1989.

HÖFLING, E. de M. Pedagogia radical: subsídios. *Educação & Sociedade*, n.16, p.151-3, 1983.

LINHARES, C. F. S. Os protagonistas da pedagogia escolar: suas convergências e divergências. *Educação & Sociedade*, n.26, p.29-43, 1987.

LOBO JÚNIOR, D. T. Sobre as relações entre as questões da educação e do populismo: uma contribuição. *Educação & Sociedade*, n.24, p.48-60, 1986.

NOSELLA, P. Compromisso político como horizonte da competência técnica. *Educação & Sociedade*, n.14, p.91-7, 1983.

_____. Educação tradicional e educação moderna: debatendo com Saviani. *Educação & Sociedade*, n.23, p.106-35, 1986.

OLIVEIRA, M. R. N. S. Teorias da educação e a prática pedagógica. *Educação & Sociedade*, n.34, p.108-21, 1989.

PAIVA, V. Que política educacional queremos? *Educação & Sociedade*, n.21, p.122-40, 1985.

SAVIANI, D. Competência política e compromisso técnico ou (o pomo da discórdia e o fruto proibido). *Educação & Sociedade*, n.15, p.111-43, 1983.

SILVEIRA, D. L. da. O ensino da ciência como prática da democracia. *Educação & Sociedade*, n.24, p.110-5, 1986.

XAVIER, M. E. S. P. A "Nova República" e as tendências ideológicas da educação. *Educação & Sociedade*, n.42, p.228-33, 1992.

Editoriais

Apresentando nosso compromisso. *Educação & Sociedade*, n.1, p.3, set. 1978.

Aos leitores. *Educação & Sociedade*, n.2, p.3, jan. 1979.

O CEDES: uma idéia que está caminhando. *Educação & Sociedade*, n.3, p.3, maio 1979.

Centro de Estudos Educação e Sociedade (CEDES). *Educação & Sociedade*, n.3, p.169-70, maio 1979.

Ilusão política, desilusão pedagógica. *Educação & Sociedade*, n.4, p.3-4, set. 1979.

Editorial: A I Conferência Brasileira de Educação. *Educação & Sociedade*, n.5, p.3-4, jan. 1980.

Editorial: Ainda a I Conferência Brasileira de Educação. *Educação & Sociedade*, n.6, p.3-4, jun. 1980.

Editorial: Educação e imperialismo. *Educação & Sociedade*, n.7, p.3-4, set. 1980.

Editorial: Educação: instrumento de luta. *Educação & Sociedade*, n.8, p.3-4, mar. 1981.

Editorial: Educadores: a luta pela organização. *Educação & Sociedade*, n.9, p.3-4, maio 1981.

Editorial: Educação e política. *Educação & Sociedade*, n.10, p.3-4, set. 1981.

COMITÊ DE REDAÇÃO. Editorial: A luta pela autonomia contra a exclusão. *Educação & Sociedade*, n.11, p.3-4, jan. 1982.

Editorial: Quem paga a escola paga? *Educação & Sociedade*, n.12, p.3-4, set. 1982.

CONSELHO EDITORIAL. Editorial: Após as eleições o debate continua. *Educação & Sociedade*, n.13, p.3-6, dez. 1982.

Editorial. *Educação & Sociedade*, n.14, p.3-4, maio 1983.

Editorial. *Educação & Sociedade*, n.15, p.3, ago. 1983.

Editorial. *Educação & Sociedade*, n.16, p.3-4, dez. 1983.

Editorial. *Educação & Sociedade*, n.17, p.3-4, abr. 1984.

Editorial. *Educação & Sociedade*, n.18, p.3, ago. 1984.

Editorial. *Educação & Sociedade*, n.19, p.3, dez. 1984.

Editorial. *Educação & Sociedade*, n.20, p.3, abr. 1985.

Editorial. *Educação & Sociedade*, n.21, p.3, ago. 1985.

Editorial. *Educação & Sociedade*, n.22, p.3, set./dez. 1985.

Editorial. *Educação & Sociedade*, n.23, p.3, abr. 1986.

Editorial. *Educação & Sociedade*, n.24, p.3-4, ago. 1986.

Editorial. *Educação & Sociedade*, n.25, p.3-4, dez. 1986.

Editorial. *Educação & Sociedade*, n.26, p.3-4, abr. 1987.

Editorial. *Educação & Sociedade*, n.27, p.3-4, ago. 1987.

Editorial. *Educação & Sociedade*, n.28, p.3-4, dez. 1987.

Editorial. *Educação & Sociedade*, n.29, p.3-4, abr. 1988.

Editorial. *Educação & Sociedade*, n.30, p.3-4, ago. 1988.

Editorial. *Educação & Sociedade*, n.31, p.3-4, dez. 1988.

Editorial. *Educação & Sociedade*, n.32, p.3-6, abr. 1989.

Editorial. *Educação & Sociedade*, n.33, p.3-5, ago. 1989.

Editorial. *Educação & Sociedade*, n.34, p.3-5, dez. 1989.

Editorial. *Educação & Sociedade*, n.35, p.5-8, abr. 1990.

Editorial. *Educação & Sociedade*, n.36, p.5-12, ago. 1990.

Editorial. *Educação & Sociedade*, n.37, p.5-10, dez. 1990.

Editorial: A VI CBE no contexto atual da educação. *Educação & Sociedade*, n.38, p.5-8, abr. 1991.

Editorial. *Educação & Sociedade*, n.39, p.157-60, ago. 1991.

Editorial: Gramsci, educador? *Educação & Sociedade*, n.40, p.333-42, dez. 1991.

Editorial. *Educação & Sociedade*, n.41, p.5-9, abr. 1992.

Editorial. *Educação & Sociedade*, n.42, p.5-8, ago. 1992.
Editorial. *Educação & Sociedade*, n.43, p.387-8, dez. 1992.

Artigos sobre a LDB

ABREU, M. A tramitação do projeto LDB no Congresso Nacional a partir de novembro de 1992. *Ed.Soc.*, n.42, p.368-78, 1992.

APRECIAÇÃO de Emendas ao Projeto de LDB: questões fundamentais em Defesa da Escola Pública. Fórum Nacional em Defesa da Escola Pública na LDB. *Ed.Soc.*, n.38, p.134-52, 1991.

CUNHA, L. A. Qual universidade? *Ed.Soc.*, n.31, p.105-28, 1988.

CURY, C. R. J. A nova Lei de Diretrizes e Bases e suas implicações nos estados e municípios: o Sistema Nacional de Educação. *Ed.Soc.*, n.41, p.186-201, 1992.

FERNANDES, F. Diretrizes e bases: conciliação aberta. *Ed.Soc.*, n.36, p.142-9, 1990.

_____. Diretrizes e bases: na etapa final. *Ed.Soc.*, n.43, p.524-8, 1992.

HAGE, J. LDB – Breves comentários aos primeiros comentários. *Ed.Soc.*, n.36, p.139-41, 1990.

_____. LDB – Análise de uma etapa vencida. *Ed.Soc.*, n.37, p.125-45, 1990.

_____. A batalha da LDB da Educação só será ganha com pressão. *Ed.Soc.*, n.39, p.325-7, 1991.

HAGUETIT, A. Educação: bico, vocação ou profissão? *Ed.Soc.*, n.38, p.109-21, 1991.

PICANÇO, I. S. Trabalho e educação. E a nova LDB? *Ed.Soc.*, n.32, p.51-7, 1989.

PINO, I. R. A nova Lei de Diretrizes e Bases da Educação Nacional. *Ed.Soc.*, n.35, p.162-80, 1990.

_____. VI CBE. A nova Lei de Diretrizes e Bases da Educação Nacional na encruzilhada. *Ed.Soc.*, n.36, p.158-67, 1990.

_____. A nova LDB: ameaças e resistências. *Ed.Soc.*, n.37, p.156-61, 1990.

_____. A trama da LDB na realidade política nacional. *Ed.Soc.*, n.41, p.156-85, 1992.

_____. Da organização escolar na LDB: um acordo equivocado. *Ed.Soc.*, n.43, p.529-36, 1992.

VELLOSO, J. R. A nova Lei de Diretrizes e Bases da Educação e o financiamento do ensino: pontos de partida. *Ed.Soc.*, n.30, p.5-42, 1988.

_____. Política do MEC e recursos para o ensino no governo Collor. *Ed.Soc.*, n.42, p.256-67, 1992.

Outros textos

CUNHA, L. A. A organização do campo educacional: as conferências de educação. *Ed.Soc.*, n.9, p.5-48, maio 1981.

Movimento dos trabalhadores em educação. *Ed.Soc.*, n.5, p.132-5, jan. 1980.

PINO, I. R. Reflexões sobre a construção de um centro de pesquisa no Centro de Estudos Educação e Sociedade – CEDES. *Ed. Soc.*, n.32, p.155-8, abr. 1989.

Artigos de Cadernos de Pesquisa

ANDRADE, A. dos S. O cotidiano de uma escola pública de 1º grau: um estudo etnográfico. *Cad.Pesq.*, n.73, p.26-37, maio 1990.

BARRETO, E. S. de S. Contribuição para a democratização do ensino. *Cad.Pesq.*, n.34, p.84-7.

BARRETO, E. S. de S., MENEZES, S. M. C. de. Os cursos programados individuais (CPIs): recurso ou solução? *Cad.Pesq.*, n.11, p.61-70, dez. 1974.

CANDAU, V. M. F. Tecnologia educacional: concepções e desafios. *Cad.Pesq.*, n.28, p.61-6, mar. 1979.

CARVALHO, M. P. de. Um invisível cordão de isolamento: escola e participação popular. *Cad.Pesq.*, n.70, p.65-73, ago. 1989.

CRUZ, T. R. et al. Geometria descritiva pelo método dos instrumentos operacionais. *Cad.Pesq.*, n.53, p.53-60, maio 1985.

CURY, C. R. J. Educação e ideologia. *Cad.Pesq.*, n.35, p.80-3, nov. 1980.

_____. Notas acerca do saber e do saber fazer da escola. *Cad.Pesq.*, n.40, p.58-60, fev. 1982.

DAVIS, C. et al. Papel e valor das interações sociais em sala de aula. *Cad.Pesq.*, n.71, p.49-54, nov. 1989.

FELIX, M. de F. C. A administração da educação na Nova República: caminho para mudança ou mudança de caminho? *Cad.Pesq.*, n.59, p.77-83, nov. 1986.

GARCIA, R. L., AZEVEDO, J. G. de. A orientação educacional e o currículo. *Cad.Pesq.*, n.48, p.29-37, fev. 1984.

GHIRALDELLI JÚNIOR, P. A evolução das idéias pedagógicas no Brasil republicano. *Cad.Pesq.*, n.60, p.28-37, fev. 1987.

GOLDBERG, M. A. A. Inovação educacional e ideologia: grandezas e misérias de uma recolocação. *Cad.Pesq.*, n.35, p.77-9, nov. 1980.

GOLDBERG, M. A. Inovação educacional: grandezas e misérias da ideologia. *Cad.Pesq.*, n.32, p.60-4, fev. 1980.

GONÇALVES, O. Incorporação de práticas curriculares nas escolas. *Cad.Pesq.*, n.49, p.55-62, maio 1984.

GOUVEIA, A. J. A escola, objeto de controvérsia. *Cad.Pesq.*, n.16, p.15-9, mar. 1976.

LUNA, S. V. de. Comentários sobre "Ensino de 1º grau: direção ou espontaneísmo?". *Cad.Pesq.*, n.36, p.95-7, fev. 1981.

MAZZOTTI, T. B. Informática na educação escolar: a busca de uma nova didática magna. *Cad.Pesq.*, n.76, p.24-30, fev. 1991.

MELLO, G. N. de. Ensino de 1º grau: direção ou espontaneísmo? *Cad.Pesq.*, n.36, p.87-91, fev. 1981.

_____. As atuais condições de formação do professor de 1º grau: algumas reflexões e hipóteses de investigação. *Cad.Pesq.*, n.45, p.71-8, maio 1983.

_____. Discurso de posse no cargo de Secretária da Educação do Município de São Paulo, a 17 de março de 1983. *Cad.Pesq.*, n.45, p.81-3, maio 1983.

OLIVEIRA, R. de. Reflexões sobre a experiência de alteração curricular em São Paulo. *Cad.Pesq.*, n.63, p.64-6, nov. 1987.

POPPOVIC, A. M. Programa Alfa: um currículo de orientação cognitiva para as primeiras séries do 1º grau inclusive crianças culturalmente marginalizadas visando ao processo ensino–aprendizagem. *Cad.Pesq.*, n.21, p.41-6, jun. 1977.

RUIZ, E. R. L., FARIA, L. M. Metodologia de ensino integrado de temas de Psicologia. *Cad.Pesq.*, n.49, p.87-8, maio 1984.

SAVIANI, D. As teorias da educação e o problema da marginalidade da América Latina. *Cad.Pesq.*, n.42, p.8-18, ago. 1982.

SILVA, T. R. N. da. Influências teóricas no ensino e currículo no Brasil. *Cad.Pesq.*, n.70, p.5-19, ago. 1989.

SILVA, T. T. da. Currículo, conhecimento e democracia: as lições e as dúvidas de duas décadas. *Cad.Pesq.*, n.73, p.59-66, maio 1990.

Relação dos balanços publicados no nº 80

BARRETO, E. S. de S. Onde se quer chegar com a municipalização do ensino fundamental? *Cad.Pesq.*, n.80, p.51-5, fev. 1992.

CAMPOS, M. M., HADDAD, L. Educação infantil: crescendo e aparecendo. *Cad.Pesq.*, n.80, p.11-20, fev. 1992.

COSTA, A. de O., BRUSCHINI, C. Uma contribuição ímpar: os Cadernos de Pesquisa e a consolidação dos estudos de gênero. *Cad.Pesq.*, n.80, p.91-9, fev. 1992.
ESPOSITO, Y. L. Alfabetização em revista: uma leitura. *Cad.Pesq.*, n.80, p.21-7, fev. 1992.
FERRETTI, C. J., MADEIRA, F. Educação/trabalho: reinventando o passado? *Cad.Pesq.*, n.80, p.75-86, fev. 1992.
GATTI, B. A. Pesquisa em educação: um tema em debate. *Cad.Pesq.*, n.80, p.106-11, fev. 1992.
_____. Vestibular e ensino superior nos anos 70 e 80. *Cad.Pesq.*, n.80, p.87-90, fev. 1992.
GOUVEIA, A. J. Introdução. *Cad.Pesq.*, n.80, p.8-10, fev. 1992.
PINTO, R. P. Raça e educação: uma articulação incipiente. *Cad.Pesq.*, n.80, p.41-50, fev. 1992.
ROSEMBERG, F., AMADO, T. Mulheres na escola. *Cad.Pesq.*, n.80, p.62-74, fev. 1992.
SILVA, R. N., DAVIS, C. O nó górdio da educação brasileira: ensino fundamental. *Cad.Pesq.*, n.80, p.28-40, fev. 1992.
VIANNA, H. M. Avaliação educacional nos Cadernos de Pesquisa. *Cad.Pesq.*, n.80, p.100-6, fev. 1992.
ZIBAS, D. M. L. Ser ou não ser: o debate sobre o ensino médio. *Cad.Pesq.*, n.80, p.56-61, fev. 1992.

Artigos sobre pesquisa educacional

ANDRÉ, M. E. D. A. de. Estudo de caso: seu potencial na educação. *Cad.Pesq.*, n.49, maio 1984.
BARROSO, C. O ensino através do computador e a pesquisa educacional. *Cad.Pesq.*, n.13, jun. 1975.
_____. Estatística e pesquisa: encontros e desencontros. *Cad.Pesq.*, n.46, ago. 1983.
BRUSCHINI, C., AMADO, T. Estudos sobre mulher e educação: algumas questões sobre o magistério. *Cad.Pesq.*, n.64, fev. 1988.
DUTRA, A. Contribuição das revisões de pesquisa internacionais ao tema evasão e repetência no 1º grau. *Cad.Pesq.*, n.45, maio 1983.
ESTEVES, O. P. Pesquisa educacional em crise: ontem, hoje – que caminho tomar? *Cad.Pesq.*, n.50, ago. 1984.
FAZENDA, I. C. A. O Centro Regional de Pesquisas educacionais de São Paulo – um capítulo na história da educação brasileira. *Cad.Pesq.*, n.60, fev. 1987.

FRANCO, M. L. P. B. Pesquisa educacional: algumas reflexões. *Cad.Pesq.*, n.51, p.84-7, nov. 1984.

FRANCO, M. L. P. B., GOLDBERG, M. A. A. Prioridades em pesquisa educacional: prós e contras. *Cad.Pesq.*, n.16, p.74-80, mar. 1976.

GATTI, B. Pós-graduação e pesquisa em educação no Brasil, 1978-1981. *Cad.Pesq.*, n.44, fev. 1983.

GOLDBERG, M. A. A. Por que temos sido e por que talvez continuemos sendo inocentes em educação? *Cad.Pesq.*, n.17, p.75-7, jun. 1976.

GOUVEIA, A. J. A pesquisa educacional no Brasil. *Cad.Pesq.*, n.1, p.1-48, jul. 1971.

_____. A pesquisa sobre educação no Brasil: de 1970 para cá. *Cad.Pesq.*, n.19, p.75-9, dez. 1976.

IZQUIERDO, C. M. Considerações para determinar as prioridades da pesquisa educacional na América Latina. *Cad.Pesq.*, n.5, nov. 1972.

LÜDKE, M. Como anda o debate sobre metodologias quantitativas e qualitativas na pesquisa em educação. *Cad.Pesq.*, n.64, fev. 1988.

MELLO, G. N. de. A pesquisa educacional no Brasil. *Cad.Pesq.*, n.46, p.67-72, ago. 1983.

_____. Pesquisa educacional, políticas governamentais e o ensino de 1º grau. *Cad.Pesq.*, n.53, maio 1985.

RIBEIRO NETTO, A. Estímulos à pesquisa educacional. *Cad.Pesq.*, n.16, mar. 1976.

SALM, C. et al. Pesquisa educacional e políticas governamentais em educação. *Cad.Pesq.*, n.55, nov. 1985.

SCHIEFELBEIN, E. A comunicação entre os centros de pesquisa educacional. *Cad.Pesq.*, n.5, nov. 1972.

SCHIEFELBEIN, E., SIMMONS, J. Os determinantes do desempenho escolar: uma revisão de pesquisas nos países em desenvolvimento. *Cad.Pesq.*, n.35, nov. 1980.

THIOLLENT, M. J.-M. Aspectos qualitativos da metodologia de pesquisa com objetivos de descrição, avaliação e reconstrução. *Cad.Pesq.*, n.49, maio 1984.

VIANNA, H. M. Redação e medida da expressão escrita: algumas contribuições da pesquisa educacional. *Cad.Pesq.*, n.16, mar. 1976.

VIEIRA, E. Pesquisa em educação: quando se é específico? *Cad.Pesq.*, n.67, nov. 1988.

Outros textos

Apresentação. *Cad.Pesq.*, n.80, p.5, fev. 1992.

MARQUES, R. M. Carta da Presidência. *Cad.Pesq.*, n.80, p.5, fev. 1992.

SILVA, T. R. N. da. A democratização das oportunidades educacionais. *Cad.Pesq.*, n.34, ago. 1980.

SANTOS, M. M. R. dos. Relatório da experiência do Programa Alfa em Pernambuco – 1977/1980. *Cad.Pesq.*, n.39, nov. 1981.

POPPOVIC, A. M. Bases teóricas do Programa Alfa. *Cad.Pesq.*, n.43, nov. 1982.

Artigos da Revista da Faculdade de Educação

ANDRÉLLO, R. Uma experiência de "campus" avançado: a Faculdade de Educação no "campus" avançado da USP, em Marabá, Estado do Pará. *R.Fac.Educ.*, v.2, n.2, p.205-15, jul./dez. 1976.

ANTUNHA, H. G. As origens da Faculdade de Educação da USP: a introdução dos estudos pedagógicos de nível superior no Estado de São Paulo. *R.Fac.Educ.*, v.1, n.1, p.25-41, dez. 1975.

ANTUNHA, E. L. G., ANTUNHA, H. C. G. Sobre a instituição de estudos de educação especial na Universidade de São Paulo. *R.Fac.Educ.*, v.2, n.1, p.28-37, jan./jun. 1976.

AZANHA, J. M. P. Democratização do ensino: vicissitudes da idéia no ensino paulista. *R.Fac.Educ.*, v.5, n.1/2, p.93-107, jan./dez. 1979.

_____. Plano de implantação do ensino de 2º grau na Escola de Aplicação da Faculdade de Educação da Universidade de São Paulo. *R.Fac.Educ.*, v.9, n.1/2 (a), p.3-21, jan./dez. 1983.

_____. A pesquisa educacional na FEUSP. *R.Fac.Educ.*, v.9, n.1/2 (b), p.41-4, jan./dez. 1983.

BARROS, G. N. M. de. Estudos sobre a pós-graduação da Faculdade de Educação da USP – 1985. *R.Fac.Educ.*, v.13, n.1, p.153-233, jan./jun. 1987.

BUENO, B. O. Integração no curso de licenciatura da FEUSP: registros de uma experiência. *R.Fac.Educ.*, v.17, n.1/2, p.184-93.

CARVALHO, A. M. P. de. Memórias da prática de ensino. *R.Fac.Educ.*, v.18, n.2, p.247-52, jul./dez. 1992.

_____. Prática de ensino – Faculdade de Educação da Universidade de São Paulo. *R.Fac.Educ.*, v.6, n.1.

COMISSÃO Interdepartamental de Reforma do Currículo do Curso de Pedagogia da FEUSP. Curso de Pedagogia: estrutura curricular. *R.Fac.Educ.*, v.15, n.2, p.281-304, jul./dez. 1989.

FAVARETTO, C. F. Pós-moderno na educação? *R.Fac.Educ*, v.17, n.1/2, p.121-7, jan./dez. 1991.

FERNANDES NETTO, A. C. Uma proposta de curso de licenciatura em física. *R.Fac.Educ.*, v.14, n.2, p.289-99, jul./dez. 1988.

FUNDAÇÃO UNIVERSITÁRIA PARA O VESTIBULAR. Relatório do vestibular FUVEST 1978. *R.Fac.Educ.*, v.4, n.1, p.65-112, jan./jun. 1978.

MELCHIOR, J. C. de A. Reflexões a respeito da reformulação dos cursos que preparam recursos humanos para a educação: documento preliminar. *R.Fac.Educ.*, v.9, n.1/2 (a), p.93-106, jan./dez. 1983.

_____. Proposta de reformulação do curso de formação de recursos humanos para a educação. *R.Fac.Educ.*, v.9, n.1/2 (b), p.93-106, jan./dez. 1983.

MITRULIS, E. Educação e currículo: promessas e contribuições da nova sociologia da educação. *R.Fac.Educ.*, v.9, n.1/2, p.93-106, jan./dez. 1983.

MOKREJS, E. A propósito do cinqüentenário do "Curso de Metodologia do Ensino" na USP: uma nota histórica. *R.Fac.Educ.*, v.10, n.2, p.345-57, jul./dez. 1984.

NADAJ, E. O ensino de história no 2º grau: problemas, deformações e perspectivas. *R.Fac.Educ.*, v.9, n.1/2, p.79-91, jan./dez. 1983.

_____. A prática de ensino e a democratização da escola. *R.Fac.Educ.*, v.11, n.1/2, p.5-17, jan./dez. 1985.

OLIVEIRA, R. P. de. A educação na Nova Constituição: mudar para permanecer. *R.Fac.Educ.*, v.15, n.1, p.28-34, jan./jun. 1989.

_____. Política educacional no Brasil: alguns desafios dos anos 90. *R.Fac.Educ.*, v.18, n.1, p.5-19, jan./jun. 1992.

PARRA, N. Curso de licenciatura: uma proposta de reforma. *R.Fac.Educ.*, v.10, n.2, p.191-7, jul./dez. 1984.

PERALVA, A. et. al. Pensando a Faculdade de Educação. *R.Fac.Educ.*, v.12, n.1/2, p.157-65, jan./dez. 1986.

VILLALOBOS, J. E. R. Estatuto da Fundação Universitária para o Vestibular. *R.Fac.Educ.*, v.2, n.1, p.93-6, jan./jun. 1976.

Artigos da *Folha de S.Paulo*

AGÊNCIA FOLHA. Norte elabora livro regional. *Folha de S.Paulo*, São Paulo, 8 abr. 1996. Cotidiano, p.8.

ARAÚJO, I. "Sociedade" acomoda diferença. *Folha de S.Paulo*, São Paulo, 26 abr. 1995. Ilustrada, p.6.

FELINTO, M. Se a melhor escola fica em Parada de Taipas... *Folha de S.Paulo*, São Paulo, 1 out. 1996. Cotidiano, p.2.
FOLHA DE SÃO PAULO. Experimental era "do contra". São Paulo, 26 mar. 1995. p.18.
_____. Símbolo "progressista" do Rio procura "equilíbrio". São Paulo, 26 mar. 1995. p.18.
_____. Ensino tradicional. São Paulo, 7 ago. 1997. Especial, p.2.
_____. Educação. São Paulo, 26 out. 1997. Revista da Folha, p.64-78.
GRILLO, C., SCALZO, F. Escolas fecham cartilha "alternativa" e tentam encarar a realidade dos 90. *Folha de S.Paulo*, São Paulo, 26 mar. 1995. p.16.
PALOMBINI, B. C. Universidade sem pesquisa? *Folha de S.Paulo*, São Paulo, 8 abr. 1996. p.3.
QUEVEDO, S. Catarinenses aprendem biologia na base do rock. *Folha de S.Paulo*, São Paulo, 11 set. 1995. Folhateen, p.2.
ROSSETI, F. Educadores questionam metodologia tradicional. *Folha de S.Paulo*, São Paulo, 26 jun. 1996. Cotidiano, p.4.
SORDILI, A., BLANCO, A. Crianças imperativas. *Folha de S.Paulo*, São Paulo, 12 out. 1997. Revista da Folha, p.10-6.

BIBLIOGRAFIA GERAL

APPLE, M. Commonsense categories and curriculum thought. In: DALE, R., ESLAND, G., MACDONALD, M. (Org.) *Schooling and capitalism*: a sociological reader. London: Routledge & Kegan Paul, The University Press, 1976. p.174-84.
_____. Currículo e poder. *Educação e Realidade (Porto Alegre)*, v.14, n.2, p.46-57, jul./dez. 1989.
ASSEF, V. R. A. *A prática pedagógica do professor*: conservadora ou transformadora? Rio de Janeiro, 1981. Dissertação (Mestrado) – Departamento de Educação, Pontifícia Universidade Católica do Rio de Janeiro.
AZANHA, J. M. P. *Experimentação educacional*: uma contribuição para sua análise. São Paulo: Edart, 1974.
_____. *Uma idéia de pesquisa educacional*. São Paulo: Edusp, 1992.
BARONE, R. E. M. *A proposta educacional da Secretaria Municipal de Educação de São Paulo para o período de 1983/1985 e sua prática em*

uma escola da rede: um estudo de caso. São Paulo, 1992. Dissertação (Mestrado) – Pontifícia Universidade Católica de São Paulo.

BAUDELOT, C., ESTABLET, R. *L'école capitaliste en France*. Paris: Maspéro, 1971.

BENJAMIN, W. Experiência e pobreza. In: _____. *Magia e técnica, arte e política*: ensaios sobre literatura e história da cultura. Trad. Sérgio Paulo Rouanet. 2.ed. São Paulo: Brasiliense, 1986. p.114-9.

BORGES, G. L. de A. *Utilização do método científico em livros didáticos de ciências para o 1º grau*. Campinas, 1982. Dissertação (Mestrado) – Faculdade de Educação, Universidade Estadual de Campinas.

BORNHEIM, G. O conceito de tradição. In: BORNHEIM, G. et al. *Cultura brasileira*: tradição contradição. Rio de Janeiro: Jorge Zahar, Funarte, 1987. p.13-29.

BORNHEIM, G. et al. *Cultura brasileira*: tradição contradição. Rio de Janeiro: Jorge Zahar, Funarte, 1987.

BOSI, A. Cultura brasileira. In: MENDES, D. T. (Org.) *Filosofia da educação brasileira*. 4.ed. Rio de Janeiro: Civilização Brasileira, 1991. p.135-76.

BOTO, C. *A escola do homem novo*: entre o Iluminismo e a Revolução Francesa. São Paulo: Editora UNESP, 1996.

BOURDIEU, P. Campo de poder, campo intelectual e habitus de classe. In: _____. *A economia das trocas simbólicas* (org. Sérgio Miceli). São Paulo: Perspectiva, 1974.

_____. Algumas propriedades dos campos. In: _____. *Questões de Sociologia*. Rio de Janeiro: Marco Zero, 1983a. p.89-94.

_____. O campo científico. In: ORTIZ, R. (Org.) *Pierre Bourdieu. Sociologia*. São Paulo: Ática, 1983b. p.122-55. (Grandes Cientistas Sociais).

_____. *Coisas ditas*. Trad. Cássia R. da Silveira e Denise Moreno Pegorim. São Paulo: Brasiliense, 1990.

_____. Pontos de referência. In: _____. *Coisas ditas*. Trad. Cássia R. da Silveira e Denise Moreno Pegorim. São Paulo: Brasiliense, 1990a. p.48-73.

_____. Espaço social e poder simbólico. In: _____. *Coisas ditas*. Trad. Cássia R. da Silveira e Denise Moreno Pegorim. São Paulo: Brasiliense, 1990b. p.149-68.

_____. Objetivar o sujeito objetivante. In: _____. *Coisas ditas*. Trad. Cássia R. da Silveira e Denise Moreno Pegorim. São Paulo: Brasiliense, 1990c. p.114-8.

BOURDIEU, P. O mercado de bens simbólicos. In: _____. *A economia das trocas simbólicas*. Trad. Sérgio Miceli. 3.ed. São Paulo: Perspectiva, 1992a. p.99-181.

_____. Sistemas de ensino e sistemas de pensamento. In: _____. *A economia das trocas simbólicas*. Trad. Sérgio Miceli. 3.ed. São Paulo: Perspectiva, 1992b. p.203-29.

_____. *A economia das trocas lingüísticas*: o que falar quer dizer. Trad. Sérgio Miceli et al. São Paulo: Edusp, 1996.

BOURDIEU, P., CHARTIER, R. A leitura: uma prática cultural – debate entre Pierre Bourdieu e Roger Chartier. In: CHARTIER, R. (Org.) *Práticas da leitura*. Trad. Cristiane Nascimento. São Paulo: Estação Liberdade, 1996.

BOURDIEU, P., PASSERON, J. C. *A reprodução*. Rio de Janeiro: Francisco Alves, 1975.

BRASIL. Ministério da Educação e Cultura. Departamento de Ensino Médio; FUNDAÇÃO CARLOS CHAGAS. Departamento de Pesquisas Educacionais. *Inovação educacional*: mapeamento bibliográfico. São Paulo: MEC/FCC, 1978.

BREJON, M. (Org.) *Estrutura e funcionamento do ensino de 1º e 2º graus*. 12.ed. São Paulo: Pioneira, 1978.

BRUBACHER, J. S. *A importância da teoria em educação*. Trad. Beatriz Osório. Rio de Janeiro: CBPE/Inep, 1961.

CALAZANS, M. J. C. *ANPEd – trajetória da pós-graduação e pesquisa em educação no Brasil*. Belo Horizonte: ANPEd, 1995.

CARVALHO, M. M. C. de. *Molde nacional e fôrma cívica*: higiene, moral e trabalho no projeto da Associação Brasileira de Educação. São Paulo, 1986. Tese (Doutorado) – Faculdade de Educação, Universidade de São Paulo.

_____. Notas para reavaliação do movimento educacional brasileiro (1920-1930). *Cadernos de Pesquisa*, n.66, p.4-11, ago. 1988.

_____. O novo, o velho, o perigoso: relendo A Cultura Brasileira. *Cadernos de Pesquisa*, n.71, p.29-35, nov. 1989.

_____. A configuração da historiografia educacional brasileira. In: FREITAS, M. C. (Org.) *Historiografia brasileira em perspectiva*. São Paulo: Contexto, 1998. p.329-53.

CASPARD, P. (Dir.) *La presse d'éducation et d'enseignement, XVIIIème Siècle–1940*: répertoire analytique. Paris: CNRS, INRP, 1981-1991. 4v.

_____. Imprensa pedagógica e formação contínua de professores primários (1815-1939). In: CATANI, D. B., BASTOS, M. H. C. (Org.) *Edu-*

cação em revista: a imprensa periódica e a história da educação. São Paulo: Escrituras, 1997. p.33-46.

CATANI, D. B. *Educadores à meia-luz*: um estudo sobre a Revista de Ensino da Associação Beneficente do Professorado Público de São Paulo (1902-1919). São Paulo, 1989. Tese (Doutorado) – Faculdade de Educação, Universidade de São Paulo.

_____. História e Didática: os saberes pedagógicos. In: *Ensaios sobre a produção e circulação dos saberes pedagógicos*. São Paulo, 1994. Tese (Livre-Docência) – Faculdade de Educação, Universidade de São Paulo.

CATANI, D. B., BASTOS, M. H. C. (Org.) *Educação em revista*: a imprensa periódica e a história da educação. São Paulo: Escrituras, 1997a. p.5-10.

_____. Apresentação. In: _____. (Org.) *Educação em revista*: a imprensa periódica e a história da educação. São Paulo: Escrituras, 1997b.

CATANI, D. et al. O movimento dos professores e a organização da categoria profissional: estudo a partir da imprensa periódica educacional. In: CATANI, D. B., BASTOS, M. H. C. (Org.) *Educação em revista*: a imprensa periódica e a história da educação. São Paulo: Escrituras, 1997. p.77-91.

CERTEAU, M. de. *A cultura no plural*. Trad. Enid Abreu Dobránsky. Campinas: Papirus, 1995.

_____. *A invenção do cotidiano*: artes de fazer. Trad. Ephraim Ferreira Alves. 2.ed. Petrópolis: Vozes, 1996.

CHARTIER, R. O mundo como representação. *Estudos Avançados*, v.5, n.11, p.173-91, 1991.

_____. Textos, impressão, leituras. In: HUNT, L. *A nova história cultural*. Trad. Jefferson Luís Camargo. São Paulo: Martins Fontes, 1992. p.211-38.

_____. (Org.) *Práticas da leitura*. Trad. Cristiane Nascimento. São Paulo: Estação Liberdade, 1996.

CHAUÍ, M. de S. Ventos do progresso: a universidade administrada. In: PRADO JÚNIOR, B. et al. *Descaminhos da educação pós-68*. São Paulo: Brasiliense, 1980, p.31-56.

CHERVEL, A. História das disciplinas escolares: reflexões sobre um campo de pesquisa. *Teoria & Educação*, n.2, 1990.

CUNHA, L. A. *Educação e desenvolvimento social no Brasil*. 4.ed. Rio de Janeiro: Francisco Alves, 1979.

_____. *A universidade reformanda*: o golpe de 1964 e a modernização do ensino superior. Rio de Janeiro: Francisco Alves, 1988.

CUNHA, L. A. A atuação de Dermeval Saviani na educação brasileira: um depoimento. In: SEVERINO, A. J. et al. *Dermeval Saviani e a educação brasileira*: o simpósio de Marília. São Paulo: Cortez, 1994. p.41-62.

_____. *Educação, Estado e democracia no Brasil*. 2.ed. São Paulo: Cortez, Niterói: Editora da Universidade Federal Fluminense, Brasília: Flacso do Brasil, 1995.

CUNHA, M. I. *O bom professor e sua prática*. Campinas: Papirus, 1989.

CUPERTINO, M. A. M. *Dilemas da escola renovada*. Campinas, 1990. Dissertação (Mestrado) – Faculdade de Educação, Universidade Estadual de Campinas.

FAVARETTO, C. F. Unicidade e multiplicidade no debate sobre o pós-moderno. In: MARTINELLI, M. L. et. al. (Org.) *O uno e o múltiplo nas relações entre as áreas do saber*. São Paulo: Cortez, Educ, 1995.

FENELON, D. R. A questão de Estudos Sociais. In: ZAMBONI, E. et al. (Org.) *A prática do ensino de História*. São Paulo: Cortez, CEDES, 1984. p.11-22. (Cadernos CEDES, n.10).

FONSECA, S. G. *Caminhos da História ensinada*. Campinas: Papirus, 1994.

FOUCAULT, M. *A arqueologia do saber*. Trad. Luiz Felipe Baeta Neves. 4.ed. Rio de Janeiro: Forense Universitária, 1995.

FROTA-PESSOA, O. Organização de cursos. Etapas da implantação dos cursos renovados. *Ciência e Cultura*, v.16, n.4, p.363-7, 1964.

FURTER, P. *Educação e vida*: uma contribuição à definição da educação permanente. 3.ed. Petrópolis: Vozes, 1970. (A edição original é de 1966).

GADOTTI, M. *Pensamento pedagógico brasileiro*. São Paulo: Ática, 1987.

GARCIA, W. E. *Educação (visão teórica e prática pedagógica)*. São Paulo: McGraw-Hill, 1981.

GARCIA, W. E. (Org.) *Inovação educacional no Brasil*: problemas e perspectivas. 3.ed. Campinas: Autores Associados, 1995.

GASPAR, A. *Uma nova proposta curricular de Física para o ensino de 2º grau*. São Paulo, 1982. Dissertação (Mestrado) – Instituto de Física/Faculdade de Educação, Universidade de São Paulo.

GIDDENS, A. *As conseqüências da modernidade*. Trad. Raul Fiker. São Paulo: Editora UNESP, 1991.

GIROUX, H. A. O pós-modernismo e o discurso da crítica educacional. In: SILVA, T. T. da (Org.) *Teoria educacional crítica em tempos pós-modernos*. Porto Alegre: Artes Médicas, 1993. p.41-69.

GLEZER, R. Novos livros & velhas idéias. *Revista Brasileira de História*, v.4, n.7, p.149-54, 1984.

GOOD, C. V. (Ed.) *Dictionary of education*. New York: McGraw-Hill, 1945.
GOODSON, I. Tornando-se uma matéria acadêmica: padrões de explicação e evolução. *Teoria & Educação*, n.2, p.230-54, 1990.
_____. Studying curriculum: social constructionist perspectives. In: _____. *Studying curriculum*: cases and methods. New York: Teaches College, Columbia University, 1994. p.111-9.
_____. Disciplinas escolares: padrões de mudança. In: _____. *A construção social do currículo*. Lisboa: Educa, 1997a. p.44-52.
_____. O contexto das invenções culturais: aprendizagem e currículo. In: _____. *A construção social do currículo*. Lisboa: Educa, 1997b. p.79-93.
_____. Sobre a reforma curricular: notas relativas a uma teoria do currículo. In: _____. *A construção social do currículo*. Lisboa: Educa, 1997c. p.95-105.
GRAMSCI, A. *Concepção dialética da história*. Rio de Janeiro: Civilização Brasileira, 1978.
GUSDORF, G. *Professores para quê?*: para uma pedagogia da pedagogia. 2.ed. São Paulo: Martins Fontes, 1995.
HAMILTON, D. Sobre as origens dos termos classe e curriculum. *Teoria & Educação*, n.6, p.33-51, 1992.
HOBSBAWM, E. A produção em massa de tradições: Europa, 1870 a 1914. In: HOBSBAWM, E., RANGER, T. (Org.) *A invenção das tradições*. Trad. Celina Cardim Cavalcanti. Rio de Janeiro: Paz e Terra, 1984. p.271-316.
HOBSBAWM, E., RANGER, T. (Org.) *A invenção das tradições*. Trad. Celina Cardim Cavalcanti. Rio de Janeiro: Paz e Terra, 1984.
HORTA, J. S. B. Planejamento educacional. In: MENDES, D. T. (Org.) *Filosofia da educação brasileira*. 4.ed. Rio de Janeiro: Civilização Brasileira, 1991. p.195-239.
HUBERMAN, A. M. *Como se realizam as mudanças em educação*: subsídios para o estudo do problema da inovação. Trad. Jamir Martins. 2.ed. São Paulo: Cultrix, s.d.
HUNT, L. *A nova história cultural*. São Paulo: Martins Fontes, 1992.
KNELLER, G. F. *La logica y el lenguaje en la educación*. Buenos Aires: El Ateneo, 1969.
LEIF, J. *Vocabulário técnico e crítico da pedagogia e das ciências da educação*. Trad. L. de Almeida Campos. Lisboa: Editorial Notícias, 1976.
LIBÂNEO, J. C. *Fundamentos teóricos e práticos do trabalho docente*: estudo introdutório sobre pedagogia e didática. São Paulo, 1990. Tese (Doutorado) – Pontifícia Universidade Católica de São Paulo.

LIBÂNEO, J. C. *Democratização da escola pública*: a pedagogia crítico-social dos conteúdos. 11.ed. São Paulo: Loyola, 1993.

LODI, L. H. *O conservadorismo pedagógico na formação do professor*. São Paulo, 1981. Dissertação (Mestrado) – Pontifícia Universidade Católica de São Paulo.

LOPES, A. O. Aula expositiva: superando o tradicional. In: VEIGA, I. P. A. *Técnicas de ensino*: por que não? 3.ed. Campinas: Papirus, 1995. p.35-48.

LOURENÇO FILHO, M. B. *Tendências da educação brasileira*. São Paulo: Melhoramentos, 1940.

LOVISOLO, H. A memória e a formação dos homens. *Estudos Históricos*, v.2, n.3, p.16-28, 1989.

LUGLI, R. S. G. *Um estudo sobre o CPP (Centro do Professorado Paulista) e o movimento de organização dos professores (1964-1990)*. São Paulo, 1997. Dissertação (Mestrado) – Faculdade de Educação, Universidade de São Paulo.

LYOTARD, J.-F. *O pós-moderno*. Trad. Ricardo Corrêa Barbosa. Rio de Janeiro: J. Olympio, 1986.

MANIFESTO dos Pioneiros da Educação Nova. *Revista Brasileira de Estudos Pedagógicos*, v.65, n.150, p.407-25, maio/ago. 1984. (O original é de 1932).

MARTINI, R. M. F. Habermas e a crítica do conhecimento pedagógico na pós-modernidade. *Educação e Realidade (Porto Alegre)*, v.21, n.2, p.9-29, jul./dez. 1996.

MARZOLA, N. Para uma teoria da mudança educacional. In: VEIGA-NETO, A. (Org.) *Crítica pós-estruturalista e educação*. Porto Alegre: Sulina, 1995. p.185-210.

MELLO, G. N. de. *Magistério de 1º grau*: da competência técnica ao compromisso político. São Paulo: Cortez, Autores Associados, 1982.

MONARCHA, C. *A reinvenção da cidade e da multidão*: dimensões da modernidade brasileira: a Escola Nova. São Paulo: Cortez, 1989.

MOTA, C. G. *Ideologia da cultura brasileira*: pontos de partida para uma revisão histórica. 3.ed. São Paulo: Ática, 1977.

MUNAKATA, K. O lugar do movimento operário. In: CASALECCHI, J. Ê., TELAROLLI, R. (Org.) *Movimentos sociais*: Anais do IV Encontro Regional de História de São Paulo. ANPUH/UNESP, Araraquara, 1980, p.61-81.

NAGLE, J. *Educação e sociedade na Primeira República*. São Paulo: EPU, Edusp, 1974.

NAGLE, J. (Org.) *Educação e linguagem*: para um estudo do discurso pedagógico. São Paulo: Edart, 1976.

_____. A educação na Primeira República. In: FAUSTO, B. (Org.) *História Geral da Civilização Brasileira*. São Paulo, Rio de Janeiro: Difel, 1977. t.III, v.2, p.261-91.

NÓVOA, A. *A imprensa de educação e ensino: repertório analítico*: séculos XIX e XX. Lisboa: Instituto de Inovação Educacional, 1993.

_____. A imprensa de educação e ensino. In: CATANI, D. B., BASTOS, M. H. C. (Org.) *Educação em revista*: a imprensa periódica e a história da educação. São Paulo: Escrituras, 1997. p.11-31.

_____. Relação escola-sociedade: novas respostas para um velho problema. In: SERBINO, R. V. et al. (Org.) *Formação de professores*. São Paulo: Editora UNESP, 1998. p.19-39.

OLIVEIRA, F. B. de. *Pós-graduação*: educação e mercado de trabalho. Campinas: Papirus, 1995.

ORLANDI, E. P. *A linguagem e seu funcionamento*: as formas do discurso. São Paulo: Brasiliense, 1983.

PALMA FILHO, J. C. *A reforma curricular da Secretaria da Educação do Estado de São Paulo para o ensino de 1º grau (1983-1987)*: uma avaliação crítica. São Paulo, 1989. Dissertação (Mestrado) – Pontifícia Universidade Católica de São Paulo.

PERALVA, A. T. *Reinventando a escola*: a luta dos professores públicos do Estado de São Paulo na transição democrática. São Paulo, 1992. Tese (Livre-Docência) – Faculdade de Educação, Universidade de São Paulo.

PERRENOUD, P. A escola deve seguir ou antecipar as mudanças da sociedade? In: THURLER, M. G., PERRENOUD, P. *A escola e a mudança*. Trad. port. Lisboa: Escolar, 1994. p.11-31.

POPKEWITZ, T. História do currículo, regulação social e poder. In: SILVA, T. T. (Org.) *O sujeito da educação*. Petrópolis: Vozes, 1995. p.173-210.

_____. *Reforma educacional: uma política sociológica*: poder e conhecimento em educação. Trad. Beatriz Affonso Neves. Porto Alegre: Artes Médicas, 1997.

RIBEIRO, M. L. S., WARDE, M. J. O contexto histórico da inovação educacional no Brasil. In: GARCIA, W. E. (Org.) *Inovação educacional no Brasil*: problemas e perspectivas. 3.ed. Campinas: Autores Associados, 1995. p.211-22.

RODRIGUES, N. *Por uma nova escola*: o transitório e o permanente na educação. 5.ed. São Paulo: Cortez, Autores Associados, 1986.

ROMANELLI, O. de O. *História da educação no Brasil (1930–1973)*. 17. ed. Petrópolis: Vozes, 1995.

SADER, E. *Quando novos personagens entraram em cena*: experiências, falas e lutas dos trabalhadores da Grande São Paulo (1970-80). Rio de Janeiro: Paz e Terra, 1988.

SANTIAGO, S. Permanência do discurso da tradição no modernismo. In: BORNHEIM, G. et al. *Cultura brasileira*: tradição contradição. Rio de Janeiro: Jorge Zahar, Funarte, 1987. p.111-45.

SANTOS, H. O. dos. *O discurso da educação nos anos 70 e 80 no Estado de São Paulo, sob a influência do pensamento althusseriano*. Piracicaba, 1992. Dissertação (Mestrado) – Universidade Metodista de Piracicaba.

SAVIANI, D. Sobre a natureza e especificidade da escola. *Em Aberto*, n.22, jul./ago. 1984.

_____. *Política e educação no Brasil*: o papel do Congresso Nacional na legislação do ensino. São Paulo: Cortez, Autores Associados, 1987.

_____. Tendências e correntes da educação brasileira. In: MENDES, D. T. (Org.) *Filosofia da educação brasileira*. 4.ed. Rio de Janeiro: Civilização Brasileira, 1991.

_____. A Filosofia da Educação e o problema da inovação em educação. In: GARCIA, W. E. (Org.) *Inovação educacional no Brasil*: problemas e perspectivas. 3.ed. Campinas: Autores Associados, 1995. p.17-32.

SCHEFFLER, I. *A linguagem da educação*. Trad. port. São Paulo: Saraiva, 1974.

SCHNETZLER, R. P. *O tratamento do conhecimento químico em livros didáticos brasileiros para o ensino secundário de Química de 1875 a 1978*. Campinas, 1980. Dissertação (Mestrado) – Faculdade de Educação, Universidade Estadual de Campinas.

SEVERINO, A. J. et al. *Dermeval Saviani e a educação brasileira*: o simpósio de Marília. São Paulo: Cortez, 1994.

SERBINO, R. V. et al. (Org.) *Formação de professores*. São Paulo: Editora UNESP, 1998.

SHAPIRO, S. O fim da esperança radical? O pós-modernismo e o desafio à pedagogia crítica. In: SILVA, T. T. da (Org.) *Teoria educacional crítica em tempos pós-modernos*. Porto Alegre: Artes Médicas, 1993. p.103-21.

SILVA, M. da. *Controvérsias em didática*. Campinas: Papirus, 1995.

SILVA, T. T. da (Org.) *Teoria educacional crítica em tempos pós-modernos*. Porto Alegre: Artes Médicas, 1993.

SILVA, T. T. da (Org.) Os novos mapas culturais e o lugar do currículo numa paisagem pós-moderna. In: SILVA, T. T. da, MOREIRA, A. F. (Org.) *Territórios contestados*: o currículo e os novos mapas políticos e culturais. Petrópolis: Vozes, 1995. p.184-202.

_____. Duas sociologias da educação: Bernstein e Bourdieu. In: *Identidades terminais*: as transformações na política da pedagogia e na pedagogia da política. Petrópolis: Vozes, 1996a. p.11-30.

_____. Pedagogia crítica em tempos pós-modernos. In: *Identidades terminais*: as transformações na política da pedagogia e na pedagogia da política. Petrópolis: Vozes, 1996b. p.137-59.

SILVA, T. T. da, MOREIRA, A. F. (Org.) *Territórios contestados*: o currículo e os novos mapas políticos e culturais. Petrópolis: Vozes, 1995.

SNYDERS, G. *Pedagogia progressista*. Trad. Manuel Pereira de Carvalho. Coimbra: Almedina, 1974.

_____. *Escola, classe e luta de classes*. Trad. Maria Helena Albarrran. Lisboa: Moraes, 1977.

SOARES, M. B. A linguagem didática. In: NAGLE, J. (Org.) *Educação e linguagem*: para um estudo do discurso pedagógico. São Paulo: Edart, 1976. p.145-60.

SPOSITO, M. P. *A ilusão fecunda*: a luta por educação nos movimentos populares. São Paulo: Hucitec, Edusp, 1993.

SUCHODOLSKI, B. *A pedagogia e as grandes correntes filosóficas*: pedagogia da essência e a pedagogia da existência. Trad. Liliana Rombert Soeiro. 3.ed. Lisboa: Livros Horizonte, 1984.

THURLER, M. G. Levar os professores a uma construção activa da mudança: para uma nova concepção da gestão da inovação. In: THURLER, M. G., PERRENOUD, P. *A escola e a mudança*. Trad. port. Lisboa: Escolar, 1994. p.33-59.

TYACK, D. Reinventing schooling. In: RAVITCH, D., VINOVSKIS, M. A. (Org.) *Learning from the past*: what history teaches us about school reform. Baltimore: The Johns Hopkins University Press, 1995. p.191-216.

TYACK, D., CUBAN, L. *Tinkering toward utopia*: a century of public school reform. Cambridge: Harvard University Press, 1997.

VESENTINI, C. A. *A teia do fato*: uma proposta de estudo sobre a memória histórica. São Paulo: Hucitec, 1997.

VILLALOBOS, J. E. R. A educação de 1º grau no quadro da reforma. In: BREJON, M. (Org.) *Estrutura e funcionamento do ensino de 1º e 2º graus*. 12.ed. São Paulo: Pioneira, 1978. p.137-56.

WILLIAMS, R. *Cultura*. Trad. Lólio Lourenço de Oliveira. Rio de Janeiro: Paz e Terra, 1992.

YOUNG, M. F. D. Curriculum change: limits and possibilities. In: DALE, R., ESLAND, G., MACDONALD, M. (Org.) *Schooling and capitalism*: a sociological reader. London: Routledge & Kegan Paul, The University Press, 1976. p.185-91.

ANEXOS

REVISTA DA ANDE – Relação dos números pesquisados

Volume	Número	Data
1	1	1981
1	2	1981
2	3	1982
2	4	1982
2	5	1982
3	6	1983
4	7	1984
4	8	1984
5	9	1985
5	10	1986
6	11	1986
6	12	1987
7	13	1988
8	14	1989
9	15	1990
9	16	1990
10	17	1991
11	18	1992

EDUCAÇÃO & SOCIEDADE – Relação dos números pesquisados

Número	Mês	Ano
1	set.	1978
2	jan.	1979
3	maio	1979
4	set.	
5	jan.	1980
6	jun.	
7	set.	
8	mar.	1981
9	maio	
10	set.	
11	jan.	1982
12	set.	
13	dez.	
14	maio	1983
15	ago.	
16	dez.	
17	abr.	1984
18	ago.	
19	dez.	
20	abr.	1985
21	ago.	
22	dez.	

Número	Mês	Ano
23	abr.	1986
24	ago.	
25	dez.	
26	abr.	1987
27	ago.	
28	dez.	
29	abr.	1988
30	ago.	
31	dez.	
32	abr.	1989
33	ago.	
34	dez.	
35	abr.	1990
36	ago.	
37	dez.	
38	abr.	1991
39	ago.	
40	dez.	
41	abr.	1992
42	ago.	
43	dez.	

CADERNOS DE PESQUISA – Relação dos números pesquisados

Número	Mês	Ano
1	jul.	1971
2	nov.	
3	mar.	1972
4	out.	
5	nov.	
6	dez.	
7	jun.	1973
8	set.	
9	mar.	1974
10	ago.	
11	dez.	
12	mar.	1975
13	jun.	
14	set.	
15	dez.	
16	mar.	1976
17	jun.	
18	set.	
19	dez.	
20	mar.	1977
21	jun.	
22	set.	
23	dez.	
24	mar.	1978
25	jun.	
26	set.	
27	dez.	

Número	Mês	Ano
28	mar.	1979
29	jun.	
30	set.	
31	dez.	
32	fev.	1980
33	maio	
34	ago.	
35	nov.	
36	fev.	1981
37	maio	
38	ago.	
39	nov.	
40	fev.	1982
41	maio	
42	ago.	
43	nov.	
44	fev.	1983
45	maio	
46	ago.	
47	nov.	
48	fev.	1984
49	maio	
50	ago.	
51	nov.	
52	fev.	1985
53	maio	
54	ago.	
55	nov.	

continuação

Número	Mês	Ano
56	fev.	1986
57	maio	
58	ago.	
59	nov.	
60	fev.	1987
61	maio	
62	ago.	
63	nov.	
64	fev.	1988
65	maio	
66	ago.	
67	nov.	
68	fev.	1989
69	maio	
70	ago.	
71	nov.	
72	fev.	1990
73	maio	
74	ago.	
75	nov.	
76	fev.	1991
77	maio	
78	ago.	
79	nov.	
80	fev.	1992

Total de artigos publicados, por autor, em cada revista

NOME	Revista da ANDE	Ed.Soc.	Cad. Pesq.
Ada Natal Rodrigues	0	0	3
Adolpho Ribeiro Netto	0	0	3
Águeda Bernardete Uhle	0	5	0
Albertina de Oliveira Costa	0	0	4
Ana Maria Poppovic	1	0	10
Analúcia Dias Schliemann	0	0	4
Angel Pino Sirgado	0	4	0
Antonio Joaquim Severino	1	4	0
Aparecida Joly Gouveia	0	1	8
Bernardete A. Gatti	0	0	15
Bernardo Buchweitz	0	0	3
Carlos Roberto Jamil Cury	2	4	2
Carmen Barroso	1	0	16
Celso João Ferretti	1	2	6
Cláudia Davis	0	0	7
Cláudio de Moura e Castro	0	0	4
Cléa Nudelman	7	0	0
Cristina Bruschini	1	0	9
Cynthia A. Sarti	0	0	4
Dagmar M. L. Zibas	1	2	4
Dermeval Saviani	9	5	2
Doris Accioly e Silva	0	3	0
Elba Siqueira de Sá Barreto	5	1	12
Eliane Marta Teixeira Lopes	4	0	0
Elizabeth Cassemiro de Freitas	0	3	0
Elza L. Guarido	0	0	3
Eny Marisa Maia	5	0	2
Ernesto Schiefelbein	0	0	3
Esmeralda Vaialati Negrão	0	0	3

continuação

NOME	Revista da ANDE	Ed.Soc.	Cad. Pesq.
Euza Maria de Rezende Bonamigo	0	0	3
Evaldo Amaro Vieira	0	5	0
Evangelina Rovai	0	0	4
Ezequiel Theodoro da Silva	2	3	1
Fernando C. Prestes Motta	0	5	0
Fúlvia Rosemberg	1	0	15
Guiomar Namo de Mello	7	1	16
Heraldo Marelim Vianna	0	0	8
Ivany Rodrigues Pino	0	6	0
Jacques Velloso	1	4	1
João Batista Araújo e Oliveira	0	0	4
Jorge Hage	0	3	0
José Carlos de Araújo Melchior	0	0	3
José Carlos Libâneo	5	0	0
José Juvêncio Barbosa	3	0	1
José Manoel de Aguiar Barros	0	3	0
José Willington Germano	0	3	0
Léa Maria Chagas Cruz	0	0	3
Leda Scheibe	3	0	0
Lia Rosenberg	4	0	1
Lisete Regina Gomes Arelaro	3	0	0
Luiz Antônio Carvalho Franco	3	0	0
Luiz Antonio Cunha	4	10	2
Luiz Carlos de Freitas	0	5	0
Madza Julita Nogueira	5	0	0
Maria Amélia Azevêdo Goldberg	0	0	16
Maria Aparecida Ciavata Franco	1	1	4
Maria Christina de Almeida	3	0	1
Maria Clotilde Rossetti-Ferreira	0	0	3
Maria das Graças Corrêa de Oliveira	1	0	3

continuação

NOME	Revista da ANDE	Ed.Soc.	Cad. Pesq.
Maria de Lourdes M. Covre	0	4	0
Maria Helena Souza Patto	0	0	5
Maria Laura P. Barbosa Franco	3	3	12
Maria Lúcia Faria Moro	0	0	3
Maria M. Malta Campos	4	0	13
Marília Graciano	0	0	7
Marli Elisa Dalmazo Afonsto de André	0	2	4
Martha Kohl de Oliveira	0	0	3
Mary Júlia Martins Dietzsch	1	0	3
Maurício Tragtenberg	0	10	1
Michel Thiollent	0	3	1
Miguel González Arroyo	1	3	2
Milton José de Almeida	0	4	0
Miriam Jorge Warde	0	0	3
Moacir Gadotti	0	3	0
Nara Maria Guazzelli Bernardes	0	0	6
Neidson Rodrigues	3	0	0
Newton Cesar Balzan	0	3	2
Paolo Nosella	0	4	0
Paulo Ghiraldelli Júnior	2	3	2
Pedro Demo	0	2	6
Pedro L. Goergen	0	3	0
Raquel P. C. Gandini	0	6	0
Regina Pahim Pinto	1	0	4
Roberto Romano	0	3	0
Sérgio Vasconcelos de Luna	0	0	4
Selma Garrido Pimenta	5	1	0
Solange Jobim e Souza	0	1	3
Sônia Aparecida Alem Marrach	0	3	0
Sonia Kramer	2	2	5

continuação

NOME	Revista da ANDE	Ed.Soc.	Cad. Pesq.
Sônia Maria Carvalho de Menezes	0	0	3
Teresa Roserley Neubauer da Silva	1	0	12
Terezinha Nunes Carraher	0	0	4
Vanilda Paiva	0	10	0
Vitor Henrique Paro	0	1	8
Yara Lúcia Esposito	1	0	10
Zeila de Brito Fabri Demartini	1	1	3

Autores com 3 ou mais artigos publicados em pelo menos uma das revistas

REVISTA DA ANDE – Equipe Editorial

Número	Participantes da Equipe
1	Cléa Nudelman, Dermeval Saviani, Guiomar Namo de Mello, Lia Rosenberg, Mirian Jorge Warde
2	idem nº 1 e mais: Miriam Melmerstein, Teresa Roserley Neubauer da Silva, Yara Lúcia Esposito
3	Editoras executivas: Guiomar Namo de Mello, Teresa Roserley Neubauer da Silva Editoras assistentes: Cléa Nudelman, Yara Lúcia Esposito – Conselho Editorial: Dermeval Saviani, Lia Rosenberg, Mirian Jorge Warde
4	idem nº 3, com a mesma distribuição de cargos
5	idem nº 3, com a mesma distribuição de cargos
6	Coordenação: Dermeval Saviani, Lia Rosenberg – Cléa Nudelman, José Carlos Libâneo, José Cerchi Fusari, Madza Julita Nogueira, Yara Lúcia Esposito Conselho Editorial: Guiomar Namo de Mello e Teresa Roserley Neubauer da Silva, Akiko Oyafuso, Ana Lúcia Goulart de Faria, Daniel Kader Hammaoud, Eny Marisa Maia, Maria Christina de Almeida, Marilene Domingos Orth, Selma Garrido Pimenta (da diretoria da ANDE)
7	Coordenação: Dermeval Saviani, Lia Rosenberg – Ana Lúcia Goulart de Faria, Cléa Nudelman, José Cerchi Fusari, Madza Julita Nogueira, Yara Lúcia Esposito Conselho Editorial: Guiomar Namo de Mello, Teresa R. N. Silva, Akiko Oyafuso, Daniel K. Hammoud, Eny Marisa Maia, José Carlos Libâneo, Maria Christina de Almeida, Marilene Domingos Orth, Selma G. Pimenta (da diretoria da ANDE)
8	Coordenação: idem nº 7 – idem nº 7 – Conselho Editorial: Guiomar Namo de Mello e Teresa Roserley N. Silva, Daniel K. Hammoud, José Carlos Libâneo, Maria Christina Almeida, Marilene D. Orth, Selma G. Pimenta (da diretoria da ANDE)

continuação

Número	Participantes da Equipe
9	Coordenação: idem n° 7 e n° 8 – Cléa Nudelman, José C. Fusari, Madza J. Nogueira, Yara L. Esposito – Conselho Editorial: Guiomar Namo de Mello e Teresa R. N. da Silva; Ana Lúcia G. Faria, Ana Maria Caldas, Daniel K. Hammoud, Jarbas N. Barato, José C. Libâneo, Maria C. Almeida, Mário Sérgio Cortella, Marilene D. Orth, Nobuko Kawashita, Selma G. Pimenta (da diretoria da ANDE)
10	Coordenação: idem n° 7, 8 e 9 – Cléa Nudelman, Madza J. Nogueira, Yara L. Esposito Conselho Editorial: idem n° 9
11	Coordenação: José Carlos Libâneo – Cléa Nudelman, Lia Rosenberg, Madza J. Nogueira, Yara L. Esposito – Conselho Editorial: Ana M. Caldas, Daniel Hammoud, Jarbas Barato, José C. Libâneo, Maria C. Almeida, Mário Cortella, Marilene Orth, Nobuko Kawashita, Paulo Ghiraldelli Jr., Selma Pimenta (da diretoria da ANDE)
12	Equipe Editorial: José Carlos Libâneo, Maria Christina Almeida, Sônia Penin, Cléa Nudelman, Lia Rosenberg, Madza J. Nogueira, Yara Esposito, Selma Pimenta Conselho Editorial: Elba Siqueira de Sá Barreto, Maria Leila Alves, Aparecida Neri de Souza, Maria Laura Puglisi Franco, Jarbas Barato, Judite Daré, Sonia Penin, Marlene Cortese
13	Coordenação: Lia Rosenberg e Sônia Penin Equipe Editorial: Cléa Nudelman, Lisete Arelaro, Heloísa Occhiuse, Madza Nogueira, Yara Esposito, Mary Júlia Martins Dietzsch, Marta Wolak Grosbaum, Cipriano Carlos Luckesi Conselho Editorial: Elba Barreto, Dermeval Saviani, Lisete Arelaro, Maria L. Alves, Marlene Cortese, Sônia Penin
14	Coordenação: Sônia Penin, Yara Esposito, Mary Júlia Dietzsch, Madza J. Nogueira Conselho Editorial: Elba Barreto, Dermeval Saviani, Lisete Arelaro, Maria L. Alves, Marlene Cortese, Lia Rosenberg

continuação

Número	Participantes da Equipe
15	Coordenação: Eny Marisa Maia – Marlene Cortese, Madza Nogueira, Ieda Maria de Andrada e Silva, Vera Lúcia Bussinger, Helenice Maria Sbroglio Muramoto, Nélio Marco Bizzo, Vera Vedovello de Brito Conselho Editorial: Dermeval Saviani, Elba Barreto, Lisete Arelaro, Sônia Penin, João Cardoso Palma Filho, Zilma M. Ramos de Oliveira, Nilvenius Paoli, Maria C. Almeida, Maria L. B. Franco, Ângela M. Martins, José Cerchi Fusari, Zaia Brandão, Antonio Joaquim Severino, Lilian P. Wachowiz
16	Coordenação: Ângela Maria Martins Conselho Editorial: idem nº 15
17	Coordenação: Antonio Joaquim Severino e Marlene Cortese – Beatriz Penteado Lomônaco, Helenice Muramoto, Jefferson Ildefonso Silva Conselho Editorial: idem nº 15 e 16
18	Coordenação: idem nº 17 – idem nº 17 Conselho Editorial: Antonio Joaquim Severino, Cesar Augusto Minto, Dermeval Saviani, Deise Mauri Bellaudi, Elba Siqueira de Sá Barreto, Eva Warson Pereira, Iria Brzezink

EDUCAÇÃO & SOCIEDADE – Equipe Editorial

Nº	Comitê de Redação	Conselho Editorial	Conselho Editorial Internacional
1	Moacir Gadotti, Antonio Muniz de Rezende, Elizabeth Silvares Pompêo de Camargo, Maurício Tragtenberg	Casemiro dos Reis Filho, Joaquim Brasil Fontes Jr., José Camilo dos Santos Filho, Miguel de La Puente Samaniego, Ophelina Rabello	
2	Moacir Gadotti, Elizabeth Silvares Pompêo de Camargo, Maurício Tragtenberg	Antonio Joaquim Severino, Antonio Muniz de Rezende, Casemiro dos Reis Filho, Celso Beisiegel, Dermeval Saviani, Evaldo Amaro Vieira, Joaquim Brasil Fontes Jr., José Camilo dos Santos Filho, Miguel de La Puente Samaniego, Ophelina Rabello	
3	Moacir Gadotti (coordenador), Elizabeth Silvares Pompêo de Camargo, Ivany Rodrigues de Pino, Maurício Tragtenberg	Antonio Joaquim Severino, Antonio Muniz de Rezende, Casemiro dos Reis Filho, Celso Beisiegel, Dermeval Saviani, Evaldo Amaro Vieira, Joaquim Brasil Fontes Jr., José Camilo dos Santos Filho, Luiz Antonio Cunha, Miguel de La Puente Samaniego, Ophelina Rabello, Vanilda Paiva	
4	idem nº 3	idem nº 3	
5	idem nº 3	idem nº 3	

continuação

Nº	Comitê de Redação	Conselho Editorial	Conselho Editorial Internacional
6	idem nº 3	idem nº 3	
7	Moacir Gadotti (coordenador), Elizabeth Silvares Pompêo de Camargo, Ivany Rodrigues de Pino, Maurício Tragtenberg	Antonio Joaquim Severino, Antonio Muniz de Rezende, Casemiro dos Reis Filho, Celso Beisiegel, Dermeval Saviani, Evaldo Amaro Vieira, Joaquim Brasil Fontes Jr., José Camilo dos Santos Filho, Luiz Antonio Cunha, Miguel de La Puente Samaniego	
8	idem nº 7	idem nº 7	
9	idem nº 7	idem nº 7	
10	idem nº 7	idem nº 7	
11	Elizabeth Silvares Pompêo de Camargo, Ivany Rodrigues de Pino, Maurício Tragtenberg	Antonio Muniz de Rezende, Casemiro dos Reis Filho, Celso Beisiegel, Dermeval Saviani, Evaldo Amaro Vieira, Joaquim Brasil Fontes Jr., José Camilo dos Santos Filho, Luiz Antonio Cunha, Vanilda Paiva	
12	idem nº 11	Antonio Muniz de Rezende, Casemiro dos Reis Filho, Celso Beisiegel, Dermeval Saviani, Evaldo Amaro Vieira, Joaquim Brasil Fontes Jr., José Camilo dos Santos Filho, Luiz Antonio Cunha	

continuação

Nº	Comitê de Redação	Conselho Editorial	Conselho Editorial Internacional
13	(deixa de existir)	Cecília Azevedo Lima Collares, Elizabeth de Almeida Silvares Pompêo de Camargo, Evaldo Amaro Vieira, Ivany Rodrigues Pino, Joaquim Brasil Fontes Jr., Maurício Tragtenberg, Milton José de Almeida, Sandra Maria Freire	
14		idem nº 13	
15		idem nº 13	
16		idem nº 13	
17		idem nº 13	
18		idem nº 13	
19		idem nº 13	
20		idem nº 13	
21		Agueda Bernardete Uhle, Cecília Azevedo Lima Collares, Elizabeth de Almeida Silvares Pompêo de Camargo, Eloísa de Mattos Höfling, Evaldo Amaro Vieira, Helena Costa Lopes de Freitas, Ivany Rodrigues Pino, Joaquim Brasil Fontes Jr., Letícia Bicalho Cañedo, Lucila Schwantes Arouca, Maria Aparecida Z. Struckl, Maurício Tragtenberg, Milton José de Almeida, Newton Antonio Pauciuli Bryan, Sandra Freire	

continuação

Nº	Comitê de Redação	Conselho Editorial	Conselho Editorial Internacional
22		idem nº 21	
23		idem nº 21	
24		idem nº 21	
25		idem nº 21	
26		idem nº 21	
27		idem nº 21	
28		idem nº 21	
29		idem nº 21	
30		idem nº 21	
31		idem nº 21	
32		idem nº 21	
33		idem nº 21	
34		idem nº 21	
35		idem nº 21	
36		Agueda Bernardete Uhle, Arabela C. Oliven, Carlos Benedito Martins, Carlos Roberto J. Cury, Cecília A. L. Collares, Elizabeth Almeida Silvares P. de Camargo, Eloísa de Mattos Höfling, Evaldo Amaro Vieira, Helena Costa L. de Freitas, Joaquim Brasil Fontes Jr., José Willington Germano, Letícia Bicalho Cañedo, Lucila Schwantz Arouca, Luiz Antonio Cunha, Maria Aparecida Z. Struckel, Maurício Tragtenberg, Milton José de Almeida, Newton Antonio P. Bryan, Silke Weber, Vanilda Paiva	Hebe Vessuri (Venezuela), Maria de Ibarrola (México), Monique de Saint-Martin (França), Patrick Dias (Alemanha), Rosemary Preston (Inglaterra)

continuação

Nº	Comitê de Redação	Conselho Editorial	Conselho Editorial Internacional
37		idem nº 36	idem nº 36
38		idem nº 36	idem nº 36
39		idem nº 36	idem nº 36
40		idem nº 36	idem nº 36
41		idem nº 36	idem nº 36
42		idem nº 36	idem nº 36

CADERNOS DE PESQUISA – Equipe Editorial

Nº	Editor Responsável	Editoria Executiva	Conselho Editorial[1]
1	Lólio Lourenço de Oliveira		Aparecida Joly Gouveia, Bernardete Angelina Gatti, Carmen Lúcia de Melo Barroso, Heraldo Marelim Vianna, Maria Amélia Azevêdo Goldberg, Nícia Maria Bessa
2	idem nº 1		Aparecida Joly Gouveia, Bernardete Angelina Gatti, Carmen Lúcia de Melo Barroso, Heraldo Marelim Vianna, Maria Amélia Azevêdo Goldberg, Nícia Maria Bessa
3	idem nº 1		Aparecida Joly Gouveia, Bernardete Angelina Gatti, Carmen Lúcia de Melo Barroso, Heraldo Marelim Vianna, Maria Amélia Azevêdo Goldberg, Nícia Maria Bessa, Adolpho Ribeiro Neto, Ana Maria Poppovic
4	idem nº 1		idem nº 3
5	idem nº 1		idem nº 3
6	idem nº 1		idem nº 3
7	idem nº 1		idem nº 3
8	idem nº 1		idem nº 3
9	idem nº 1		Ana Maria Poppovic, Aparecida Joly Gouveia, Carmen Lúcia de Melo Barroso, Maria Amélia Azevêdo Golberg, Yara Lúcia Esposito

---

1 Passa a denominar-se Comissão Editorial no nº 9.

continuação

Nº	Editor Responsável	Editoria Executiva	Conselho Editorial
10	idem nº 1		idem nº 9
11	idem nº 1		idem nº 9
12	idem nº 1		idem nº 9
13	idem nº 1		idem nº 9
14	idem nº 1		idem nº 9
15	idem nº 1		Bernardete A. Gatti, Dante Moreira Leite, Fúlvia Rosemberg, Guiomar Namo de Mello, Marília Graciano
16	idem nº 1		idem nº 15
17	idem nº 1		Bernardete A. Gatti, Dante Moreira Leite, Dermeval Saviani, Fúlvia Rosemberg, Guiomar Namo de Mello, Marília Graciano
18	idem nº 1		idem nº 17
19	idem nº 1		idem nº 17
20	idem nº 1		idem nº 17
21	idem nº 1		idem nº 17
22	idem nº 1		idem nº 17
23	idem nº 1		idem nº 17
24	idem nº 1		Aparecida Joly Gouveia, Bernardete A. Gatti, Carmen Barroso, Elba S. de Sá Barreto, Vitor H. Paro
25	idem nº 1		idem nº 24
26	idem nº 1		idem nº 24
27	idem nº 1		idem nº 24
28	idem nº 1	Maria M. Malta Campos, Lia Rosenberg	idem nº 24
29	idem nº 1	idem nº 28	Fúlvia Rosemberg, Maria Cristina A. Bruschini, Miriam J. Warde, Vitor H. Paro

continuação

Nº	Editor Responsável	Editoria Executiva	Conselho Editorial
30	idem nº 1	idem nº 28	idem nº 29
31	idem nº 1	idem nº 28	idem nº 29
32	idem nº 1	idem nº 28	idem nº 29
33	idem nº 1	idem nº 28	idem nº 29
34	idem nº 1	idem nº 28	idem nº 29
35	idem nº 1	idem nº 28	idem nº 29
36	idem nº 1	idem nº 28	idem nº 29
37	idem nº 1	idem nº 28	idem nº 29
38	idem nº 1	idem nº 28	idem nº 29
39	idem nº 1	idem nº 28	idem nº 29
40	idem nº 1	Maria M. Malta Campos, Marta Kohl de Oliveira	Celso João Ferreti, Felícia Reicher Madeira, Guiomar Namo de Mello, Yara Lúcia Esposito
41	idem nº 1	idem nº 28	idem nº 40
42	idem nº 1	idem nº 28	idem nº 40
43	idem nº 1	idem nº 28	idem nº 40
44	idem nº 1	idem nº 28	idem nº 40
45	idem nº 1	idem nº 28	idem nº 40
46	idem nº 1	idem nº 28	idem nº 40
47	idem nº 1	idem nº 28	idem nº 40
48	idem nº 1	idem nº 28	idem nº 40
49	Maria M. Malta Campos	idem nº 28	Celso de Rui Beisiegel, Elba Siqueira de Sá Barreto, Lia Garcia de Freitas Fukui, Maria Helena Souza Patto, Maria Laura P. B. Franco
50	idem nº 49	idem nº 28	idem nº 49
51	idem nº 49	idem nº 28	idem nº 49
52	idem nº 49	idem nº 28	idem nº 49
53	idem nº 49	Maria M. Malta Campos	Celso de Rui Beisiegel, Elba Siqueira de Sá Barreto, Lia Garcia de Freitas Fukui, Maria

continuação

Nº	Editor Responsável	Editoria Executiva	Conselho Editorial
53			Helena Souza Patto, Maria Laura P. B. Franco, Marta Kohl de Oliveira
54	idem nº 49	idem nº 53	idem nº 53
55	idem nº 49	idem nº 53	idem nº 53
56	idem nº 49	idem nº 53	idem nº 53
57	idem nº 49	idem nº 53	idem nº 53
58	idem nº 49	idem nº 53	idem nº 53
59	idem nº 49	idem nº 53	idem nº 53
60	idem nº 49	idem nº 53	Evaldo Amaro Vieira, Marilia Pontes Sposito, Silvia Leser de Mello, Vitor Henrique Paro, Zeila de Brito Fabri Demartini, Alberta Gordo de Oliveira Costa
61	idem nº 49	idem nº 53	idem nº 60
62	idem nº 49	idem nº 53	idem nº 60
63	idem nº 49	idem nº 53	idem nº 60
64	idem nº 49	Albertina Gordo de Oliveira Costa, Fúlvia Rosemberg	idem nº 60
65	idem nº 49	idem nº 64	Evaldo Amaro Vieira, Marilia Pontes Sposito, Silvia Leser de Mello, Vitor Henrique Paro, Zeila de Brito Fabri Demartini, Esmeralda Vaiallati Negrão
66	idem nº 49	idem nº 64	idem nº 65
67	idem nº 49	idem n. 64	idem nº 65
68	Fúlvia Rosemberg	Albertina Gordo de Oliveira Costa	idem nº 65
69	idem nº 68	idem nº 68	idem nº 65
70	idem nº 68	idem nº 68	idem nº 65

continuação

Nº	Editor Responsável	Editoria Executiva	Conselho Editorial
71	idem nº 68	idem nº 68	idem nº 65
72	idem nº 68	idem nº 68	idem nº 65
73	idem nº 68	idem nº 68	idem nº 65
74	idem nº 68	idem nº 68	idem nº 65
75	idem nº 68	idem nº 68	idem nº 65
76	idem nº 68	idem nº 68	idem nº 65
77	idem nº 68	idem nº 68	idem nº 65
78	idem nº 68	idem nº 68	idem nº 65
79	idem nº 68	idem nº 68	Aparecida Joly Gouveia, Claudia Davis, Elba Siqueira de Sá Barreto, Esmeralda Vaiallati Negrão, Mary Júlia Dietzsch, Vitor Henrique Paro
80	idem nº 68	idem nº 68	idem nº 79

SOBRE O LIVRO

Formato: 14 x 21 cm
Mancha: 23 x 40 paicas
Tipologia: Classical Garamond 10/13
Papel: Offset 75 g/m² (miolo)
Cartão Supremo 250 g/m² (capa)
1ª *edição*: 2002

EQUIPE DE REALIZAÇÃO

Coordenação Geral
Sidnei Simonelli

Produção Gráfica
Anderson Nobara

Edição de Texto
Nelson Luís Barbosa (Assistente Editorial)
Carlos Villarruel (Preparação de Original)
Ana Paula Castellani e
Carlos Villaruel (Revisão)

Editoração Eletrônica
Lourdes Guacira da Silva Simonelli (Supervisão)
Rosângela F. de Araújo e
Edmílson Gonçalves (Diagramação)

Capa
Vicente Pimenta sobre
Portrait of Lepoutre de Modigliani, 1916

Impressão e Acabamento

GEOGRÁFICA
editora